"职业高原期"
教师的自我导向学习研究

高珊 贾凡 著

上海社会科学院出版社
SHANGHAI ACADEMY OF SOCIAL SCIENCES PRESS

图书在版编目（CIP）数据

"职业高原期"教师的自我导向学习研究 / 高珊，贾凡著 .— 上海：上海社会科学院出版社，2021
 ISBN 978-7-5520-3529-2

Ⅰ.①职… Ⅱ.①高… ②贾… Ⅲ.①中小学—师资培养—研究 Ⅳ.①G635.12

中国版本图书馆CIP数据核字（2021）第053589号

"职业高原期"教师的自我导向学习研究

著　者：	高　珊　贾　凡
责任编辑：	路　晓
封面设计：	徐　蓉
出版发行：	上海社会科学院出版社
	上海顺昌路622号　邮编200025
	电话总机021-63315947　销售热线 021-53063735
	http://www.sassp.cn　E-mail: sassp@sassp.cn
排　版：	南京展望文化发展有限公司
印　刷：	上海天地海设计印刷有限公司
开　本：	710毫米×1010毫米　1/16
印　张：	22.5
字　数：	292千字
版　次：	2021年4月第1版　2021年4月第1次印刷

ISBN 978-7-5520-3529-2/G·1074　　　　　定价：88.00元

版权所有　翻印必究

目　录

第一章　绪论 1
　　第一节　研究概述 1
　　第二节　文献综述 7

第二章　研究基础 18
　　第一节　职业高原期的研究基础 18
　　第二节　自我导向学习的研究基础 31

第三章　教师职业高原的现状调研 47
　　第一节　教师职业高原的问卷编制 47
　　第二节　教师职业高原的问卷调查 53

第四章　教师自我导向学习的现状调研 150
　　第一节　教师自我导向学习的问卷编制 150
　　第二节　教师自我导向学习的问卷调查 157

第五章　教师职业与学习的影响因素分析 287
　　第一节　影响因素的总体情况分析 287

第二节　影响因素的差异化分析 290

第六章　研究结论的总结与分析 302
　　第一节　教师职业高原与自我导向学习的总体分析 302
　　第二节　教师职业高原与自我导向学习的差异分析 310

第七章　对策建议与思考 330
　　第一节　遇到问题该怎么办 330
　　第二节　遇到问题该怎么看 340

附录1　关于教师职业发展与学习状况的调查问卷 347

附录2　关于教师职业发展与学习状况的访谈提纲 355

后记 356

第一章
绪　论

第一节　研究概述

一、研究缘起

(一) 关注被忽视的大多数,聚焦高原期教师

联合国教科文组织一项调查显示,教师入职5年后会陆续进入平稳的职业高原期。其间,只有5%的教师会持续成长,转变为专家型教师,另外95%的教师则长期停留在职业高原期。与职初教师相比,高原期教师的工作热情、创造力与成长空间等已十分有限;与专家型教师相比,高原期教师又缺少较高的社会关注度或研究价值。因此,高原期教师反而成为被忽视的大多数。然而,作为教师队伍的中流砥柱,高原期教师对学校、学生有着最为直接和广泛的影响,是一个更应该受到关注的群体。

(二) 走出认识误区,帮助教师顺利度过高原期

在理论与实践领域,对教师高原期现象的认识主要存在3个误区:

第一个误区,教师进入高原期的标志仅限于教学能力领域。其实,教师高原期是一个综合表征,除了教学能力外,还表现在职业信念、工作热情、人际关系等各个方面。

第二个误区，教师高原期是一种消极现象。在职业高原期，教师容易不思进取、停滞不前，甚至出现能力"滑坡"。其实，职业高原期应该被视为一种正常现象，而且许多身处高原期的教师一直存有改变现状的愿望，并集聚着化茧成蝶的积极力量。

第三个误区，教师只有进阶为专家型教师，才算度过了职业高原期。事实上，成为专家型教师，并非度过高原期的唯一途径。对于大多数教师来说，即使没有成名成家，也同样可以开展学习、发生变化，以适合自己的方式顺利度过职业高原期。

因此，为了走出误区，帮助教师健康成长，有必要对教师"职业高原期现象"进行更为深入、细致的研究。

（三）倡导成人自我导向学习，唤醒教师的自主意识

教师能否顺利度过，以及如何度过高原期，关键取决于教师的学习能力。教师作为具有独立人格的成年人，其学习应更具有自我导向的特点。然而，由于长期接触儿童青少年教育，教师所理解的学习也具有依赖性、被动性的特点，比如：要有组织安排，要有课堂讲授，要有教材讲义，要有教师指导，要有评价激励，等等。对学习的这种理解，会使教师逐渐淡化自主学习的意识，并与许多学习和成长机会擦肩而过。鉴于此，本课题才选择成人自我导向学习的研究视角，用以唤醒教师的自主意识，激发教师不断成长的原动力。

二、研究假设与思路

此次研究的基本假设为：教师是"完整的人"。因此，教师的职业发展问题不能仅限于职业身份本身，而是要在常人生活的大背景下进行全面理解；教师职业发展（包括职业高原）并不限于专业技能领域，而是涉及职业发展的方方面面。

此次研究的基本思路为：第一，教师职业高原是一种现象；第二，从内部来看，职业高原是教师相关学习出现停滞造成的；第三，从外部来看，职业高原受教师生活中出现的问题或困难的重要影响。

三、关键概念界定

职业高原期教师——是指经过入职初期的快速成长之后，逐渐进入职业发展稳定阶段的教师群体。该教师群体在创新能力、工作热情、专业技能、职位升迁、职称晋级、人际关系等方面均处于平稳或停滞状态。

自我导向学习——成人学习者的主要学习方式之一，根据自身发展的需要，自主开展有目的、有计划的学习行为，具体包括自主评估学习需求、确立学习目标、寻求学习资源、选择学习策略与方法，以及自主评价学习结果。在此过程中，并不排斥外部力量的帮助或指导。

四、研究意义

就理论价值而言，第一，此次研究关注职业高原期教师群体的工作与学习状况，为丰富教师教育理论、教师发展理论提供了鲜活的研究素材；第二，把成人自我导向学习理论引入并应用于中小学教师教育领域，为相关的教师教育研究提供了新的视角与方法；第三，涉及普通教育、教师教育、职业教育、成人教育等各种学科或理论，具有学科交叉与理论综合的重要价值。

就实践意义来看，第一，关于职业高原期的研究，有助于教师了解职业高原期的主要表征，并以正确、积极的心态和行为来对待职业高原期；第二，关于"自我导向学习"的研究，有助于教师提升独立意识，增加对成人学习方法的感知，通过自觉运用自我导向学习的过程与方法，顺利度过高原期；第三，研究成果可以为中小学校的教师教育实践、校本研修实践提供启示，为教师培训，尤其是高原期教师的培训提供符合教师需求与特点的支持服务。

五、研究目标

通过文献研究和实地调查，着重了解高原期教师的职业发展状态，及其自我导向学习状况。基此，为高原期教师提出具体的职业发展与学习策略。此次研究希望教师能够认识到自我导向学习的重要性与可行性，并通过学会自我导向学习顺利应对职业高原现象，促进自身持续成长与发展。

六、研究内容

（一）职业高原期教师自我导向学习的理论探索

第一，关于教师职业高原现象的认知。以文献研究为基础，对国内外关于职业高原、教师职业高原的研究成果进行梳理和分析。再结合预访谈与预调查，总结出教师进入职业高原期的若干指标或表征，具体包括：职业信念、工作热情、专业技能、职位升迁、职称晋级、人际关系等方面。

第二，关于教师自我导向学习的认知。以文献研究为基础，对国内外自我导向学习、教师自我导向学习的研究成果进行梳理和分析。再结合预访谈与预调查，把教师自我导向学习分解为若干纬度，如自我导向学习动机、类型、需求、内容、方式、方法、资源、评价、障碍等。

（二）职业高原期教师自我导向学习的现状调研

第一，调查问卷的设计研究。根据前期研究成果设计调查问卷，问卷问题包括个人基本情况、职业发展状况、自我导向学习状况、主要障碍或问题四个部分。调查对象以上海的在职中小学教师为主。

第二，问卷数据的分析研究。调查结束后，对问卷数据进行分析。包括教师职业高原的总体情况与个体差异情况分析，教师自我导向学习的总体情况与差异情况分析。

第三，个案访谈与分析研究。对10—20名教师进行预访谈和正式访谈，其目的是挖掘问卷调查难以反映的鲜活信息，并对相关研究结论进行辅助性解释。

第四，关系总结与对比研究。在前期研究基础上，尝试对教师职业高原及其自我导向学习的关系进行较深入的挖掘，其中包括两者关系的总体情况探讨，以及个体差异情况的对比研究。

（三）职业高原期教师自我导向学习的应对策略

第一，教师应对职业高原的理性认知策略。教师通过了解自身职业高原的具体特征，能够以更加客观、积极的心态看待职业高原现象，并掌握诊断自己职业高原状态的方法与技巧。

第二，教师应对职业高原的自我导向学习策略。教师了解自我导向学习的重要性，探索自我导向学习的策略、行为与技术，并在比较中明确自身的发展方向与学习改进策略。

第三，教师应对职业高原期的环境支持策略。为了使教师顺利应对职业高原，一方面，教师个人要充分利用外部资源，开展自我导向学习；另一方面，需要学校、家庭、社区、社会为教师职业发展和自我导向学习提供良好的外部环境支持。

七、研究方法与过程

本课题研究方法涉及文献法、问卷调查法、访谈法等，并以问卷调查法为主，其具体的操作与运用过程，请详见表1-1-1。

表 1-1-1 研究方法与实施过程

步骤	时间段	研 究 内 容	研究方法	阶段性研究成果
1	2013年3—4月	成立课题组 撰写课题申请书	文献法 专家咨询法 小组讨论法	课题申请书 第一章初稿
2	2013年5月—2014年1月	教师职业高原的理论研究 教师自我导向学习的理论研究	文献法 小组讨论法	学术论文 第二章初稿
3	2014年2月—2015年8月	高原期教师自我导向学习的调查研究 高原期教师自我导向学习的个案研究 职业高原与自我导向学习的关系研究	调查法 访谈法 文献法	调查问卷 访谈提纲 学术论文 第三至六章初稿
4	2015年9—12月	高原期教师自我导向学习的应对策略	文献法 访谈法 小组讨论法	第七章初稿
5	2016年1—8月	整合前期研究成果,形成研究报告 书稿的整合、修改与完善	小组讨论法 专家咨询法	课题研究报告 书稿与学术论文

八、特色与创新之处

在研究理论方面,此次研究力求把经典的成人学习理论之一——成人自我导向学习运用到教师教育领域,这在教师教育研究中仍不多见,具有理论应用的创新价值。在研究视角方面,此次研究以成人学习者的视角来看待教师,研究符合教师学习特点与需要的成人学习理论与方法,这在教师教育研究领域具有创新意义。在研究内容方面,通过问卷调查与个案访谈,对教师职业高原状况、自我导向学习情况及其关系进行分析与对比,这在相关研究中也具有特色与创新意义。

第二节 文献综述

一、关于职业高原期教师的研究

（一）国外研究现状

国外对职业高原期教师的研究最早隐含在教师专业发展理论的相关探讨中。研究者们虽然没有对这一现象进行统一界定，但却都有所描述。

如Katz（1972）在教师发展时期论中提出的更新时期；Vonk（1984）在其开发出的教师专业发展模型中的自我和专业的再定向阶段；Fessler（1985）在教师职业生涯周期论中提出的职业挫折期和稳定与停滞期；Steffy（1989）的生涯发展模式中的退缩职业生涯阶段；Huberman（1993）等人的教师职业生活周期论中的实验和歧变期与重新估价期；加拿大学者在大量调查研究的基础上提出的教师职业成熟五个阶段论中的"职业发展高原"阶段；谢员（2005）对30多位中学教师深度访谈后归纳出中学教师职业发展四阶段中的稳定期等。

研究者们的描述显示：这些阶段中的教师几乎都是因为单调乏味、连绵不断、简单重复的职业生活消解了教师本该始终具有的进取心和创造精神，导致教师对教学工作热情不再，动力不足，教学水平处于停滞状态。

此外，国外关于教师职业高原期的研究还见于心理学取向的实证研究。例如：King（1994）就曾经对某大学教师的职业高原期现象进行研究；Nachbagauer（2002）等人以大学教师为研究对象，验证了职业高原期是一个三维度结构的构想，并探讨了"职业高原"的不同维度对工作绩效、工作满意度和职业承诺的影响等。

（二）国内研究现状

我国学者张继安（1992）在《中小学管理》上发表的《教师能力发展

中的高原现象》是我国对职业高原期教师研究的第一篇文章。综合现有研究，主要是对"教师职业高原期"的含义、特征、产生原因、应对措施等问题进行了探讨。

第一，含义。目前，对职业高原期教师有一定的现象性描述，尚未形成一个清晰的概念。2005年，章学云认为：职业高原期教师是指年轻教师参加工作初期，教学能力发展较快，其教学水平与工作年限呈正比。之后，教学技能提高缓慢，有的由于放松对自己的要求甚至出现教学水平"滑坡"的现象，教师在从事教职五六年后已基本定型，如果不实施强有力的继续教育，使其职业价值、性格、手段等全方位更新，通过回归进修的形式摆脱对原教育文化环境、现实利害关系、心理习惯定势等方面的功能性固着，职业水平将在垂直层级上停顿，这正是由于教师进入了高原期，呈现教学高原现象的原因。更多国内研究者的界定方式都是操作性和描述性的。而且，这些描述只是针对教育教学技能发展方面的问题，而忽视了教师职业发展的其他方面。

第二，特征。由于研究者对职业高原期教师理解不同，对其特征描述也各有侧重，如时克芳、钱兵就将其归纳为出现时间早晚的差异、持续时间长短的差异、自我归因内容的差异、解决问题方法的差异。

第三，产生原因。首先，教师自身原因，如自我满足、知识结构陈旧等（章剑和，1995；覃庆河，2004；时克芳、钱兵，2004；章学云，2005）。其次，学校原因，如校内缺乏公平竞争机制（章剑和，1995）；教学环境生态不良（时克芳、钱兵，2004）等。再次，社会原因，如巨大职业压力的持续作用（时克芳、钱兵，2004；章剑和，1995）；片面评价（章剑和，1995）等。最后，多因素交互作用，如促进成绩进步的因素与阻碍成绩发展的因素相互作用的结果（苏虹，2003）；新旧活动结构交替的结果（苏虹，2003）等。

第四，应对措施。职业高原期教师研究的最终目的就是要帮助教师顺利应对高原期，并提出应对措施，例如：在教师层面强调加强教学技能技巧的训练、提倡反思性教学、积极开展科研兴教活动、自我调控压力、增强自我效能感(苏虹,2003;徐长江、钟晨音,2005;连榕、张明珠,2005)。在学校层面强调重视校本培训及终身教育(苏虹,2003)、创造教师成长的机会(覃庆河,2004;徐长江、钟晨音,2005)、实行工作轮换(覃庆河,2004)、建构有效的教师成长激励机制(连榕、张明珠,2005)等。在社会层面强调优化社会心理环境(时克芳、钱兵,2004)、给教师更多的心理支持(连榕、张明珠,2005)、建立社会支持网络并对教师职业持合理期望(章学云,2005)等。

(三) 研究述评

第一,关于"职业高原期教师"的研究基础还较为薄弱,但其现有成果可以为本课题研究高原期教师的表征、特点、原因、策略等提供重要参照。

第二,关于"职业高原期教师"的研究主要集中于教育教学、专业技能领域,关于教师职业其他领域的综合研究相对较少,这为本课题研究留出较大探索空间。

二、关于自我导向学习的研究

(一) 国外研究现状

国外关于自我导向学习的研究主要集中在几个维度:

第一,自我导向学习的过程研究。自我导向学习被看作是一个过程,是学习者决定学习以达成目标、形成计划、付诸行动的过程。这个观点以诺尔斯、塔夫、斯皮尔、林德曼为代表。塔夫(1967)认为自我导向学习是一系列有关的活动,时间总数至少七小时,每一次活动有一半以上的动机是为得到某些明确的知识或产生持久性的行为改变。

诺尔斯(1975)指出:在自我导向学习过程中,个体学习者的学习是主动行为;自我导向学习是一个过程模式;个体学习者控制学习过程的各个环节;教师是学习资源的一部分。

奥蒂(1984)认为:成人自我导向学习是包括计划、执行和自我评价的过程。他经过对成人学习者的访谈,归纳出13个步骤:① 决定所需学习的知识和技能;② 决定学习的活动、方法、资源或设备;③ 决定学习场所;④ 决定学习目标;⑤ 决定开始学习时间;⑥ 决定学习时间表;⑦ 推估个人目前知识和技能程度及进步情形;⑧ 明确学习障碍与因素;⑨ 获取可用资源、设备、场所等;⑩ 准备或调适学习的空间;⑪ 增添有力的人力或非人力的资源;⑫ 寻求学习时间;⑬ 加强学习动机。

第二,自我导向型成人学习者的研究。自我导向型成人学习者的特征是什么?影响成人完成自我导向学习的因素有哪些?为此,国外学者围绕成人学习者的特征问题展开相关探究。例如:斯凯格(Skager)就归纳出七大特征:1. 自我接受;2. 充分计划;3. 内在动机;4. 内在评鉴;5. 开放经验;6. 适应性;7. 自律。

第三,自我导向学习的特征研究。自我导向学习被视为一种标志或一种人格特征。莫尔(1980)曾对独立学习加以定义,他认为完全自动学习者是当个人发现有问题待解决或要获取某些技能及讯息时,能确认学习需求,并对不同需求确定不同目的与目标和追求成功的动机。为达成需求,个人通常会追求相关讯息、观念及技能以解决问题达成目标,同时也会对所获取之技能、观念和知识进行评价,依据评价结果决定接受或拒绝,直到达成目标为止,因此,自动学习者能独立进行学习活动。费兰茨(1985)指出自我导向学习有两种不同的概念取向:① 自我导向学习是学习过程中学习者所采用的一种方式;② 自我导向学习是个人的一种内在心理发展状态。他认为:自我导向学习是随学习者心理成熟度的不同而表现出不同的发展特点。

第四,自我导向学习的模式研究。诸如诺尔斯(1975)的过程模式、默克和斯皮尔(1982)的矩阵模式、格罗欧(1991)的四阶段模式、郎

(1989,1990)的要素模型、布若卡特和哈姆斯特拉(1991)的个人职责导向模式、博雅提斯(2001)的发生机制过程模式、默克和陈(2001)的e-learning模式、理查德(2007)的自我导向学习轮等。总体来看，自我导向学习模式既涵盖个体自我因素，也把社会因素纳入其中，从而把成人自我导向学习过程看为内外环境互动作用的结果。

(二) 国内研究现状

国内关于自我导向学习的研究主要分为两个维度：

第一，理论维度，主要围绕其基本概念和内涵进行探讨。其中，高存燕(2003)揭示了成人自我导向学习的基本内涵，并从不同的成人教育哲学流派(进步主义、人文主义、行为主义和激进主义等)认定自我导向学习观，反映了不同流派中自我导向学习行为发生的机理和过程。

赵蒙成(2009)指出："自我导向的学习是指由学习者自己评价学习需要、确立学习目标、寻求学习资源、选择学习策略和评鉴学习结果的学习活动。它是一种独特的学习形式，其学习策略包括明确的目标、必要的认知策略以及相应的动机策略等。教师的教学水平与风格、学生已有的学习经验以及无意识认知、情绪等都是对自我导向的学习产生重要影响的环境因素。"

马颂歌和欧阳忠明(2010)则对国外自我导向学习理论研究的新进展进行了回顾，自我导向学习理论研究正面临转变："一是研究焦点的转变；二是研究领域的拓展；三是研究方法的多元化。"同时，许多研究者着力探讨自我导向学习在成人生活中的应用。

第二，实践维度，主要探讨自我导向学习理论的应用。魏光丽(2007)基于工作场所视角，"构建了工作场所自我导向学习的体系；站在学习理论角度，构建了工作场所实行自我导向学习的要素模型；站在培训管理者角度，构建工作场所自我导向学习项目开发的流程模型"。徐明(2009)以个案研究法为指导，探讨自我导向学习中成人学习动机维持的策略。梁燕(2011)指出,我们要从成人个性特征和外部社会环境这两个影响成人自我导向学习的核心驱动力入手,提高成人自我导向学习能力。在学生自我导向的学习活动中,教师应该成为互动的伙伴和学习环境的设计者。

(三) 研究述评

在国内外成人教育研究领域,成人自我导向学习研究已形成一定的规模与积累,其相关成果,如关于自我导向学习步骤与过程的划分,以及较为成熟的测量工具等,均可作为本课题研究的重要参照。

三、关于教师自我导向学习的研究

由于文献资料所限,在此仅对国内"中小学教师自我导向学习"的研究现状进行梳理。其中,主要以"教师""自我导向""学习"为关键词在中国知网进行文献检索,结果发现:截至2012年年底,篇名中同时包含这3个关键词的论文共计21篇;排除4篇关于成人教育、职业教育和高等教育教师的论文,目标论文共为17篇。其中,最早的论文为徐富明等人的《教师攻读教育硕士专业学位的自我导向学习准备度与学习成效研究》,于2005年2月发表在《学位与研究生教育》。"中小学教师自我导向学习研究"虽然起步时间较晚、成果数量不多,但对中小学教师的成长与发展有着重要意义。

(一) 研究现状

1. 功能研究

由于"中小学教师自我导向学习"研究刚刚起步,研究者们尤其关注自我导向学习对教师成长与发展的积极功能,以凸显教师进行自我导向学习的重要性和必要性。目前,研究者们的论证大多体现在四个方面：

第一，自我导向学习有助于提高教师参与专业发展的积极性。李广平指出，自我导向学习是一种主动学习，所以教师的学习动机更强，学习行为更积极和持久。陈晓新认为，自我导向学习是教师"自主权"的体现，能使教师因感受到充分的"赋权"而积极投入其中。[①]

第二，自我导向学习有助于提高教师参与专业发展的可能性。李红等人认为，自我导向学习通过提高教师学习的自觉性、自主性，可以克服培训经费不足、教师工学矛盾突出等问题，使教师有效参与专业发展成为可能。

第三，自我导向学习有助于增强教师专业发展的实效性。学者们认为，与外部安排的传统培训相比，自我导向学习更加贴近教学实际需要，能够提高教师分析问题、解决问题的能力，并将之迁移到其他领域的工作与学习之中。

第四，自我导向学习有助于教师专业发展的个性化。受遗传与环境影响，教师专业发展会表现出较大的个体差异，经常使有组织的教师培训难以应对。相比而言，自我导向学习由教师按照自己的意愿与需求进行学习，可以最大限度满足教师个性化的发展需要。

此外，还有一些有趣的讨论，如：自我导向学习对教师构建个人实践知识的功能、促进教师形成相应学习策略的功能、实现教师自我反思的功能、记录教师成长过程的功能等。

2. 群体研究

教师自我导向学习研究，正逐步聚焦于某些特定的教师群体，不仅有助于自我导向学习理论的具体应用，还有助于不同教师群体学习特点的个性彰显。

首先，关于英语教师。张凤祥以优秀教师的标准为目标，为英语教

[①] 陈晓新.论自我导向学习与教师专业发展[J].中小学教师培训,2011(1).

师成长制定了自我导向性学习方案,如自主制定计划、集中学习、集体备课、相互听课、外出学习、自我评价等。①王建卿认为英语教师必须进行教学反思、发现自身不足,并充分理解英语教育、摆脱应试教育束缚,开展自我导向学习、实现自我超越。②胡毅丽对天津120名中学英语教师进行调研,认为大部分教师自我导向学习准备度较高,但相关学习活动仍然缺乏目标性和系统性。③

其次,关于数学教师。丁亚元为数学教师自我导向学习设计了若干途径,如:激发学习动机,强化教师自我导向学习的意识;细化自我导向学习的策略与步骤;提升元认知水平,提高教师专业反思能力;建设良好的学习环境与学习资源等。④

第三,关于农村教师。与城市相比,农村教师专业成长条件较差、困难较多。学者们希望农村教师通过自我导向学习克服条件限制、提升专业能力。为此,徐君认为要出台助学政策、创建学习资源、营造学习氛围、激发学习动机、掌握学习策略、加强自我监管、进行自我激励与评价。⑤孙慧娟在调研基础上,分析了不同农村教师自我导向学习的个体差异与特色因素,提出制定政策、建构学习平台、形成学习氛围、提高学习策略、举办培训班等相关举措。⑥

3. 因素研究

目前,这方面的专门研究仅有一篇论文,即张智青、范洁梅的《教师自我导向学习的支持性因素分析》,该文把教师自我导向学习的支持因素分为内部和外部两个层面。⑦

内部因素包括:(1)人格因素。自我导向学习首先源自教师自我导

---

① 张凤祥.自我导向学习理论下外语教师"师本"发展探索[J].教育与职业,2010(25).
② 王建卿.中小学英语教师的自我导向性学习[J].教学与管理,2009(19).
③ 胡毅丽.天津市中学英语教师自我导向学习情况调查研究[J].大家,2010(20).
④ 丁亚元.基于自我导向学习理论的数学教师专业发展研究[J].合肥师范学院学报,2012(6).
⑤ 徐君.自我导向学习:农村教师专业发展的有效途径[J].教师教育研究,2009(3).
⑥ 孙慧娟.农村教师自我导向学习策略研究[D].上海师范大学硕士学位论文,2011.
⑦ 张智青,范洁梅.教师自我导向学习的支持性因素分析[J].上海教育科研,2011(2).

向的人格特质,基此,教师的自我导向学习可分为自我定向、自我设计、自我建构、自我调控四个阶段;(2)效率因素,并主要受学习策略与时间规划的影响;(3)自律因素。这往往需要贯穿始末的自我监控,如培养积极情绪、善于控制行为等。

外部因素包括:(1)人力资源。主要指各种学习场所中的学习促动者,他们的工作主要为建立适当的学习气氛、以合作替代竞争的团体学习、开展学习挫折的心理辅导;(2)学习资源。包括图书、杂志、报纸、影视作品和网络信息等载体;(3)隐性资源。即各种具有潜移默化功能的学习情境。

张智青、范洁梅为教师自我导向学习发生和发展的内外部条件进行了较为系统的思考,有助于教师更有效地了解自己及周围环境,并依此开展自我导向学习。

4. 调查研究

2005年,张宏等人对737名正在攻读教育硕士专业学位的中小学教师进行调查。[①]2008年,何基生对592名正接受培训的中小学骨干教师进行调查。[②]

两次调查的主题均为教师自我导向学习准备度及其与学习成效的关系,所使用的调查工具均为台湾南华大学蔡明昌编制的"教师自我导向学习准备度量表"和"教师在职进修学习成效问卷"。两次调查结果表明,攻读教育硕士专业学位的中小学教师与骨干中小学教师:第一,均有较高的自我导向学习准备度;第二,其自我导向学习准备度在性别、教龄等方面均存在显著差异;第三,其自我导向学习准备度与学习成效之间均存在极显著的正相关关系。

这两项调查首次把与自我导向学习相关的成熟量表引入教师教育

---

① 张宏,徐富明,安连义.中小学教师在职攻读教育硕士专业学位的自我导向学习的调查研究[J].教育学报,2006(1).
② 何基生.中小学骨干教师自我导向学习的调查分析[J].成人教育,2008(1).

领域，有助于人们对教师自我导向学习的细节及特点有更为直观的认识，也为促进教师自我导向学习提供了数据支撑与重要依据。

5. 对策研究

关于"如何促进教师开展自我导向学习"这一问题，研究者们的观点与建议可分为内外部两个层面：

就内部而言，第一，教师要塑造独立人格，发展自我意识与能力，这是开展自我导向学习的基础；第二，教师要激发学习主动性和积极性。或者说，教师只要提高自我导向学习的准备度，就能获得更好的学习效果；第三，教师要了解自我导向学习的实施步骤，如拟定学习计划、寻找学习资源、开展学习活动、评价学习结果等；第四，教师要增强反思意识与能力；第五，教师要提升自我管理与自我监控的能力，能够在没有监督的情况下开展学习。

就外部而言，研究者呼吁为教师自我导向学习提供积极的外界支持，可概括为：第一，学校要转变观念，不再把教师当作知识不足的受训者，转而为教师自主学习提供人性化的支持；第二，学校要逐渐减少控制，让教师回归主体地位，真正享有成长与发展的自主权；第三，学校要在文化、制度与资源建设等方面进行调整与改革，为教师开展个人学习以及合作学习营造氛围、提供帮助。

（二）研究述评

在研究现状的基础上，结合自我导向学习、教师教育、成人教育等相关理论，可对"教师自我导向学习研究"进行如下判断、反思及展望。

第一，就研究目标而言，现有研究仍以促进教师专业发展为主要目标。作为有着广泛社会生活经历的成年人，教师自我导向学习的目标应该更为多元。即，与教师全面发展相关的任何领域，都应纳入自我导向学习的研究目标范畴。

第二，就研究视角而言，现有研究仍留有较强的儿童青少年教育痕迹，用儿童青少年教育理论来看待并同化教师的教育现象与学习问题，忽视了教师作为成年人的学习需求与特点。可见，教师自我导向学习应该更多以成人教育与学习理论作为基本的研究视角。

第三，就研究内容而言，现有研究仍以学校内的、与教学技能相关的教师自我导向学习现象为主。其实，教师们发生在家庭、社区、社会的，与兴趣爱好、人格塑造、情感养成等相关的自我导向学习均是值得关注的领域，这些学习对教师专业成长有着意想不到的作用。

第四，就研究对象而言，现有研究所涉及的教师群体较少，仅有英语教师与数学教师、城市教师与农村教师之分，尚无法提出更有针对性的自我导向学习类型、方法与策略。今后的研究应关注更多教师群体，为各类教师的自我导向学习研究积累丰富的样本与素材。

第五，就研究层面而言，现有研究仍未能全面且深入掌握自我导向学习的理论精髓，致使其应用研究成果无法切入教师自我导向学习的核心层面。例如：批判性反思、自我导向型人格、自我导向学习模型等关键问题，仍需要进行后继专项研究及深入探讨。

第六，就研究方法而言，现有研究仍以文献法、经验总结法为主，而以问卷调查、个案访谈为主的研究更为有限，不利于形成对教师自我导向学习现象的直观认识。当然，今后随着量的研究、质的研究等方法的不断应用，教师自我导向学习的普遍形态与微观联结会逐渐展现，随着研究数据的积累，将有助于为中小学教师群体提供更有说服力、执行力的自我导向学习策略与建议。

第二章
研究基础

第一节 职业高原期的研究基础

一、职业高原期研究的发展历程

第二次世界大战后,西方发达国家进入经济发展黄金期,个体职业生涯发展也随之出现良好态势,即使胜任能力一般的员工,也能在组织内获得快速晋升。1973年,"中东石油危机"引发世界经济危机。发达国家的福利制度面临巨大压力,各个经济组织为了提高生产效率与竞争力,快速从金字塔结构调整为扁平化结构,大大减少了职业晋升的空间与数量。随着就业人口的逐渐增多,大部分人都难以获得职业晋升,并长期维持在低水平的组织结构上。个体职业发展的停滞状态,引发了一系列疏离感、挫败感和低效能感,以及对社会经济发展的悲观情绪和信任危机。在此背景下,由美国学者费伦斯(Ference, T. P.)发端,掀起了职业高原现象研究的热潮。发展至今,相关研究大致经历了两个发展阶段:第一阶段是职业高原的客观研究;第二阶段则转向了职业高原的知觉研究。[1]

---

[1] 陈剑.西方职业高原现象研究进展[J].北京工业大学学报(社会科学版),2006(3):25.

(一)客观研究阶段(20世纪70年代后期至90年代初期)

在这一阶段,研究者们主要用年龄、任职时间等客观标准来提炼职业高原的内涵与特征,并测量员工是否处于职业高原期,以便组织和个人的有效应对。

1. 发展历程

针对个人职业生涯停滞的现象与问题,美国职业心理学家费伦斯于1977年首次提出了"职业高原"(Career Plateau)概念。他从职业晋升的角度出发,把职业高原界定为"在职业生涯发展的某一阶段,个体进一步晋升的可能性很小"。[1]费伦斯还根据影响职业高原的因素,把职业高原分为组织高原(Organizational Plateau)和个人高原(Personal Plateau)。组织高原指员工虽然有晋升的愿望和能力,但组织由于已没有继续晋升的空间而使员工进入职业高原期;个人高原指组织认为员工个人缺少晋升所需的动机与能力,从而引发职业高原。费伦斯奠定了职业高原研究的基础和框架,对该领域研究产生了非常深远的影响。

1980年,尼尔(Near, J. P.)等学者把职业高原细化为组织高原(Organizational Plateau)、文化高原(Culture Plateau)和个体高原(Individual Plateau)。其中,组织高原是一种客观现象,是由金字塔式的组织结构、经济条件和组织间的竞争而导致的职业高原;文化高原是由文化环境的变化而引起的、较为软性的职业高原,比如:道德水平、管理思维、风俗习惯等的变化;个体高原是个体由于缺乏愿望、能力和动机而引起的职业高原。[2]

1981年,维格(Veiga, J. F.)从职业流动的角度出发,对费伦斯的理论进行了拓展,认为职业高原不仅包括垂直流动(即职位晋升)的可能性

---

[1] Ference, T. P., Stoner, J. A., Warren, E. K. Managing the Career Plateau[J]. Academy of Management Review, 1977, 2(4): 602–612.
[2] 张其贵.国外职业高原问题研究进展[J].社会科学管理与评论,2010(3): 75.

很小,还包括在水平流动上(即职位调换)的停滞。他把职业高原定义为"由于长期处于某一职位,使个体未来的职业流动(垂直和水平流动)变得不太可能。"①

1983年,多森(Dawson, C. M.)把职业高原分为内容高原(Content Plateau)和结构高原(Structural Plateau)或组织高原(Organizational Plateau)两类。②内容高原是由于工作本身不能提供新的知识、技能和职责而长期处于固定状态;结构高原是由于组织的结构形态等原因导致员工职位难以流动,而并不一定是因为员工缺少晋升的动机或能力。

1986年,巴德威克(Bardwick, J. M.)在《停滞的陷阱》(*The Plateauing Trap*)一书中,根据职业高原的不同影响因素,将其细分为结构高原(Structural Plateau)、内容高原(Content Plateau)和生活高原(Life Plateau)。结构高原是一种组织高原,是因为组织结构不合理而使个体职业发展受限,一般不受个人控制;内容高原是个体长期重复同样的工作,因缺乏新知识和新技能而出现的职业停滞状态;生活高原是个体因在生活各个领域都失去了方向和热情而引发的职业停滞。

1988年,菲尔德曼(Feldman, D. C.)和维特(Weitz, B. A.)认为费伦斯和维格的定义有一个共同假设:工作责任与组织层级水平存在正相关关系。但事实却并非如此,如个体在职衔(即组织层级水平)不变的情况下,却被赋予更多的责任;或是在职衔提升后,实际的工作责任却被削弱,两者之间并不一定存在正相关关系。为了更接近职业高原的本质特征,菲尔德曼和维特索性从工作责任的角度出发,把职业高原直接定义为"承担更大或更多责任的可能性很小"。③

---

① Veiga, J. F. Plateaued versus Non-plateaued Managers Career Patterns, Attitudes and Path Potential[J]. Academy of Management Journal, 1981, 24(3): 566-578.
② Dawson, C. M. Will Career Plateauing Becoming a Bigger Problem?[J]. Personnel Journal, 1983: 78-81.
③ Feldman, D. C., Weitz, B. A. Career Plateaus Reconsidered[J]. Journal of Management, 1988, 14(1): 69-80.

2. 主要特点

第一,研究取向。在客观研究阶段,研究者们主要从外部的、客观的视角出发研究职业高原现象。具体而言,就是从年龄、性别、任职时间、两次晋升间隔期等一系列客观指标出发,对员工的职业高原现象进行描述与测量。

第二,研究目的。研究者们更多站在管理者的立场,期望对职业高原现象进行描述与解释,为公司或组织管理者采取应对措施提供依据。

第三,研究内容。这一阶段,研究者们热衷于对职业高原现象的本质特征、内容结构、测量方法、影响因素、结果效应和应对策略等内容进行解析。其研究虽处于起步阶段,却为后续研究奠定了基本的理论框架。

第四,研究方法。由于贴近生产实践,职业高原研究均广泛采用实证研究方法。但受研究取向影响,其研究结论更多着眼于职业高原的外部及客观层面,其实际测量与应用也限于年龄、性别、任职时间等指标,从而限制了研究的丰富与深化。

(二) 知觉研究阶段(20世纪90年代初期至今)

1. 发展历程

1990年,新加坡教育心理学家晁(Chao, G. T.)对客观研究进行了批判,她认为客观测量并不能真正反映员工自己切身感知到的职业生涯状态。如按照客观测量的标准,任职一定年限的员工应该进入职业高原期,实际上,员工自己却并不这样认为;反之亦然。这种自相矛盾的研究现象比比皆是,大大影响了相关研究的实际效果。为此,晁引入心理学方法,提出了知觉测量的观点,认为员工个体对职业发展状态的主观感受,对其职业态度与行为有更大的影响。晁的研究新视角促成了职业高原研究史上一次重大的观念转变,直接推动该领域研究水平的显著提升。

1992年,米利曼(Milliman, J.)以巴德威克的结构高原与内容高原划分为基础,开发出测量职业高原心理认知的二维测量法,即层级高原(Hierarchical Plateau)和工作内容高原(Job Content Plateau),从而把组织客观因素与个体主观因素进行了融合。前者是指个体在组织中进一步晋升的可能性很小;后者是指个体掌握了与工作相关的所有知识和技能,从而使工作缺乏挑战性。[1]米利曼还开发了一套职业高原测量工具。该工具共有12个问卷项目,其中6个项目用于测量层级高原,6个项目用于测量工作内容高原,该问卷的结构效度和内容信度均表现良好。

2001年,克罗克福德(Crokford)把职业高原结构分为外部高原(External Plateau)、内部高原(Internal Plateau)和双重高原(Double Plateau)。外部高原可由组织或个人两方面引起,常常由年龄、工作任期等外部的、客观的指标来表征,并能够被外界所觉察。内部高原是个体对自己职业发展状态的主观感受,不能为外界所觉察。内部高原型员工对工作常常表现出缺乏动机、不愿付出、感到厌烦等情绪,注意力会从工作转向其他事情。双重高原是员工个体同时经历外部高原和内部高原的双重状态。[2]

2003年,常(Chang, P.)和李(Lee, B.)认为个体的职业生涯活动方式共有三种:一是垂直运动,即跨越职位等级的晋升;二是横向运动,即跨越职能的水平运动;三是中心化运动,指在没有晋升的情况下,通过赋予员工更大或更多的责任使其向组织权力中心运动。[3]这种认识具有一定的整合性,受到业界的普遍认同,同时,还引领了在职业高原研究中开展多维度测量的研究方向。

2. 主要特点

第一,研究取向。1990年,新加坡学者晁引起了职业高原研究的整体转向,从员工主观视角出发,研究员工个体对职业高原的主观心理感

---

[1] 谢宝国.职业生涯高原的结构及其后果研究[D].华中师范大学硕士学位论文,2005:8.
[2] 白光林.职业高原内部结构及其产生机制探讨[D].暨南大学硕士学位论文,2006:5.
[3] Chang, P. & Lee, B.Going beyond Career Plateau: Using Professional Plateauto Account for Work Outcomes[J]. The Journal of Management Development, 2003, 22(5/6).

受,具体包括:员工个体对自己工作行为的评价、对工作新颖性、创新性和挑战性的感受,以及对未来职业发展可能性的主观预测等。

第二,研究目的。研究者们以员工个体的主观感受为切入点,对职业高原现象进行更为多元且深入的探索,尝试平衡管理者和员工个体对职业高原现象的不同感知,以形成更加切实有效的解决方案。

第三,研究内容。这一阶段在形式上延续了客观研究阶段的内容框架,所不同的是,在各项具体研究中均增加了员工主观感受的内容,如米利曼的工作内容高原研究、克罗克福德的内部高原和双重高原研究等。

第四,研究方法。这一阶段,研究者们在管理学基础上增加了心理学的研究方法,扩展了相关实证研究的广度与深度。在此基础上,研究者们更加注重标准测量工具的开发与应用,如米利曼的职业高原测量问卷。但在总体上,职业高原研究仍缺乏较有影响力的测量工具。

二、职业高原期研究的主要领域

(一)职业高原的内容结构研究

职业高原由哪些内容构成,一直是该研究领域的重点,也是相关测量工具开发与应用的理论基础。目前,关于职业高原内容结构共有两种划分方法:一是二分法;二是三分法。

在二分法中,研究者们把职业高原分为两大内容结构。如1977年,费伦斯把职业高原分为组织高原和个人高原;1983年,多森把职业高原分为内容高原和结构高原(或组织高原);1992年,米利曼把职业高原分为层级高原和工作内容高原。在三分法中,1980年,尼尔把职业高原分为组织高原、文化高原和个体高原;1986年,巴德威克把职业高原分为结构高原、内容高原和生活高原;2001年,克罗克福德把职业高原分为外部高原、内部高原和双重高原。

（二）职业高原的测量方法研究

职业高原测量主要有两种类型：客观测量和主观测量。在客观测量中，费伦斯主要采用访谈法和个案分析法，把职业高原员工与非职业高原员工加以区分。其区分的依据是年龄、工作年限等客观指标。[①]费伦斯的方法主导了客观测量的思路。1981年，维格用年龄和工作年限作为测量职业高原的标准，年龄在40岁以上，岗位任期7年以上的员工即高原期员工。[②]1984年，埃文斯（Evans, M.）和吉尔伯特（Gilbert, E.）以员工年龄和职位等级作为测量指标，并把45岁以上的管理者归为职业高原员工。[③]1985年，斯洛科姆（Slocum, J. W.）等人把工作晋升或轮换的时间作为测量职业高原的指标，并以5年为分界点，但是却并不能为之提供合理的解释。[④]奥本（Orpen, C.）、吉伯特（Gerpott, T. J.）和多什（Dorsch, M.）等人也使用工作年限为测量指标，认为当员工在某岗位任期大于前任员工在该岗位任期平均值时，就可判定其进入了职业高原期。[⑤]

在主观测量法中，早在1981年，卡尔纳扎（Carnazza, J. P.）等人就用组织和个人知觉评估相结合的办法，综合测量员工是否进入职业高原期。[⑥]直到1990年，新加坡学者晁把心理学中的知觉引入职业高原研究，才引发并主导了主观测量法的发展。如1992年，米利曼把职业高原分为层级高原和工作内容高原，并以此为基础开发了一套有12个项目的测量问卷，弥补了该领域缺少有效测量工具的缺憾。1996年，约瑟夫

[①] 陈仙歌.职业生涯中期的职业高原现象分析及建议[J].人才资源开发，2006（6）.
[②] Veiga, J. F. Plateaued versus Nonplateaued Managers: Career Patterns, Attitudes and Path Potential[J]. Academy of Management Journal, 1981(24): 566–578.
[③] 白光林.职业高原内部结构及其产生机制探讨[D].暨南大学硕士学位论文，2006：6.
[④] 王海英等.职业高原研究的文献述评[J].南华大学学报（社会科学版），2008（2）：54.
[⑤] Gerpott, T. J., Dorsch, M. R&D Professionals' Reactions to the Career Plateau: Mediating Effects of Supervisory Behavior and Job Characteristics[J]. R&D Management, 1987(17): 103–108.
[⑥] Carnazza, J. P., Korman, A. K., Ference, T. P., et al. Plateaued and Non-plateaued Managers: Factors in Job Performance[J]. Journal of Management, 1981, 7(2): 7–25.

(Joseph, J.)把职业高原分为结构高原、内容高原、个人选择和工作技能四部分,[①]2001年,克罗克福德把职业高原分为外部高原、内部高原和双重高原等,二人均把员工个人的主观感受作为测量职业高原的重要指标。

(三)职业高原的影响因素研究

学者们关于职业高原影响因素的研究主要有双因素说、三因素说和六因素说。在双因素说中,1977年,费伦斯认为造成个人职业高原的因素为:一是组织对个人的消极评价,如"组织认为员工缺少晋升到更高职位的能力,或根本不希望他们晋升到更高的职位";[②]二是个人缺少晋升的意愿,或更倾向于对家庭、健康和社交等做出选择。1987年,斯洛科姆明确把职业高原的原因分为组织和个人两个方面。其组织原因与费伦斯的结论类似,个人原因则主要指个人缺少职位晋升的动机和能力。

三因素说以1993年特伦布莱(Tremblay, M.)和罗杰(Roger, A.)的研究为代表。他们把影响员工进入职业高原的因素分为个人因素、家庭因素和组织因素。个人因素包括年龄、资历、受教育水平、前任的影响、人格特征、晋升意愿、上级的绩效评价、工作卷入度、先前成功经验和管理幅度等;家庭因素包括家庭满意感、家庭规模、配偶工作情况、家庭负担等;组织因素包括组织结构类型和员工的职业发展路径(业务类或管理类)。经过对2 183名加拿大管理者的研究表明:年龄、资历、先前成功经验、受教育程度、上级绩效评价等与客观职业高原有显著相关;先前成功经验、资历、晋升意愿、管理幅度、配偶工作情况等因素与主观职业高原有显著负相关;年龄和人格特征与主观职业高原有显著正相关。[③]

[①] Joseph, J. An Exploratory Look at the Plateausim Construct[J]. Journal of Psychology, 1996, 130(3): 237-244.
[②] Ference, T. P., Stoner, J. A., Warren, E. K. Managing the Career Plateau[J]. Academy of Management Review, 1977, 2(4): 604.
[③] Tremblay, M., Roger, A. Individual, Familial and Organizational Determinants of Career Plateau: An Empirical Study of the Determinants of Objective and Subjective Career Plateau in a Population of Canadian Managers[J]. Group & Organization Management, 1993, 18(4): 411-425.

六因素说以菲尔德曼和维特的研究为代表。1988年,他们建构了一个职业高原动态模型,[①]该模型认为员工职业高原受两方面六大因素的影响。第一方面是员工个人,包括个体能力与技术、个体需求与价值观、压力、内部动机四个因素;第二方面是组织,包括外部激励和组织成长两个因素。这些因素对员工职业高原产生动态影响,其效果要视具体的情境而定。菲尔德曼进一步指出,如果组织为个人提供更多的责任和发展机会,如采取带薪学习、职业培训、提升工作技能、提高员工内部动机等措施,就可以减少员工职业高原知觉产生的可能性。当然,组织如何为员工提供更多机会,还要视员工的当前绩效和未来发展方向而定。就本质而言,六因素说其实是对双因素说的细化,仍受费伦斯理论的深刻影响。

(四)职业高原的结果效应研究

员工进入职业高原期后,会对其工作和生活产生哪些影响?这也是该领域研究的焦点。对此,有研究者持较积极的观点。如2002年,学者蒙哥马利(Montgomery, D. L.)认为员工可以利用这段职业稳定期学习新观念、转化新视角、掌握新业务、享受家庭与生活乐趣,为自身价值提升和今后职业发展做好准备。[②]相比之下,更多研究者还是持较为消极的观点,认为当员工意识到自己进入职业高原期后,会产生心理困惑和机能失调,继而降低组织的效率与效能。[③]

目前,研究者对职业高原的效应研究集中在6个方面:员工的工作绩效、工作满意度、组织承诺、离职倾向、工作卷入度和缺勤。学界较为公认的结论是:职业高原与缺勤和组织承诺中的情感承诺之间有明显

[①] Feldman, D. C., Weitz, B. A. Career Plateaus in the Salesforce: Understanding and Removing Blockages to Employee Growth[J]. Journal of Personal Selling & Sales Management, 1988, 8(3): 23−32.
[②] Montgomery, D. L. Happily ever after: Plateauing as a Means for Long-Term Career Satisfaction[J]. Library Tends, 2002, 50(4): 702−716.
[③] 谢宝国,龙立荣.职业生涯高原研究述评[J].心理科学进展,2005(3): 351.

的负相关关系。职业高原与其他4个效应变量的关系则尚未形成统一结论。

第一,职业高原与工作绩效的关系。1977年,费伦斯把员工分为四类:(1)新员工(Learner);(2)明星员工(Stars);(3)静滞员工(Solid Citizens);(4)枯萎员工(Deadwood)。其中,静滞员工和枯萎员工属于职业高原员工,静滞员工则占大多数。费伦斯、尼尔等人均相继证实:职业高原员工与非职业高原员工在工作绩效上没有显著差异。但是,乔伊(Choy, R. M., 1998)[1]和勒梅尔(Lemire, L., 1999)[2]等人的研究结论却与此不同,他们认为职业高原员工的绩效水平显著低于非职业高原员工。

第二,职业高原与工作卷入度之间的关系。1980年,尼尔研究指出:50%以上的职业高原员工认为自己把更多精力和时间用在了工作上,只有20%的人承认更多时间用在了家庭生活和娱乐活动上。[3]1995年,查伊(Chay, Y. W.)等人还证实,职业高原员工和非职业高原员工在工作卷入度上没有显著差异。[4]1985年,斯洛科姆指出:职业高原员工的工作卷入度甚至会更高。与之相对,霍尔(Hall, D. T., 1985)、[5]司陶特(Stout, S. K., 1988)[6]、伯克(Burke, R. J., 1989)[7]等人的研究则认为:由于职业上的挫败感,职业高原员工往往会把更多时间投入到家庭生活、娱乐活动等非职业生活中,从而降低了工作投入。

---

[1] Choy, R. M. Employee Plateauing: Some Workplace Attitudes [J]. Journal of Management Development. 1998, 17(6): 392−401.
[2] Lemire, L., Saba, T., Gagnon, Y. C. Managing Career Plateauingin the Quebec Public Sector [J]. Public Personnel Management, 1999, 28 (3): 375−391.
[3] 谢宝国. 职业生涯高原的结构及其后果研究 [D]. 华中师范大学硕士学位论文, 2005: 11.
[4] Chay, Y. W., Aryee, S. Career Plateauing: Reactions and Moderators among Managerial and Professional Employees [J]. International Journal of Human Resource Management, 1995, 6(1): 61−78.
[5] Hall, D. T. Project Work as a Antidote to Career Plateauing in the Declining Engineering Organization. Human [J]. Resource Management, 1985, 24(3): 271−292.
[6] Stout, S. K. Dynamics of the Career Plateauing Process [J]. Journal of Vocational Behavior, 1988(32): 74−91.
[7] Burke, R. J. Examining the Career Plateau: Some Preliminary Findings [J]. Psychological Reports, 1989(65): 295−306.

第三，职业高原与工作满意度之间的关系。1983年，奥本研究表明：与职业高原员工相比，非职业高原员工对直接上级有更加积极的反应，容易表现出较高的工作满意度。①1986年，巴德威克认为：职业高原会直接导致工作积极性和工作满意度的降低，进而导致员工的离职倾向。②与之相反，1993年，尼克尔森（Nicholson, N.）研究表明：非职业高原员工和职业高原员工在工作满意度上没有显著差异。③此外，1990年，晁研究认为：职业高原与工作满意度之间存在显著的负相关关系。④

第四，职业高原与离职倾向之间的关系。特伦布莱（1995）、⑤查伊（1998）⑥和勒梅尔（1999）⑦研究表明：职业高原与离职倾向之间有显著负相关关系。也就是说，员工越是感到自己的职业发展面临瓶颈，就越倾向于辞职，以另求更好的发展机会。与之相对，也有很多研究认为：职业高原与离职倾向之间没有显著相关。1985年，斯洛科姆还研究发现：由于对自己的市场竞争力更有自信，非职业高原员工反而会更倾向于离开组织，另谋发展。⑧

（五）职业高原效应的调节因素研究

如前所述，关于职业高原会引发什么结果的问题，仍缺少较一致的结论，甚至还出现了相互矛盾的结论，其研究成果也缺乏对职业高原效

---

① Orpen, C. The Career Patterns and Work Attitudes of Plateauedand Nonplateaued Managers[J]. International Journal of Manpower, 1983, 1(4): 32–37.
② Bardwick, J. M. The Plateauing Trap: How to Avoid it in your Career and Your Life[J]. New York: American Management Association. 1986: 89–92.
③ Nicholson, N. Purgatory or Place of Safety?: The Managerial Plateau and Organizational Age Grading [J]. Human Relations, 1993, 46(12): 1369–1389.
④ Chao, G. T. Exploration of the Conceptualization and Measurement of Career Plateau: A Comparative Analysis[J]. Journal of Management, 1990, 16(1): 181–193.
⑤ Tremblay, M. Roger, A., Toulouse, J. Career Plateau and Work Attitudes: An Empirical Study of Managers[J]. Human Relations. 1995, 50(3): 197–251.
⑥ Choy, R. M. Employee Plateauing: Some Workplace Attitudes[J]. Journal of Management Development. 1998, 17(6): 392–401.
⑦ Lemire, L. Saba, T. Gagnon, Y. C. Managing Career Plateauing in the Quebec Public Sector[J]. Public Personnel Management. 1999, 28(3): 375–391.
⑧ 张勉,李树苗.雇员主动离职心理动因模型述评[J].心理科学进展,2002(3): 330–340.

应的预测及解释力度,比如:对职业高原员工在不同情境下不同的心理和行为反应仍不能做出有效预测。这种困境的主要原因在于:第一,过多专注于静态的、机械的理论探索,忽视了具体情境对职业高原效应动态的、灵活的影响;第二,仅从研究者个人的若干视角出发考虑问题,缺少了对具体情境中一些重要影响要素的综合考量。

1990年起,这种状况有所好转,研究者们在各种情境下开展了更加个性化、精细化的相关研究。如晁的研究指出:在职业高原与工作满意度和组织认同的关系研究中,就忽略了"工作任期"这一具体情境的重要影响和调节作用。晁认为:只有在工作任期越短的前提下,职业高原与工作满意度和组织承诺之间的关系才会表现得越消极和强烈。[1]也就是说,要具体问题具体分析。1995年,查伊研究指出:在探讨职业高原与角色行为和工作卷入度之间的关系问题时,也不能一概而论,一定要考虑直接上级的支持和工作本身的挑战性这两个重要情境因素。[2]1998年,艾灵顿(Ettington, D. R.)在探讨客观职业高原与工作满意度和工作绩效之间的关系时,较全面考察了主观高原、职业倾向、工作挑战、直接上级的支持、对职业高原后果的知觉,以及自我价值感等情境因素的调节作用。艾灵顿认为:年龄、主观高原、地域稳定性等因素会对职业高原员工的工作绩效产生消极调节作用。相比之下,直接上级的支持会产生积极影响。主观高原、技术或职能类职业倾向等因素会对职业高原员工的工作满意度产生消极的调节作用。相比之下,工作挑战性会产生积极影响。[3]2004年,特伦布莱和罗杰在研究职业高原与工作满意度之间的关系时,重点考察了工作特征(包括工作丰富度、角色清晰度、决策参与

---

[1] Chao, G. T. Exploration of the Conceptualization and Measurement of Career Plateau: A Comparative Analysis[J]. Journal of Management, 1990, 16(1): 181−193.
[2] Chay, Y. W., Aryee, S. Career Plateauing: Reactions and Moderators among Managerial and Professional Employees[J]. International Journal of Human Resource Management, 1995, 6(1): 61−78.
[3] Ettington, D. R. Successful Career Plateauing[J]. Journal of Vocational Behavior, 1998(52): 72−88.

度)对这种关系的影响。研究表明:这些工作特征对二者关系都有重要的调节作用,其中,工作丰富度的调节作用最为明显。[1]

(六)职业高原的应对策略研究

关于职业高原应对策略的研究主要有两种:一是个体的应对策略;二是组织的应对策略。在个人应对策略方面,1985年,兰泽(Rantze, K. R.)和菲勒尔(Feller, R. W.)提出了四种解决策略:(1)平静策略(Placid Approach),指接受进入职业高原的现状,并尽力克制消极情绪;(2)跳房子策略(Hopscotch Approach),指在职位不变的情况下,在工作的其他方面谋求较好发展;(3)跳槽策略(Change of Uniform Approach),指跳槽到其他组织的类似职位,通过改变环境来解决职业高原困境;(4)创业策略(Entrepreneurial Approach),指通过努力创新现有工作,与决策者进行良性互动,而不再是被动接受组织安排。[2]1999年,罗特昂度(Rotondo, D.)认为个人策略分为问题应对(Problem-Focused Coping)和情绪应对(Emotion-Focused Coping)。问题应对策略直接用于解决员工的职业高原压力,具体包括:横向转移、接受新任命、担任年轻员工的导师、成为业务专家、参加工作项目或团队、依据工作任务而非职位高低来获得奖励等。情绪应对策略是要使职业高原员工在主观上正确面对当前的职业现状,具体包括:寻求社会支持、不看重职位晋升、不责备组织或直接上级、避免心理退行、疏离感、敌意、酗酒或药物滥用等。[3]

在组织应对策略方面,如1990年,埃文斯维斯(Ivancevith, J. M.)和

---

[1] Tremblay, M., Roger, A. Career Plateauing Reactions: The Moderating Role of Job Scope, Role Ambiguity and Participation among Canadian Managers[J]. International Journal of Human Resource Management, 2004, 15(6): 996−1017.
[2] Rantze, K. R., Feller, R. W. Counseling Career-Plateaued Workers during Times of Social Change[J]. Journal of Employment Counseling, 1985(22): 23−28.
[3] Rotondo, D. Individual-Difference Variables and Career-Related Coping[J]. Journal of Social Psychology, 1999, 139(4): 458−471.

德弗兰克（Defrank, R. S.）指出：组织可以通过职业生涯咨询、压力管理研讨、培训放松技巧、组织健康讨论等方式为职业高原员工提供心理帮助。[①]1994年，谭恩（Tan, C. S.）和所罗门（Salmone, P. R.）认为：职业高原应该是个人和组织共同关心的问题，要尽力控制导致职业高原现象的组织因素。具体而言，组织可以通过工作再设计、组建项目团队、轮岗、带薪休假等手段解决职业高原问题。[②]2000年，达菲（Duffy, J. A.）认为职业咨询师通过运用混沌理论可以为职业高原员工提供有效帮助，提高组织干预的总体效果。[③]

第二节 自我导向学习的研究基础

一、自我导向学习研究的发展历程

自我导向学习产生于20世纪60年代初期，一直发展至今，堪称国际成人教育研究的经典学说。自我导向学习研究的发展过程可分为三个阶段：(1) 进步主义导向的发展阶段（20世纪60年代初至70年代中期）；(2) 人本主义导向的发展阶段（20世纪70年代后期至90年代中期）；(3) 建构主义导向的发展阶段（20世纪90年代后期至今）。

（一）进步主义导向的发展阶段

这一阶段的起止时间为20世纪60年代初至70年代中期，也就是自我导向学习研究的起步阶段。

---

① Ivancevith, J. M., Defrank, R. S. Job Loss: An Individual Level Review and Model[J]. Journal of Vocational Behavior, 1990(28): 1–20.
② Tan, C. S., Salomone, P. R. Understanding Career Plateau:Implications for Counseling[J]. Career Development Quarterly, 1994, 42(4): 291–300.
③ Duffy, J. A. The Application of Chaos Theory to the Career-Plateaued Worker[J]. Journal of Employment Counseling, 2000(37): 229–236.

1. 发展历程

1926年，美国成人教育家爱德华·林德曼（Edward Lindeman）首提自我导向学习概念。这一概念的外化与应用，是从美国学者霍尔（Cyril O. Houle）开始的。1961年，霍尔对22名成人学习者进行学习研究，发现了成人学习动机的三种类型：目标导向型（goal-oriented）、活动导向型（activity-oriented）和学习导向型（Learning-oriented）。其中，学习导向型的学习动机就是自我导向学习，这类学习者的学习动机是为了学习而学习，认为学习本身的价值高于一切。[1]

1966年，霍尔的学生艾伦·塔夫（Allen Tough）正式提出了自我导向学习理论，他把自我导向学习定义为"由学习者制定学习计划和引导学习活动进行的自我教学"。[2]塔夫曾以66名加拿大成人自学者为样本，对其制定学习计划的过程开展质性研究，归纳出了成人自我导向学习的13个步骤。

1975年，美国"成人教育之父"马尔科姆·诺尔斯（Malcolm Knowles）出版了专著《自我导向学习》，并把自我导向学习分为6个线性的步骤。诺尔斯提出了契约学习法，要学习者和指导者签订契约，以确保顺利推进自我导向学习过程。诺尔斯还进一步指出成人学习者要从对教师的依赖转变为自我导向学习，从而确立了未来成人教育的基本指向。

2. 主要特征

第一，在哲学取向上，林德曼、霍尔、塔夫、诺尔斯等人深受杜威教育思想的影响，是美国进步主义成人教育哲学的积极探索者与实践者。他们强调经验在成人教育中的重要性，并将其作为成人教育的主要内容与方法。他们关于自我导向学习的探索也遵循了进步主义的哲学假设，期望以经验为基础，挖掘并培养成人学习者的自我导向学习能力。作为集

---

[1] Cyril O. Houle. The Inquiring Mind [M]. Madison: University of Wisconsin Press, 1961: 15–16.
[2] 毕淑芝,司荫贞.比较成人教育[M].北京：北京师范大学出版社,1998: 232.

大成者的诺尔斯,尤其强调把自我导向学习作为区别于儿童教育的、成人教育所特有的理论与方法。

第二,在研究假设上,把自我导向学习假设为一个线性的学习过程,并通过一个程序操作来实现学习目标。如塔夫的13步学习法和诺尔斯的6步学习法。

第三,在研究对象上,主要针对学习者个体开展研究,通过个案式和访谈式研究,探讨自我导向学习者的个体特征。

第四,在研究内容上,更多关注自我导向学习者的认知学习和外部学习行为。

第五,在研究方法上,主要对自我导向学习进行现象性的描述、分析、总结与归纳,重在回答自我导向学习"是什么"的问题。

总之,这一阶段的研究尽管还有所局限,但是证实了自我导向学习在成人学习中是广泛存在的,而且具有巨大的研究价值与空间,从而为后续研究奠定了重要基础。

(二)人本主义导向的发展阶段

这一阶段从20世纪70年代后期至90年代中期,也就是自我导向学习研究的发展阶段。

1. 发展历程

1977年,美国学者加格利米诺(Lucy Guglielmino)梳理了霍尔、诺尔斯、塔夫等13位自我导向学习研究者的研究成果,对他们关于自我导向学习者个体必备的特征进行了评价,并根据德尔菲法开发出自我导向学习准备度量表(Self-Directed Learning Readiness Scales,缩写为SDLRS),成为测量自我导向学习的重要工具。[①]这种实证量化研究使自我导向学习研究超越了描述性研究阶段,进入新的研究范式。在其影响

---

① 雷丹.影响成人自我导向学习的人格因素及其支持策略[J].教育学术月刊,2012(12).

下，各种测量工具陆续出现，如1986年，奥迪（Oddi, L. F.）的"继续学习量表"（Oddi's Continuing Learning Inventory, 缩写为OCLI）；1991年，可米克（Jane Pilling-Cormick）的"自我导向学习知觉量表"（Self-Directed Learning Readiness Scale, 缩写为SDLRS）等。

1980年，吉布斯（Maurice Gibbons）等学者运用质性研究方法对自我导向学习进行了深入研究。吉布斯在其论文《走向自我导向学习理论：对未受过正规训练的专家的研究》中，对20名专家的自传进行了质性分析。这些专家未接受过正规高等教育，但却都是本领域的佼佼者。吉布斯对其共同特征进行了归纳，包括自律、坚韧、好奇心等。[1]

1984年，斯皮尔（G. E. Sper）和默克（D. W. Mocker）突破了自我导向学习研究中以学习者个体特征为主的研究基调，提出了组织情境的概念，把"情境"因素引入了自我导向学习研究领域。他们认为：第一，自我导向学习过程的每一个环节，都是在情境影响下形成的；第二，自我导向学习不一定是个线性发生的过程，要视具体情境而定；第三，自我导向学习要充分体现学习者的自主性，强调学习者对学习目标及手段的选择与控制。[2]

20世纪80年代末，朗格（Huey B. Long）尝试把更多情境要素整合进自我导向学习研究。他认为：第一，自我导向学习是个体和社会共同作用的结果，其主要影响因素有环境（信息）、学习者、学习过程和学习结果；[3]第二，从外部来看，在不同情境的影响下，学习者会采用不同性质导向的学习，而并不一定是自我导向学习；[4]第三，从学习者自身来看，自我导向学习需要学习者强烈的学习动机、意志努力和心理

---

[1] Gibbons, M., Bailey, A., Comeau, P., Schmuck, J., Seymour, S., Wallace, D. Toward a Theory of Self-directed Learning: A Study of Experts without Formal Training[J]. Journal of Humanistic Psychology, 1980(2).
[2] 罗丽萍. 自我导向学习理论及其对学习型社会的意义[D]. 山西大学硕士学位论文, 2007: 8.
[3][4] 邓运林. 成人教学与自我导向学习[M]. 台北：五南图书出版有限公司, 1995: 160.

能量。①

1991年，布若凯特（Brockett, R. G.）和海姆斯特拉（Hiemstra, R.）系统分析了自我导向学习研究的各种文献，并在《成人学习中的自我导向：理论、研究和实践的视角》一书中构建了个人责任取向模型（Personal Responsibility Orientation Model，缩写为PRO）。该模型包含了个人责任、自我导向学习、学习者自我导向、学习中的自我导向和社会情境五个方面，共涉及内部与外部、个体与社会、教与学等多种要素的有机融合。②

1991年，格罗（Gerald Grow）提出了阶段性自我导向学习模式（The Staged Self-directed Learning Model，缩写为SSDL）。该模式在正规课堂教学的情境下，把学习者的自我导向学习倾向按照由低到高的顺序分为四个阶段：(1) 低级自我导向学习者；(2) 普通自我导向学习者；(3) 中级自我导向学习者；(4) 高级自我导向学习者。③格罗认为：学习者可以通过学习，从低自我导向学习倾向朝着高自我导向学习倾向发展。④

20世纪90年代中期，布鲁克菲尔德（Stephen Brookfield）的《自我导向学习、政治分析性与成人教育实践的批判》（*Self-directed Learning, Political Clarity, and the Critical Practice of Adult Education*）和柯林斯（Rob Collins）的《当代实践与研究：批判理论的自我导向学习》（*On Contemporary Practice and Research: Self-directed Learning to Critical Theory*），均对自我导向学习进行了更具批判性和政治性的分析，认为自我导向学习要有更宽广的视野，"应当与社会情境结合起来，应当与政治

---

① 刘奉越.西方成人自我导向学习理论发展的比较研究[J].现代远距离教育,2014(2): 29.
② Brockett, R. G., Hiemstra, R. Self Direction in Adult Learning: Perspectives on Theory, Research, and Practice[M]. New York: Routledge, 1991:24—33.
③ Grow, G. O. Teaching Learners to Be Self-Directed[J]. Adult Education Quarterly, 1991, 41(3): 125—149.
④ Grow, G. O. In Defense of the Staged Self-directed Learning Model[J]. Adult Education Quarterly, 1994, 44(2): 109—114.

行动、社会行动结合起来"。[①]

2. 主要特征

第一,在哲学取向上,该阶段研究融入了人本主义的哲学精神,更加尊重人的主体地位,强调人的潜能挖掘和自我实现,"坚信人性本善,深信每个人都会具有自我成就意识与自我责任意识"。[②]研究者们尤其重视激发学习者个体的内部潜能,强调学习需求与动机、心理控制与能量,综合且灵活地探索外部情境对自我导向学习的多重影响,以及探讨内部与外部要素对自我导向学习的共同作用。这样做的目的只有一个——真正培养学习者的自我导向学习能力。[③]

第二,在研究假设上,更多把自我导向学习假设为一个非线性的学习过程。从斯皮尔到布鲁克菲尔德,研究者们对影响自我导向学习的个体要素和情境要素进行了更充分的挖掘,认为自我导向学习并非单一的操作流程,而是有着更为复杂的发生结构与过程。如朗格的四要素说、布诺凯特的五要素说、格罗的四阶段说等。

第三,在研究对象上,该阶段仍以研究学习者个体为主,但在归纳自我导向学习者的特征时,更加重视学习者的内在驱动与内部变化,如布诺凯特的个人责任取向模型;同时,更加强调外部情境对个体自我导向学习的影响。此外,布鲁克菲尔德等人建议继续扩展对象范围,把社会和政治因素考虑其中。

第四,在研究内容上,既涉及自我导向学习者的内部心理,又有其外显行为;既有对个体小情境的探索,又有对社会大环境的考量。随着影响自我导向学习的内外部要素及其相互关系的研究不断增多,这阶段研究出现了体系化、模型化的特点。

第五,在研究方法上,以"为什么"和"如何做"的研究为主。一方

[①][②] 高志敏,宋其辉.成人学习研究考略——基于梅里安的追述[J].河北大学成人教育学院学报,2006(1): 10,9.
[③] [美]雪伦·B.梅里安.成人学习理论的新进展[M].黄健等译,北京:中国人民大学出版社,2005: 13.

面,重点解释自我导向学习的意义、价值与趋势,出现了哲学、社会学、管理学、教育学等跨学科的研究方法;另一方面,研究如何更有效运用自我导向学习,具体涉及质性研究和量化实证研究等方法,如吉布斯的自传研究、加格利米诺的SDLRS量表研究等。

(三) 建构主义导向的发展阶段(20世纪90年代后期至今)

这一阶段从20世纪90年代发展至今,即自我导向学习研究的新进展阶段。

1. 发展历程

1997年,戈瑞森(Garrison, D. R.)从建构主义视角出发,认为自我导向学习是内部过程与外部过程的统一。就内部而言,个体要对自己的学习负责,做好自我激励、自我管理和自我监控;就外部而言,学习者和教师要控制自我导向学习进程。[①]无论如何,教师与学习者是意义构建的共生关系。1991年,戈瑞森还曾强调自我导向学习与批判性学习的密切关系,认为它们"都是对学习过程内部承担责任、外部加以控制的过程"。[②]

这一阶段,关于自我导向学习的回顾研究和元研究有大幅增加,如1999年,梅里安(Sharan B. Merriam)和凯芙瑞拉(Rosemary S. Caffarella)在整理相关文献的基础上列出了自我导向学习三个渐进目的,即:培养自我导向学习能力——转化学习——解放学习和社会行动。[③]2000年,布鲁克特对1980—1998年间发表的122篇自我导向学习论文进行了内容分析,认为:自我导向学习如果只作为理解成人学习的一种工具是没有未来的。[④]2004年,加格利尔米诺、朗格和海姆斯特拉等人撰写

---

① 李长军.国外自我导向学习模式研究述评[J].高等继续教育学报,2014(3): 41.
② 王传永.国外成人自我导向学习研究探微[J].成人教育,2002(1): 21.
③ [美]雪伦·B.梅里安.成人学习理论的新进展[M].黄健等译,北京:中国人民大学出版社,2005: 12-15.
④ 何爱霞.国外自我导向学习研究的过去、现在和未来[J].成人教育,2009(12): 53.

了《美国的自我导向学习研究》。[1]田纳西大学自我导向学习研究小组（Tennessee Self-Directed Learning Research Group）对自我导向学习期刊论文进行了统计分析。2007年，朗格总结了1957—2002年间自我导向学习研究的五大主题和五大视角；卡尼普和福杰森对1980—2002年间相关博士学位论文研究主题进行了统计分析等。[2]

随着现代信息技术的发展，这阶段的研究对信息技术的应用有了愈加广泛的关注。2001年，默克（Magdalena Mo Ching Mok）和程（Yin Cheong Cheng）提出网络条件下的自我学习圈概念，认为网络自我学习与认知、控制、承诺和内容密切相关。[3]经典的自我导向学习准备度量表（SDLRS）开始应用于网络学习情境，研究者们已针对网络情境对该量表进行修订。2006年，海姆斯特拉等人发表了《因特网技术改变了自我导向学习吗？农村使用者的回答》。[4]2007年，宋（Song, L. Y）和珍妮特（Janette, R. H.）开发了在线自我导向学习模式，对网络情境中的学习者特征、学习过程、网络情境及其互动关系进行了分析。[5]同年，理查德（Richard）提出了自我导向学习轮模型，他认为在信息技术背景下，学习者对学习促动者、学习情境、学习资源有更多选择和获取的机会，有助于取得更好的自我导向学习效果等。[6]

该阶段的相关研究超越了成人教育的传统范畴，向更加广泛的领域拓展。如加格利米诺所说：有"三种情境下的自我导向学习获得了越来越多的关注，分别是：正规学习情境下的自我导向学习，工作场所中的自

---

[1] Lucy Madsen Guglielmino, Huey B. Long, and Roger Hiemstra. Self-Directionin Learning in the United States [A]. Lucy Madsen Guglielmino, Huey B. Long, University of Oklahoma, International Journal of Self-Directed Learning [C]. California: International Society for Self-Directed Learning, 2004: 1–17.
[2] 马颂歌，欧阳忠明.自我导向学习研究新进展述评[J].继续教育研究，2010(2): 162.
[3] Magdalena Mo Ching Mok, Yin Cheong Cheng. A Theory of Self-Learning in a Networked Human and IT Environment: Implications for Education Reforms [J]. The International Journal of Education Management, 2001, 15(4): 172–186.
[4] 何爱霞.国外自我导向学习研究的过去、现在和未来[J].成人教育，2009(12): 53.
[5] 李长军.国外自我导向学习模式研究述评[J].高等继续教育学报，2014(3): 44.
[6] 马颂歌，欧阳忠明.自我导向学习研究新进展述评[J].继续教育研究，2010(2): 163.

我导向学习以及生活中的自我导向学习"。①在正规学习情境下,自我导向学习向各个教育领域扩展,形成了一系列研究成果,如《数学中的自我导向学习——在中学不可能吗?》(1997)、《自我导向学习:高等及职业教育中的一种新兴模式:理论基础》(1998)、《自我导向学习:高等及职业教育中的一种新兴模式:实践范例》(1998)、《自我导向学习与终身学习的关系》(2001)、《社会人口与心理变化对高等教育学生自我导向性的影响》(2006)等。②在工作场所情境下,如约翰森(Johnson)对24名培训师的自我导向学习开展了深入的质性研究;加格利米诺等人通过访谈和观察,对10位小学校长进行了自我导向学习准备度量表(SDLRS)的统计分析等。③在日常生活情境下,如霍林斯沃什和斯科特探讨了一位肾移植接受者为了获得角色平衡而开展的自我导向学习过程;斯科特通过问卷调查,探讨了8位50岁以上被调查者通过自我导向学习寻求个体发展的过程。④

2. 主要特点

第一,在哲学取向上,该阶段凸显了建构主义的哲学取向,强调对自我导向学习进行自下而上的意义归纳与建构。一方面,是把学习者放到正规教育、工作场所、日常生活和虚拟网络等更加开放的自然情境中,对不同群体的自我导向学习现象进行解释及建构;另一方面,是以自我导向学习研究本身为对象,梅里安、布鲁克特、加格利尔米诺、朗格、卡尼普等人通过对先前几十年的研究成果进行回顾与总结,进行自我导向学习的理论建构和元研究。

第二,在研究假设上,主要把自我导向学习假设为一个自下而上的归纳与建构过程。在建构主义思维的影响下,研究者们进一步突破传统定势,不仅把学习者放到更为广阔的情境下开展研究,而且还更加重视

---

① Guglielmino L. M. Why Self-Directed Learning? International Journal of Self-Directed Learning, 2008, Vol.5, No.1: 1–13.
② 何爱霞.国外自我导向学习研究的过去、现在和未来[J].成人教育,2009(12):54.
③④ 马颂歌,欧阳忠明.自我导向学习研究新进展述评[J].继续教育研究,2010(2):164,162.

学习者内部心理主动的信息加工、意义理解和建构过程，以及学习者与学习促进者之间的主体互动关系，如戈瑞森的师生共生关系研究。

第三，在研究对象上，在终身教育和建构主义思想的双重影响下，这一阶段回归到了成人教育研究广阔而深厚的现实土壤，以全体民众为自我导向学习的研究对象，涉及管理者、教育者、学生、职员、病患、青少年、中壮年、老年人等各类群体，不断检验并提升着自我导向学习理论的解释广度与力度。

第四，在研究内容上，朗格的研究作了很好的概括，他把自我导向学习研究归纳为：(1) 五大主题，包括自我导向学习的测量、自我导向学习的产生过程、自我导向学习的哲学解释与评价、自我导向学习的特点，以及关于自我导向学习研究的批判性反思；(2) 五大视角，包括自我指导、成人教育学、方法、社会学和心理学视角。[1]

第五，在研究方法上，一方面，是更加深入典型个案的质性研究，如约翰森针对培训师的研究；更加适应情境变化的量化研究，如在网络情境下对自我导向学习准备度量表（SDLRS）的修订及应用研究；以及两种研究方法的混合式运用，如针对10位小学校长的访谈与SDLRS统计研究；另一方面，是针对自我导向学习研究本身的研究，包括文献研究、归纳研究、元研究和理论构建研究等。

二、自我导向学习研究的主要维度

（一）自我导向学习的内涵研究

1966年，塔夫首次提出自我导向学习概念，并将其定义为成人在决定获取若干既定的知识或技能之后所采取的一系列活动。在此过程中，成人学习者要对自己的学习负责，制订并执行学习计划、采取有效的学

---

[1] 马颂歌，欧阳忠明.自我导向学习研究新进展述评[J].继续教育研究，2010(2)：162.

习策略、维持学习动机,同时,对学习任务要有清晰的意识。①

1975年,诺尔斯理论在其专著《自我导向学习》中把自我导向学习定义为"一种由个体自己在别人帮助下或独自发动完成的活动过程",在此过程中,学习者要自我诊断学习需求、拟定学习目标、确定学习所需的人力资源和物质资源、选择并实施适当的学习策略,并评价学习成果。②

1984年,奥迪认为"自我导向学习是包括计划、执行和自我评价的过程"。③

1994年,朗格认为,自我导向学习"是一种学习者有目的、有意识地加以控制的心理过程,其目的旨在获取知识、理解和解决问题,发展和加强自身的学习能力"。④

加格利尔米诺指出:"自我导向的学习是指个人能够自己引发学习,并能独立而继续地进行。他具有自我训练的能力,具有强烈的学习欲望和信心,能够应用基本的学习技巧,安排适当的学习步骤,发展完成学习的计划和利用时间加以进行的人。"⑤

美国著名教育资源信息中心数据库ERIC把自我导向学习界定为"学习者对自己的学习过程担负责任和进行管理。自我导向学习综合了自我管理和自我监督。自我管理即对情景的管理,情景包括社会环境、资源和行为。自我监督是学习者自己监管、评价和规定自己的认知学习策略"。⑥

---

① Tough, A. M. The Association Obtained by Adult Self-Teachers[J]. Adult Education, 1966(17): 33—37.
② Knowles, M. Self-Directed Learning: A Guide for Learners and Teachers[M]. Toronto: The Adult Education Company, 1975: 18.
③ 王兴辉.成人自导学习与支持系统研究[D].华东师范大学博士学位论文,2005:11.
④ Long, H. B. Resources Related to Overcoming Resistance to Self-Direction in Learning[A]. In R. Hiemstra & Brockett, R (Eds.), Overcoming Resistance to Self-Directed Learning in Adult Learning: New Directions for Adult and Continuing Education, No. 64[C]. San Francisco: Jossey-Bass, 1994: 132.
⑤ 高存艳.成人教育哲学流派的自我导向学习观[J].继续教育研究,2003(6):42.
⑥ 魏光丽.工作场所实行自我导向学习研究[D].华东师范大学硕士论文,2007:20.

（二）自我导向学习的过程研究

1. 线性过程模式

这种研究把自我导向学习看作一个线性过程，其代表人物是塔夫、诺尔斯等。塔夫把这一过程分为13个前后相继的步骤：（1）决定要学的详细知识与技巧；（2）决定学习的活动、方法、资源；（3）决定在哪儿学；（4）决定学习截止日期或期中目标；（5）决定何时开始学习；（6）决定学习计划的招待步调；（7）估算目前的知识或技能水平；（8）侦测阻碍学习与学法效率的因素；（9）获取想要的资源设备及场所；（10）准备学习使用的房舍及设备；（11）获得必要之人力与非人力资源；（12）找出学习时间；（13）增强学习计划的学习机会。[①]诺尔斯将自我导向学习过程分成6个步骤：（1）营造学习气氛；（2）诊断学习需求；（3）确定学习目标；（4）寻求学习资源；（5）选择和执行适当的学习策略；（6）评价学习结果。[②]

2. 非线性过程模式

非线性过程研究兴起于20世纪80年代末90年代初，提倡把更多要素考虑到自我导向学习过程之中，并强调各要素之间要有更多的交互性。如20世纪80年代末，朗格提出自我导向学习要素模型，综合探讨了环境（信息）、学习者、学习过程和学习结果的交互作用。1991年，布若凯特和海姆斯特拉构建了个人责任取向模型（PRO），包含了个人责任、自我导向学习、学习者自我导向、学习中的自我导向和社会情境五大要素。1992年，丹尼斯（Danis, C.）提出要把学习策略、学习步骤、学习内容、学习者和环境要素作为自我导向学习的过程来看待。[③]2001年，博亚齐斯（Richard E. Boyatzis）的发生机制过程模型涉及理想自我、现实自我、

[①] 李长军.国外自我导向学习模式研究述评[J].高等继续教育学报,2014(3): 43.
[②] 黄富顺.成人学习[M].台北：五南图书出版公司,2002: 226.
[③] Sharan B. Merriam. Andragogy and Self-Directed Learning: Pillars of Adult Learning Theory[J]. New Directions for Adult and Continuing Education, No.89, Spring, 2001: 9.

学习计划、发生变化、人际支持五个"断点"(discontinuity)。各"断点"之间多重交叉，从任意"断点"切入，都可以循环往复地开展自我导向学习。①

3. 指导性过程模式

1999年，梅里安等人提出了指导性过程模型，探讨指导者在课堂情境下该如何培养学习者的自我导向学习能力和控制学习的能力。其中，最典型的是格罗的阶段性自我导向学习模式（SSDL）。该模式指出：学习者根据自己的学习准备度开展自我导向式学习，指导者则根据学习者所处学习阶段的不同，制定合适的指导策略，并进行实际指导。比如：依赖型学习者需要指导者提供更多的讲授与教材、练习与辅导。相比之下，自我导向型学习者则可以独立开展学习项目、参与学员研讨和探索式学习。②

（三）自我导向学习的学习者特征研究

自我导向学习者具备哪些特性特征？有哪些影响因素？是学者们讨论的热门主题，并形成了系列研究成果。1977年，加格利米诺系统梳理了自我导向学习者的必备特征：(1) 主动、独立且持续性地学习；(2) 对自己的学习有强烈的责任感；(3) 将问题视为一种挑战而非障碍；(4) 能够自我训练及拥有强烈的好奇心；(5) 自我信赖度高；(6) 有强烈的学习欲望与改变自己的欲望；(7) 拥有基本的研究技巧；(8) 可以控制自己的时间，以设定自己的学习步调并发展完成某特定工作的计划；(9) 乐于学习；(10) 有目标导向的趋势。③这10项特征使加格利米诺的自我导向学习准备度量表（SDLRS）成为经典之作。

1980年，吉布斯对20名自学成才的专家进行了研究，把自我导向学

---

① Boyatzis, R. E. Unleashing the Power of Self-Directed Learning[M]. NY: Quorum Books, 2002.
② Sharan B. Merriam. Andragogy and Self-Directed Learning: Pillars of Adult Learning Theory[J]. New Directions for Adult and Continuing Education, No.89, Spring, 2001: 9–10.
③ 雷丹. 影响成人自我导向学习的人格因素及其支持策略[J]. 教育学术月刊, 2012(12): 73.

习者的特征归纳为自律、坚韧和好奇心等。①20世纪80年代末,朗格研究认为自我导向学习者要有强烈的学习动机、意志努力和心理能量。②斯凯格(Skager)把自我导向学习者特征归纳为:自我接受、充分计划、内在动机、内在评价、开放经验、适应性和自律。③2008年,加格利米诺把人们在信息时代开展自我导向学习的根本原因归结为求知欲。④

（四）自我导向学习的测量工具研究

自我导向学习的测量工具主要有两种:第一种是测量学习者的准备度;第二种是测量学习者的个性特征。其中最经典的是1977年加格利米诺研发的自我导向学习准备度量表(SDLRS),用于测量成人自我导向学习的倾向。该量表共有8个主题、58个题目。这8个主题为:(1)热爱学习(Love of learning);(2)独立的学习者(independent learner);(3)能够经受学习中的风险、模糊和复杂状况(Tolerance of risk, ambiguity and complexity in learning);(4)创造力(Creativity);(5)视学习为终身的、有益的过程(View of learning as a lifelong, beneficial process);(6)自我理解(self-understanding);(7)学习进取心(Initiative in learning);(8)承担自己的学习责任(Acceptance of responsibility for one's own learning)。⑤该量表主要用于探索自我导向学习倾向与其他个性变量之间的关系,以及对自我导向学习倾向进行诊断。我国台湾成人教育研究者对SDLRS量表进行了修订,将原来的58个题目缩减为55个。这些题目可归纳为6个主题,分别是:(1)学习效率;(2)喜爱学习;(3)主动学习;(4)独立学习;(5)创造学习;(6)学习动机。⑥其他较典型的量表还有:

---

① Gibbons, M. Bailey, A., Comeau, P., Schmuck, J., Seymour, S., & Wallace, D. Toward a Theory of Self-directed Learning: A Study of Experts without Formal Training[J]. Journal of Humanistic Psychology, 1980 (2).
② 刘奉越.西方成人自我导向学习理论发展的比较研究[J].现代远距离教育,2014(2):29.
③ 雷丹.影响成人自我导向学习的人格因素及其支持策略[J].教育学术月刊,2012(12):73.
④ 马颂歌,欧阳忠明.自我导向学习研究新进展述评[J].继续教育研究,2010(2):161.
⑤ 魏昊君.成人自我导向学习研究[D].南昌大学硕士学位论文,2011:18.
⑥ 杜以德.国外成人教育学科建设的历史回顾[J].中国成人教育,2005(6).

1986年，奥迪的继续学习量表（OCLI）；1991年，可米克的自我导向学习知觉量表（SDLRS）；2001年，费舍尔（Fisher）的护士自我导向学习量表（Self-Directed Learning Readiness Scale for Nursing Education，缩写为SDLRSNE）。

此外，还有目前在我国使用较广泛的自我导向学习评定量表（Self-Rating Scale for Self-Directedness in Learning，缩写为SRSSDL）。2007年，英国学者威廉姆森（Swapna Williamson）研制了该量表，从自我导向学习意识（Awareness）、学习策略（Learning Strategies）、学习行为（Learning Activities）、评价（Evaluation）和人际关系技能（Interpersonal Skills）5个维度出发，对自我导向学习进行全面评估。每个维度12个题目，共计60个题目。量表使用5点计分法进行统计。①

三、总结与启示

三个阶段的自我导向学习研究，基于各自假设开展不同的研究活动，但相互之间仍保持着内在延续性，不断丰富着自我导向学习知识体系。同时，也孕育了自我导向学习研究的未来走势。

首先，由于与行为主义的天然联系，进步主义研究更倾向于探索学习的外显行为及其学习程序。基于该假设，诺尔斯等人不断提炼出自我导向学习的诸多外部行为，并将其组合成线性的学习步骤，呈现出较明显的机械化、程序化特征。

其次，人本主义研究更强调尊重并激发人的主体性。在研究学习者外部行为的同时，更加关注其内部心理过程，以及影响学习行为发生的各种情境因素。学习心理、学习行为与学习情境之间的多重组合，在该阶段演化为大量的学习模型研究，其研究成果也更具解释力和实用性。

---

① 沈玉琴.自我导向学习评定量表的汉化及在护理学生中的应用研究[D].复旦大学硕士学位论文，2012: 8.

最后，建构主义认为只要学习者在情境互动中有意义生成，就发生了学习，这其实与终身学习的思想相吻合。因此，这阶段研究的学习者种类、学习领域、学习时间和空间等均得到了无限拓展，甚至延伸到了虚拟的互联网世界。随之而来的是知识成果的爆炸式增长，而且越来越难以驾驭。因此，研究者才回过头来重新审视自我导向学习，在回顾与反思中梳理脉络、探寻方向。

总之，进步主义研究阶段，发现了自我导向学习本身；人本主义研究阶段，发现了自我导向学习背后的人；建构主义研究阶段，发现了人及其存在的整个世界。按照这样的逻辑，自我导向学习研究的未来走势可以描述为：在研究志趣上，要让学习者为了不断获得个体解放、寻求幸福生活而学习；在适应环境之余，也要为了更好地改造社会、改造世界而学习。在研究目的上，要使自我导向学习能从一个学习工具升级为一种生活方式。在研究领域方面，要跳出校园，到广阔的日常生活情境中去探寻各种自我导向学习现象与问题。在研究内容方面，在关注知识、技能等具体学习的同时，要更专注于如何提高学习者批判性反思的能力，以帮助学习者不断获取个体解放与社会变革的力量。

第三章
教师职业高原的现状调研

在此次调查中,问卷共由四部分组成(见附录1):一是教师的个人基本信息;二是教师的职业高原情况(职业发展状况);三是教师的自我导向学习情况(学习现状);四是教师职业发展与学习的综合影响因素。问卷的第三部分、第四部分将在第四章、第五章中展开分析,本章主要讨论被调查教师的个人基本情况及其职业高原的现象与问题。

第一节 教师职业高原的问卷编制

在整理教师职业高原测量类研究成果的过程中,研究者发现各种问卷设计都基于同一个假设——教师职业高原仅限于教学或专业领域。本研究却认为:教师职业高原应该是一个综合表征,在教学或专业之外,还表现在教师职业信念、工作热情、人际关系等各个方面。有鉴于此,研究者在梳理、融合各测量工具的基础上,又做了扩展及修订,自编了涵盖更广的教师职业高原调查问卷,并在上海市P区1 836名中小学教师中开展问卷调查,对其职业高原现象进行了描述与分析。

一、相关研究基础

综观国内外相关文献,仍缺少较为公认的关于"职业高原"的测量工具,专门针对教师群体的测量工具则更为少见。就国内来看,较有代表性的是寇冬泉和王惠卿的相关研究。

(一)寇冬泉的教师职业高原测量研究

2007年,寇冬泉在博士学位论文《教师职业生涯高原:结构、特点及其工作效果的关系》中,通过大量预研究把教师职业高原的内容结构提炼为6个方面:专业知识、专业技能、决策参与、组织接纳、职位升迁和职称晋升。在此基础上,概括出3个深层结构,即内容高原、趋中高原和层级高原(详见图3-1):(1)内容高原分为专业知识和专业技能,指教师"在当前学校工作中,进一步获得专业新知识和新技能的可能性很小";[①](2)趋中高原分为决策参与和组织接纳,指"教师在当前学校中,成为学校焦点人物或向学校决策中心位移的可能性很小";[②](3)层级高原分为职称晋升和职位升迁,指"教师在当前学校中,进一步获得职位升迁和职称晋升的可能性很小"。[③]

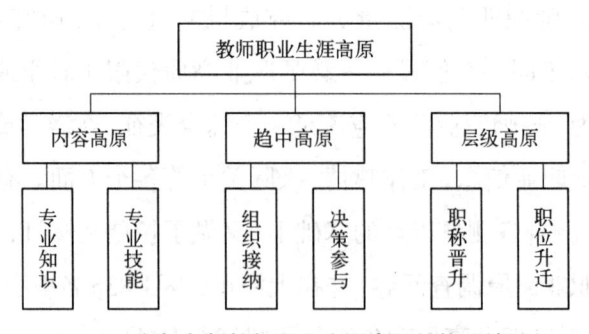

图3-1 寇冬泉版教师职业生涯高原结构系统图

[①][②][③] 寇冬泉.教师职业生涯高原:结构、特点及其工作效果的关系[D].西南大学博士学位论文,2007: 27, 27, 27、28.

以前期研究为基础，寇冬泉参照美国职业心理学家米利曼（Milliman, J.）的职业高原二维度问卷（1992）和谢宝国（2005）的三维度问卷，[①]编制了一套有22个题项的5点记分问卷。其中，内容高原8个题项，如"我的当前工作正在变成一种不需要更新专业知识的单调的重复性劳动"（专业知识），"在当前工作中，我有机会提高自己的专业技能"（专业技能）等；趋中高原6个题项，如"在当前学校工作中，我不可能继续受到领导的器重"（组织接纳），"我有机会参与学校的决策制定"（决策参与）等；层级高原8个题项，如"我已不再刻意去追求评聘更高的职称了"（职称晋升），"在当前学校，我获得继续提拔的机会不多"（职位升迁）等。该问卷有较好的信度和效度表现，同时也是我国相关研究中编制问卷的重要参照，如惠善康的《中小学教师职业高原的现状、成因及其对个体职业生涯的影响——基于皖北地区428名中小学教师的实证研究》（苏州大学硕士学位论文，2011）、陈晶晶和连榕的《中学教师职业高原现状及其与社会支持的关系——以福建省为例》[宁波大学学报（教育科学版），2011年第3期]。

（二）王惠卿的教师职业高原测量研究

2013年，王惠卿在《教师职业高原结构探索与问卷编制》中开发了一套专门针对教师的职业高原测量工具。王惠卿在费伦斯（Ference, 1977）、巴德威克（Bardwick, 1986）等人的研究基础上，结合相关调查和访谈，把教师职业高原分为：一是结构高原，指学校制度和结构不合理，或缺少发展机会，造成教师发展受限；二是内容高原，指教师因缺乏教学新知识和新技能而处于职业停滞状态；三是个人高原，指教师缺少进一步晋升的能力和动机。其中，个人高原还具体表现在：一是情感投入，指教师的工作积极性和工作热情；二是求变行为，指教师为了获得职业突

[①] 注：米利曼把职业高原分为层级高原和工作内容高原；谢宝国把职业高原分为层级高原、内容高原和中心化高原（即趋中高原）。

破和发展,不断更新知识和技能等;三是教学效能感,指教师对自己教学信心和教学能力的主观判断。①

在前期研究基础上,王惠卿把教师职业高原分为组织结构、工作内容、情感投入、求变行为和教学效能五个方面,编制了有88个题项的5点记分问卷,其中:(1)组织结构,指教师感觉进一步晋升可能性的大小,如"我很受学校领导的赏识";(2)工作内容,指教师感觉到的工作的挑战性大小,如"我的一份教案可以被重复利用好几年";(3)情感投入,指教师在教学工作中的满意度和积极性,如"我能从教学中获得成就感";(4)求变行为,指教师的求变和创新行为,如"我喜欢尝试不同的教学方法";(5)教学效能,指教师认为自己影响学生行为和学习成绩的能力,如"我能解决学生在学习中出现的问题"。②

二、自编调查问卷

(一)教师职业高原的意义扩展

如前所述,既有研究成果为本研究提供了重要基础与参照。但在回顾当中,研究者也发现:相关研究关于"教师职业高原"的概念假设仍以狭义理解为主,也就是把教师职业高原更多限定在教育教学或学校管理的相关领域,如内容高原中的专业知识和专业技能层级高原中的职称晋升和职位升迁、趋中高原中的组织接纳和决策参与,以及求变行为和教学效能等。总体来看,这些内容仍以教师职业的"硬性"指标为主,缺少了精神或情感等领域的"软性"指标,还无以全面解释教师的职业高原现象。对此,我们在前期调研中也发现:很多职业高原期教师不仅表现在业务或专业上的停滞,还更多表现为职业情感或职场交往上的麻木。此外,还有很多高级职称甚至专家型教师也会进入职业高原期,这并不

---

①② 王惠卿.教师职业高原结构探索与问卷编制[J].哈尔滨师范大学社会科学学报,2013(2):163.

是因为业务不精湛,而是因为缺少了作为教师的职业激情,或是长期不能满足于当前学校的人际交往环境。

有鉴于此,本研究希望更进一步,以相对广义的视野来进行重新解读"教师职业高原"。首先,"教师"应该是更为完整的人,他们在扮演教学者角色的同时,还有自己的情感角色和人际角色;其次,"教师职业"在业务领域之外,还有丰富的职业情感和职业交往领域。与之相对应,关于"教师职业高原"的内涵假设也要得到拓展,这将在问卷设计中加以体现。

(二)教师职业高原的六个维度

基于"教师职业高原"的新假设,再结合既有研究成果,本研究把"教师职业高原"的内容结构分解为六个维度:(1)内容高原,包含专业知识和专业技能;(2)趋中高原,包含决策参与和组织接纳;(3)层级高原,包含职称晋升和职位升迁。这三个职业高原直接参照了寇冬泉博士的研究成果。(4)人际高原,是本研究新增加的内容,特指教师在当前学校的人际交往中获得自我提升的可能性很小;(5)情感高原,参照了王惠卿的"情感投入"概念,特指教师对自己工作的满意度和积极性很小;(6)绩效高原,参照了王惠卿的"教学效能"概念,特指教师对自己工作成绩的认可度很小。

(三)教师职业高原的问卷设计

参照前期研究,本研究把"教师职业高原"问卷设计为两大部分:第一部分是教师个人基本信息调查(详见附录1),包括性别、学校实力与类型、任教主学科、年龄、教龄、受教育程度、职称、职务、收入,以及对自己职业发展状况的总体评价等。第二部分是教师的职业高原情况(职业发展状况)调查,参照教师职业高原的六个维度,共设计了27个题项(详见附录1):(1)层级高原6个题项,其中职位升迁3个题项,如"我获得管理职位晋升的机会很小";职称晋升3个题项,如"我评上更高职称的机会很小";(2)内容高原6个题项,其中专业知识3个题项,如"在当前工作中,我能够学到新的理论知识";专业技能3个题项,如"在当前工作中,我能继续提升专业技能水平";(3)趋中高原6个题项,其中组织接纳3个题项,如"我的工作难以得到校领导的理解和支持";决策参与3个题项,如"我对学校工作有更多的发言权";(4)人际高原3个题项,如"我能从周围同事身上学到很多东西";(5)情感高原3个题项,如"我喜欢教师这份职业";(6)绩效高原3个题项,如"我的工作成绩显著,有目共睹"。

第二部分问卷采用5点记分法,依次为"非常符合""比较符合""符合""不大符合""非常不符合"五个选项。在题项选择中,又分为两种记分方式:(1)正向记分,即得分越高者,说明其职业高原特征越明显,如"在当前工作中,我能够学到新的理论知识",选择"非常符合"意指"完全没有高原倾向",选择"比较符合"意指"基本没有高原倾向",选择"符合"意指"轻度高原倾向",选择"不大符合"意指"中度高原倾向",选择"非常不符合"意指"重度高原倾向"。(2)反向记分,即得分越低者,说明其职业高原特征越明显,如"我获得继续提拔的有利因素越来越少",选择"非常符合"意指"重度高原倾向",选择"比较符合"意指"中度高原倾向",选择"符合"意指"轻度高原倾向",选择"不大符合"意指"基本没有高原倾向",选择"非常不符合"意指"完全没有高原倾向"(见表3-1-1)。经统计分析后,如果是有"重度""中度"或"轻度"的教师,就可认定为具有职业高原倾向。

表 3-1-1 教师职业高原问卷问题选项的内含解释表

	问卷例项	非常符合	比较符合	符合	不大符合	非常不符合
正向记分	在当前工作中,我能够学到新的理论知识	完全没有高原倾向	基本没有高原倾向	轻度高原倾向	中度高原倾向	重度高原倾向
反向记分	我获得继续提拔的有利因素越来越少	重度高原倾向	中度高原倾向	轻度高原倾向	基本没有高原倾向	完全没有高原倾向

第二节　教师职业高原的问卷调查

本研究问卷通过"问卷星平台"(网址: www.sojump.com)设计成电子问卷,在上海市P区教师中广泛开展在线施测。经过多方协调与组织,共回收有效问卷1 836份。

一、问卷调查对象的基本情况

(1)从性别角度看,男教师341人,女教师1 495人(占比超过80%)(见表3-2-1)。

表 3-2-1　被调查教师的性别构成统计表

选项	人数	比例
男	341	18.57%
女	1 495	81.43%
本题有效填写人数	1 836	

*表中数值取小数点后两位,有四舍五入情况,后同。

(2)从学校实力来看,有1 163人(63.34%)来自综合实力较强的学校(教师专业发展学校),521人(28.38%)来自综合实力中等的学校(校本研修学校),152人(8.28%)来自综合实力较弱的学校(其他学校)(见表3-2-2)。

(3)从学校类型看,来自小学的978人(53.27%),来自初中的349人(19.01%),来自高中的256人(13.94%),来自九年一贯制学校的204人

表 3-2-2　被调查教师所属学校实力统计表

选项	人数	比例
综合实力较强的学校	1 163	63.34%
综合实力中等的学校	521	28.38%
综合实力较弱的学校	152	8.28%
本题有效填写人数	1 836	

(11.11%),来自十二年一贯制学校的7人(0.38%),另有42人(2.29%)来自完中(见表3-2-3)。

表 3-2-3　被调查教师所属学校类型统计表

选项	人数	比例
小学	978	53.27%
初中	349	19.01%
高中	256	13.94%
九年一贯制	204	11.11%
十二年一贯制	7	0.38%
完中	42	2.29%
本题有效填写人数	1 836	

(4)从任教主学科看,被调查者以"语数外"主课教师为主。其中,语文教师567人(30.88%),数学教师379人(20.64%),外语教师294人(16.01%)。三者共计1 240人,占67.54%(见表3-2-4)。

表 3-2-4　被调查教师的任教主学科情况统计表

选　项	人　数	比　例
语　文	567	30.88%
数　学	379	20.64%
外　语	294	16.01%
历　史	23	1.25%
政　治	39	2.12%
地　理	20	1.09%
物　理	44	2.40%
化　学	34	1.85%
生　物	22	1.20%
劳　技	33	1.80%
音　乐	67	3.65%
美　术	67	3.65%
体　育	128	6.97%
信息科技	43	2.34%
其　他	76	4.14%
本题有效填写人数	1 836	

（5）从年龄分布看，小于25岁的95人(5.17%)，26—30岁的177人(9.64%)，31—35岁的311人(16.94%)，36—40岁的436人(23.75%)，41—50岁的720人(39.22%)，51—55岁的81人(4.41%)，56—60岁的16人(0.87%)。在本研究中，35岁及以下的为"青年教师"，共583人(31.75%)；36—50岁的为"中年教师"，共1 156人(62.97%)；50岁以上的为"老年教师"，97人(5.28%)(见表3-2-5)。

表 3-2-5 被调查教师的年龄构成统计表

选 项	人 数	比 例
小于25岁	95	5.17%
26—30岁	177	9.64%
31—35岁	311	16.94%
36—40岁	436	23.75%
41—50岁	720	39.22%
51—55岁	81	4.41%
56—60岁	16	0.87%
61—65岁	0	0%
本题有效填写人数	1 836	

（6）从教龄分布看，1—3年教龄的175人（9.53%），4—5年教龄的72人（3.92%），6—10年教龄的181人（9.86%），11—20年教龄的651人（35.46%），21—30年教龄的679人（36.98%），31—40年教龄的73人（3.98%），40年以上教龄的5人（0.27%）。在本研究中，教龄1—3年的为"职初教师"，共175人（9.53%）；教龄4—20年的为"成长期教师"，共904人（49.24%）；教龄20年以上的为"成熟期教师"，共757人（41.23%）（见表3-2-6）。

表 3-2-6 被调查教师的教龄构成统计表

选 项	人 数	比 例
1—3年	175	9.53%
4—5年	72	3.92%
6—10年	181	9.86%
11—20年	651	35.46%

(续表)

选项	人数	比例
21—30年	679	36.98%
31—40年	73	3.98%
40年以上	5	0.27%
本题有效填写人数	1 836	

（7）从受教育程度看，主要集中在本科学历，有1 588人（86.49%），大专学历164人（8.93%），研究生及以上学历84人（4.58%）（见表3-2-7）。

表 3-2-7　被调查教师的受教育程度统计表

选项	人数	比例
高　中	0	0%
大　专	164	8.93%
本　科	1 588	86.49%
硕　士	82	4.47%
博　士	2	0.11%
本题有效填写人数	1 836	

（8）从职称角度看，在本研究中，"小学二级""小学一级"和"中学二级"为"初级职称"，共541人（29.46%）；"小学高级"和"中学一级"为"中级职称"，共985人（53.65%）；"中学高级"为"高级职称"，共221人（12.04%）；没有职称或其他职称共89人（4.85%）（见表3-2-8）。

表 3-2-8　被调查教师的职称情况统计表

选项	人数	比例
小学二级	54	2.94%

(续表)

选项	人数	比例
小学一级	328	17.86%
小学高级	596	32.46%
中学二级	159	8.66%
中学一级	389	21.19%
中学高级	221	12.04%
没有职称	81	4.41%
其他	8	0.44%
本题有效填写人数	1 836	

（9）从职务角度看，校级正职11人（0.6%），校级副职32人（1.74%），校中层正职90人（4.9%），校中层副职107人（5.83%），教研组长、年级组长358人（19.5%），无职务的教师1 192人（64.92%），其他情况46人（2.51%）（见表3-2-9）。

表3-2-9 被调查教师的职务情况统计表

选项	人数	比例
校级正职	11	0.60%
校级副职	32	1.74%
校中层正职	90	4.90%
校中层副职	107	5.83%
教研组长、年级组长	358	19.50%
无	1 192	64.92%
其他	46	2.51%
本题有效填写人数	1 836	

（10）从月收入角度看，2 000—4 000元的338人（18.41%），4 001—6 000元的972人（52.94%），6 001—8 000元的462人（25.16%），8 001—10 000元的40人（2.18%），10 000元以上的5人（0.27%），其他情况19人（1.03%）。本研究把月收入2 000—4 000元的划入"较低收入"，共338人（18.41%）；4 001—6 000元的划入"中等收入"，共972人（52.94%）；6 000元以上的划入"较高收入"，共507人（27.61%）；其他情况19人（1.03%）（见表3-2-10）。

表 3-2-10 被调查教师的月收入情况统计表

选 项	人 数	比 例
2 000—4 000元	338	18.41%
4 001—6 000元	972	52.94%
6 001—8 000元	462	25.16%
8 001—10 000元	40	2.18%
10 000元以上	5	0.27%
其 他	19	1.03%
本题有效填写人数	1 836	

（11）从被调查教师对职业发展阶段的总体认知来看，634人（34.53%）认为自己"正处于职业上升期，还有很多新东西要学"；847人（46.13%）认为自己"已进入职业稳定期，有点停滞和无奈的感觉"；130人（7.08%）认为自己"突破了职业瓶颈，迎来了职业'第二春'"；还有225人（12.25%）"没有多少感觉"（见表3-2-11）。

表 3-2-11 被调查教师对职业发展阶段的总体认知情况统计表

选 项	人 数	比 例
正处于职业上升期，还有很多新东西要学	634	34.53%

(续表)

选项	人数	比例
已进入职业稳定期,有点停滞和无奈的感觉	847	46.13%
突破了职业瓶颈,迎来了职业"第二春"	130	7.08%
没有多少感觉	225	12.25%
本题有效填写人数	1 836	

（12）从被调查教师对职业发展满意度的总体情况来看，162人（8.82%）认为非常满意，832人（45.32%）认为比较满意，466人（25.38%）认为满意，337人（18.36%）认为不太满意，39人（2.12%）认为非常不满意（见表3-2-12）。

表3-2-12　被调查教师对职业发展满意度的总体情况统计表

选项	人数	比例
非常满意	162	8.82%
比较满意	832	45.32%
满意	466	25.38%
不太满意	337	18.36%
非常不满意	39	2.12%
本题有效填写人数	1 836	

二、教师职业高原的总体情况分析

（一）教师"层级高原"的现状分析

如前所述，"层级高原"指教师"在当前学校中，进一步获得职位升迁和职称晋升的可能性很小",①具体分为职位升迁和职称晋升两部分（见表3-2-13）。

表 3-2-13　被调查教师"层级高原"的总体状况统计表

	问卷题项	非常符合	比较符合	符　合	不大符合	非常不符合
职位升迁	我获得管理职位晋升的机会很小	627（34.15%）	340（18.52%）	607（33.06%）	217（11.82%）	45（2.45%）
	我获得继续提拔的有利因素越来越少	580（31.59%）	327（17.81%）	593（32.30%）	284（15.47%）	52（2.83%）
	我已不再刻意追求管理职位的继续升迁	645（35.13%）	287（15.63%）	615（33.50%）	227（12.36%）	62（3.38%）
职称晋升	我评上更高职称的机会很小	529（28.81%）	294（16.01%）	544（29.63%）	373（20.32%）	96（5.23%）
	我评上更高职称的有利因素越来越少	519（28.27%）	290（15.8%）	562（30.61%）	385（20.97%）	80（4.36%）
	我已不再刻意追求评聘更高职称了	503（27.4%）	282（15.36%）	543（29.58%）	390（21.24%）	118（6.43%）

在职位升迁方面，(1)回答"我获得管理职位晋升的机会很小"时，表现出高原倾向的（选择非常符合、比较符合和符合）共1 574人，占85.73%。具有重度高原倾向的（选择非常符合）教师最多，共627人，占34.15%。(2)回答"我获得继续提拔的有利因素越来越少"时，表现出高原倾向的（选择非常符合、比较符合和符合的）共1 500人，占81.70%。具有轻度高原倾向（选择符合）教师最多，共593人，占32.3%。(3)回答

---

① 寇冬泉.教师职业生涯高原：结构、特点及其工作效果的关系[D].西南大学博士学位论文，2007：27-28.

"我已不再刻意追求管理职位的继续升迁"时,表现出高原倾向的(选择非常符合、比较符合、符合)共1 547人,占84.26%。具有重度高原倾向的(选择非常符合)教师最多,共645人,占35.13%。

在职称晋升方面,(1)回答"我评上更高职称的机会很小"时,表现出高原倾向的(选择非常符合、比较符合、符合)共1 367人,占74.46%。具有轻度高原倾向的(选择符合)教师最多,共544人,占29.63%。(2)回答"我评上更高职称的有利因素越来越少"时,表现出高原倾向的(选择非常符合、比较符合、符合)共1 371人,占74.67%。具有轻度高原倾向的(选择符合)教师最多,有562人,占30.61%。(3)回答"我已不再刻意追求评聘更高职称了"时,表现出高原倾向的(选择非常符合、比较符合、符合)共1 328人,占72.33%。轻度高原倾向的(选择符合)教师最多,543人,占29.58%。

总体而言,具有层级高原倾向的(重度+中度+轻度)教师(见表3-2-14),共8 687人次,占78.86%,远超没有高原倾向的教师。其中,轻度层级高原倾向的教师最多,共3 464人次,占31.45%;其次,是重度层级高原倾向的教师,共3 403人次,占30.89%。其他依次为:基本没有层级高原倾向的教师,共1 876人次,占17.03%;中度层级高原倾向的教师,共1 820人次,占16.52%;完全没有层级高原倾向的教师,共453人次,占4.11%。数据分析可知:在层级高原领域,大多数教师表现出较强的高原

表3-2-14 被调查教师"层级高原"程度统计表

排序	程度	人次	小计	占比	小计
2	重度	3 403		30.89%	
4	中度	1 820	8 687	16.52%	78.86%
1	轻度	3 464		31.45%	
3	基本没有	1 876	2 329	17.03%	21.14%
5	完全没有	453		4.11%	

倾向,即认为自己获得职位升迁或职称晋升的可能性很小。

(二) 教师"内容高原"的现状分析

在本研究中,内容高原指教师"在当前学校工作中,进一步获得专业新知识和新技能的可能性很小",[①]具体分为专业知识和专业技能两部分(见表3-2-15)。

表3-2-15 被调查教师"内容高原"的总体状况统计表

	问卷题项	非常符合	比较符合	符合	不大符合	非常不符合
专业知识	在当前工作中,我能够学到新的理论知识	340 (18.52%)	473 (25.76%)	703 (38.29%)	271 (14.76%)	49 (2.67%)
	我的知识少有更新,吃老本就够用了	58 (3.16%)	166 (9.04%)	209 (11.38%)	1 031 (56.15%)	372 (20.26%)
	我已不再关心专业知识能否得到提高了	68 (3.7%)	151 (8.22%)	194 (10.57%)	989 (53.87%)	434 (23.64%)
专业技能	在当前工作中,我能继续提升专业技能水平	338 (18.41%)	575 (31.32%)	703 (38.29%)	205 (11.17%)	15 (0.82%)
	我即使不更新专业知识与技能,也完全能胜任现在的工作	117 (6.37%)	270 (14.71%)	463 (25.22%)	858 (46.73%)	128 (6.97%)
	现在的工作,只是我已有专业技能的简单重复	99 (5.39%)	218 (11.87%)	399 (21.73%)	934 (50.87%)	186 (10.13%)

[①] 寇冬泉.教师职业生涯高原:结构、特点及其工作效果的关系[D].西南大学博士学位论文,2007:27.

在专业知识方面，(1) 回答"在当前工作中，我能够学到新的理论知识"时，表现出高原倾向的（选择非常不符合、不大符合和符合）教师共1 023人，占55.72%。具有轻度高原倾向的（选择符合）教师最多，共703人，占38.29%。(2) 回答"我的知识少有更新，吃老本就够用了"时，表现出高原倾向的（选择非常符合、比较符合、符合）教师共433人，占23.58%，低于没有高原倾向的教师。基本没有高原倾向的（选择不大符合）教师最多，共1 031人，占56.15%，其次是完全没有高原倾向的（选择非常不符合）教师，共372人，占20.26%。(3) 回答"我已不再关心专业知识能否得到提高了"时，表现出高原倾向的（选择非常符合、比较符合、符合）教师共413人，占22.49%，低于没有高原倾向的教师。基本没有高原倾向的（选择不大符合）教师最多，共989人，占53.87%；其次是完全没有高原倾向的（选择非常不符合）教师，共434人，占23.64%。

在专业技能方面，(1) 回答"在当前工作中，我能继续提升专业技能水平"时，表现出高原倾向的（选择非常不符合、不大符合、符合）教师共923人，占50.27%。具有轻度高原倾向的（选择符合）教师最多，有703人，占38.29%；其次是基本没有高原倾向的（选择比较符合）教师，有575人，占31.32%。(2) 回答"我即使不更新专业知识与技能，也完全能胜任现在的工作"时，表现出高原倾向的（选择非常符合、比较符合、符合）教师共850人，占46.3%，低于没有高原倾向的教师。基本没有职业高原倾向的（选择不大符合）教师最多，有858人，占46.73%。(3) 回答"现在的工作，只是我已有专业技能的简单重复"时，表现出高原倾向的（选择非常符合、比较符合、符合）教师716人，占39%，低于没有高原倾向的教师。基本没有职业高原倾向的（选择不大符合）教师最多，有934人，占50.87%。

总体而言，表现出内容高原倾向的（重度+中度+轻度）教师共4 358人次，占39.56%（见表3-2-16）。其中，基本没有表现出内容高原倾向的教师最多，有4 860人次，占44.12%。其次，是轻度内容高原倾向的教师，有2 671人次,占24.25%。其他依次为:完全没有内容高原倾向1 798人次,占16.32%;中度内容高原倾向1 281人次,占11.63%;重度内容高原倾向406人次,占3.68%。以上数据表明:在内容高原领域,被调查教师没有明显的高原倾向,表现出较强的更新知识和提升技能的良好态势。

表3-2-16 被调查教师"内容高原"程度统计表

排序	程度	人次	小计	占比	小计
5	重度	406		3.68%	
4	中度	1 281	4 358	11.63%	39.56%
2	轻度	2 671		24.25%	
1	基本没有	4 860	6 658	44.12%	60.44%
3	完全没有	1 798		16.32%	

(三)教师"趋中高原"的现状分析

趋中高原,指"教师在当前学校中,成为学校焦点人物或向学校决策中心位移的可能性很小",[①]具体分为组织接纳和决策参与两部分(见表3-2-17)。

在组织接纳方面,(1)回答"我的工作难以得到校领导的理解和支持"时,表现出高原倾向的(选择非常符合、比较符合和符合)教师共579人,占31.54%,占比低于没有高原倾向的老师。基本没有高原倾向的(选择不大符合)教师最多,有992人,占54.03%。(2)回答"我不可能继续受到校领导的器重"时,表现出高原倾向的(选择非常符合、比较符合和符合)教师共726人,占39.54%,低于没有高原倾向的老师。基本没有高原倾向的(选择不大符合)教师最多,有883人,占48.09%。(3)回答"我提

---

① 寇冬泉.教师职业生涯高原:结构、特点及其工作效果的关系[D].西南大学博士学位论文,2007:27.

表 3-2-17 被调查教师"趋中高原"的总体状况统计表

	问卷题项	非常符合	比较符合	符合	不大符合	非常不符合
组织接纳	我的工作难以得到校领导的理解和支持	98 (5.34%)	188 (10.24%)	293 (15.96%)	992 (54.03%)	265 (14.43%)
	我不可能继续受到校领导的器重	135 (7.35%)	197 (10.73%)	394 (21.46%)	883 (48.09%)	227 (12.36%)
	我提出的工作意见或建议,会受到领导重视	127 (6.92%)	354 (19.28%)	722 (39.32%)	524 (28.54%)	109 (5.94%)
决策参与	我对学校工作有更多的发言权	68 (3.7%)	233 (12.69%)	474 (25.82%)	800 (43.57%)	261 (14.22%)
	我有机会参与学校的决策制定	64 (3.49%)	187 (10.19%)	336 (18.3%)	779 (42.43%)	470 (25.6%)
	领导很难赋予我更多关于本校事务的权力	195 (10.62%)	238 (12.96%)	590 (32.14%)	639 (34.8%)	174 (9.48%)

出的工作意见或建议,会受到领导重视"时,表现出高原倾向的(选择非常不符合、不大符合和符合)教师共1 355人,占73.8%。轻度高原倾向的(选择符合)教师最多,有722人,占39.32%。

在决策参与方面,(1)回答"我对学校工作有更多的发言权"时,表现出高原倾向的(选择非常不符合、不大符合和符合)教师共1 535人,占83.61%。中度高原倾向的(选择不大符合)教师最多,共800人,占43.57%。(2)回答"我有机会参与学校的决策制定"时,表现出高原倾向的(选择非常不符合、不大符合和符合)教师共1 585人,占86.33%。中度高原倾向的(选择不大符合)教师最多,共779人,占42.43%;其次是中度高原倾向的(选择非常不符合)教师,共470人,占25.6%。(3)回答

"领导很难赋予我更多关于本校事务的权力"时，表现出高原倾向的（选择非常符合、比较符合和符合）教师共1 023人，占55.72%。基本没有高原倾向的（选择不大符合）教师最多，共639人，占34.8%；其次是轻度高原倾向的（选择符合）教师，共590人，占32.14%。

总体而言，表现出趋中高原倾向的（重度＋中度＋轻度）教师共6 803人次，占61.76%（见表3-2-18）。基本没有高原倾向的教师最多，共3 288人次，占29.85%。其次是轻度高原倾向的教师，共2 809人次，占25.5%。其他依次为：中度高原倾向的2 726人次，占24.75%；重度高原倾向的1 268人次，占11.51%；完全没有高原倾向的925人次，占8.39%。以上数据表明：在趋中高原领域，教师们已具有一定的高原倾向，即认为自己成为学校焦点人物或向学校决策中心位移的可能性较小。但是，其程度低于层级高原（78.86%），又高于内容高原（39.56%）。

表 3-2-18　被调查教师"趋中高原"程度统计表

排　序	程　度	人　次	小　计	占　比	小　计
4	重　度	1 268	6 803	11.51%	61.76%
3	中　度	2 726		24.75%	
2	轻　度	2 809		25.50%	
1	基本没有	3 288	4 213	29.85%	38.24%
5	完全没有	925		8.39%	

（四）教师"人际高原"的现状分析

人际高原，指教师在当前学校的人际交往中获得自我提升的可能性很小。此次调查中，人际高原表现为三个题项（见表3-2-19）：（1）回答"我能从周围同事身上学到很多东西"时，表现出高原倾向的（选择非常不符合、不大符合和符合）教师共975人，占53.1%。轻度高原倾向的（选择符合）教师最多，有798人，占43.46%，其次是没有高原倾向的（选择比

表 3-2-19　被调查教师"人际高原"的总体状况统计表

问卷题项	非常符合	比较符合	符　合	不大符合	非常不符合
我能从周围同事身上学到很多东西	424 (23.09%)	437 (23.80%)	798 (43.46%)	157 (8.55%)	20 (1.09%)
我所在学校有较好的人际关系氛围	441 (24.02%)	559 (30.45%)	716 (39.00%)	93 (5.07%)	27 (1.47%)
我认为现在的交往圈子越来越小了	270 (14.71%)	374 (20.37%)	702 (38.24%)	418 (22.77%)	72 (3.92%)

较符合、非常符合)教师，共861人，占46.89%。(2)回答"我所在学校有较好的人际关系氛围"时，表现出高原倾向的(选择非常不符合、不大符合和符合)教师共836人，占45.54%，少于没有高原倾向的教师。轻度高原倾向的(选择符合)教师最多，共716人，占39%；其次是基本没有高原倾向的教师共559人(30.45%)，以及完全没有高原倾向的教师共441人(24.02%)。(3)回答"我认为现在的交往圈子越来越小了"时，表现出高原倾向的(选择非常符合、比较符合和符合)教师共1 346人，占73.31%。轻度高原倾向的(选择符合)教师最多，共702人，占38.24%；其次是基本没有高原倾向的(选择不大符合)教师，共418人，占22.77%。

　　总体来看，表现出人际高原倾向的(重度+中度+轻度)教师共3 157人次，占57.32%(见表3-2-20)。轻度高原倾向的教师最多，共2 216人次，占40.23%。其次是基本没有高原倾向的教师，共1 414人次，占25.67%。其他依次为：完全没有高原倾向的教师共937人次，占17.01%；中度高原倾向的教师共624人次，占11.33%；重度高原倾向的教师共317人次，占5.76%。以上数据表明：在人际高原领域，被调查教师表现出57.32%的高原倾向，有过半教师认为在学校人际交往中获得自我提升的可能性较小。但是，其程度低于层级高原(78.86%)和趋中高原

表 3-2-20 被调查教师"人际高原"程度统计表

排序	程度	人次	小计	占比	小计
5	重度	317		5.76%	
4	中度	624	3 157	11.33%	57.32%
1	轻度	2 216		40.23%	
2	基本没有	1 414	2 351	25.67%	42.68%
3	完全没有	937		17.01%	

(61.76%),又高于内容高原(39.56%)。

(五)教师"情感高原"的现状分析

情感高原,指教师对自己工作的满意度和积极性很小。此次调查中,情感高原表现为三个题项(见表3-2-21):(1)回答"我喜欢教师这份职业"时,表现出高原倾向的(选择非常不符合、不大符合和符合)教师共994人,占54.14%。轻度高原倾向的(选择符合)教师最多,有794人,占43.25%,其次是基本没有高原倾向的(选择比较符合)教师,有426人,占23.2%。(2)回答"我对教育教学工作充满热情"时,表现出高原倾向的(选择非常不符合、不大符合和符合)教师共968人,占52.72%。轻度高原倾向的(选择符合)教师最多,有757人,占41.23%,其次是基本没有高原倾向的教师共465人,占25.33%。(3)回答"我在教育教学中投入了很多精力"时,表现出高原倾向的(选择非常不符合、不大符合和符合)教师共718人,占39.11%,少于没有高原倾向的教师。轻度高原倾向的(选择符合)教师最多,共676人,占36.82%;其次是完全没有高原倾向的(选择非常符合)教师共662人,占36.06%。

总体来看,表现出情感高原倾向的(重度+中度+轻度)教师共2 680人次,占48.65%(见表3-2-22),少于没有高原倾向的教师。轻度高原倾向的教师最多,共2 227人次,占40.43%;其次是完全没有高原倾向的教

表 3-2-21　被调查教师"情感高原"的总体状况统计表

问卷题项	非常符合	比较符合	符　合	不大符合	非常不符合
我喜欢教师这份职业	416 (22.66%)	426 (23.2%)	794 (43.25%)	168 (9.15%)	32 (1.74%)
我对教育教学工作充满热情	403 (21.95%)	465 (25.33%)	757 (41.23%)	183 (9.97%)	28 (1.53%)
我在教育教学中投入了很多精力	662 (36.06%)	456 (24.84%)	676 (36.82%)	36 (1.96%)	6 (0.33%)

表 3-2-22　被调查教师"情感高原"程度统计表

排　序	程　度	人　次	小　计	占　比	小　计
5	重　度	66		1.19%	
4	中　度	387	2 680	7.03%	48.65%
1	轻　度	2 227		40.43%	
3	基本没有	1 347	2 828	24.46%	51.35%
2	完全没有	1 481		26.89%	

师共 1 481 人次，占 26.89%。其他依次为：基本没有高原倾向的教师共 1 347 人次，占 24.46%；中度高原倾向的教师共 387 人次，占 7.03%；重度高原倾向的教师共 66 人次，占 1.19%。以上数据表明：在情感高原领域，被调查教师的高原倾向并不十分明显，对自己的工作仍有较高的满意度和积极性。但是，这种高原倾向又要高于内容高原(39.56%)。

（六）教师"绩效高原"的现状分析

绩效高原，指教师对自己工作成绩的认可度很小。此次调查中，绩效高原表现为三个题项（见表 3-2-23）：（1）回答"我的工作成绩显著，有目共睹"时，表现出高原倾向的（选择非常不符合、不大符合和符

表 3-2-23　被调查教师"绩效高原"的总体状况统计表

问卷题项	非常符合	比较符合	符　合	不大符合	非常不符合
我的工作成绩显著,有目共睹	248 (13.51%)	521 (28.38%)	844 (45.97%)	208 (11.33%)	15 (0.82%)
我的工作成绩稳定,很难突破	108 (5.88%)	368 (20.04%)	787 (42.86%)	532 (28.98%)	41 (2.23%)
我很在意自己的工作成绩	326 (17.76%)	472 (25.71%)	830 (45.21%)	194 (10.57%)	14 (0.76%)

合)教师共 1 067 人,占 58.12%。轻度高原倾向的(选择符合)教师最多,共 844 人,占 45.97%;其次是基本没有高原倾向的教师共 521 人,占 28.38%。(2)回答"我的工作成绩稳定,很难突破"时,表现出高原倾向的(选择非常符合、比较符合和符合)教师共 1 263 人,占 68.79%。轻度高原倾向的(选择符合)教师最多,共 787 人,占 42.86%;其次是基本没有高原倾向的(选择不大符合)教师共 532 人,占 28.98%。(3)回答"我很在意自己的工作成绩"时,表现出高原倾向的(选择非常不符合、不大符合和符合)教师共 1 038 人,占 56.54%。轻度高原倾向的(选择符合)教师最多,共 830 人,占 45.21%;其次是基本没有高原倾向的(选择比较符合)教师,共 472 人,占 25.71%。

总体来看,表现出绩效高原倾向的(重度+中度+轻度)教师共 3 368 人次,占 61.14%(见表 3-2-24)。其中,轻度高原倾向的教师最多,共 2 461 人次,占 44.68%;其次是基本没有高原倾向的教师,共 1 525 人次,占 27.69%。其他依次为:中度高原倾向的教师共 770 人次,占 13.98%;完全没有高原倾向的教师 615 人次,占 11.17%;重度高原倾向教师最少,共 137 人次,占 2.48%。以上数据表明:在绩效高原领域,被调查教师有 61.14% 的高原倾向,但以轻度高原为主。说明教师们对自己的工作成绩缺少一定的认可度,但其程度较轻。

表 3-2-24 被调查教师"绩效高原"程度排序表

排序	程度	人次	小计	占比	小计
5	重度	137		2.48%	
3	中度	770	3 368	13.98%	61.14%
1	轻度	2 461		44.68%	
2	基本没有	1 525	2 140	27.69%	38.86%
4	完全没有	615		11.17%	

（七）小结与思考

综合以上分析，可以发现教师六大高原的程度依次为：层级高原（78.86%）、趋中高原（61.76%）、绩效高原（61.14%）、人际高原（57.32%）、情感高原（48.65%）、内容高原（39.56%）（见表3-2-25）。其中，被调查教师在层级高原、趋中高原、绩效高原和人际高原领域的比重均在50%以上，表现出较强的高原倾向。情感高原和内容高原的比重均在50%以下，高原倾向不十分明显（见表3-2-25）。具体而言：

表 3-2-25 被调查教师六大高原的程度排序表

排序	高原类型	人次	比重
1	层级高原	8 687	78.86%
2	趋中高原	6 803	61.76%
3	绩效高原	3 368	61.14%
4	人际高原	3 157	57.32%
5	情感高原	2 680	48.65%
6	内容高原	4 358	39.56%

1. 教师层级高原的情况分析

调查中发现，教师层级高原的程度最重，占填写相关题项总人数的

78.86%(见表3-2-25)。其中,轻度和重度高原倾向的教师占据前两位,比重达60%以上(见表3-2-14)。这说明职位无法升迁或职称难以晋升,是教师进入职业高原的主要表征,也是教师职业发展中面临的最主要瓶颈。

2. 教师趋中高原的情况分析

在六大高原中,趋中高原的程度位列第二,占填写相关题项总人数的61.76%(见表3-2-25)。这说明是否成为学校焦点人物或参与学校重要决策,也是教师职业高原的重要方面。具体来看,这里又表现出"两极分化"的倾向(见表3-2-18):一方面,有29.85%的教师基本没有趋中高原倾向,其所占比重最大;另一方面,有50.25%的教师表现出轻度(25.5%)和中度(24.75%)的趋中高原倾向,仍较为关心自己是否能跻身学校中心位置。

3. 教师绩效高原的情况分析

在六大高原中,绩效高原位列第三,占填写相关题项总人数的61.14%(见表3-2-25)。这说明教师们对自己工作成绩的认可度不是很高,或较难取得新的成绩,这也是教师进入职业高原的重要方面。其中,有44.68%的教师表现出轻度高原倾向,27.69%的教师基本没有绩效高原倾向(见表3-2-24),这从另一个侧面反映出:教师们仍有突破现状、取得新成绩的潜在信心与能力。

4. 教师人际高原的情况分析

在六大高原中,人际高原位列第四,占填写相关题项总人数的57.32%(见表3-2-25)。这说明超过一半教师认为在同事交往中遇到瓶颈,主要是无法在现有交往关系中更好地提升自己。但是,这种人际高原倾向并不十分严重,仅有40.23%的教师有轻度高原倾向,还有42.68%的教师没有人际高原倾向(见表3-2-20)。这从另一个侧面反映出:教师们对现在学校的人际环境基本满意,对周围同事的能力基本认可,但仍希望有所突破。

5. 教师情感高原的情况分析

在六大高原中,情感高原位列第五,占填写相关题项总人数的48.65%(见表3-2-25)。这说明大多数教师没有情感高原的瓶颈问题,他们喜爱教师职业,对自己的工作较为满意,有较强的工作热情和积极性。但是,我们也可以看到(见表3-2-22):仍有40.43%的教师有轻度情感高原倾向,所占比重最大,这也是值得引起关注和引导的现象。

6. 教师内容高原的情况分析

在六大高原中,内容高原排在最后一位,程度最轻,占填写相关题项总人数的39.56%(见表3-2-25)。这说明大多数教师在学校工作中,能表现出较强的学习能力,能及时有效地更新专业知识和技能;同时,如何提升专业知识和技能也是教师最为关心、投入最多、最不甘落后的领域。然而,仍有24.25%的教师有轻度内容高原倾向(见表3-2-16),即在专业知识和技能提升方面略有困难,这同样是需要引起重视的现象。

三、教师职业高原的个性化差异

经交叉比较,本研究分析了教师之间有显著差异的职业高原现象。

(一) 不同性别教师的职业高原差异

在交叉分析中发现:在内容高原方面,与男教师相比,女教师更新知识的意愿更为强烈,而男教师不更新知识、吃老本的现象更多(见表3-2-26);女教师较少认为现在的工作是已有专业技能的简单重复(见表3-2-27)。

在趋中高原方面,男教师更倾向于认为自己难以得到校领导的理解和支持(见表3-2-28),同时,又更倾向于认为自己的工作意见或建议会受到校领导的重视(见表3-2-29),对学校工作有更多的发言权(见表3-2-30),也认为比女教师有更多的机会参与学校决策的制定(见表3-2-31)。

表 3-2-26　不同性别教师的职业高原差异统计表（1）

		我的知识少有更新，吃老本就够用了					总计
		非常符合	比较符合	符合	不大符合	非常不符合	
性别	男	20	32	43	174	72	341
		5.9%	9.4%	12.6%	51.0%	21.1%	100.0%
	女	38	134	166	857	300	1 495
		2.5%	9.0%	11.1%	57.3%	20.1%	100.0%
总计		58	166	209	1 031	372	1 836
		3.2%	9.0%	11.4%	56.2%	20.3%	100.0%

*表中数值取小数点后一位，有四舍五入情况，下同。

表 3-2-27　不同性别教师的职业高原差异统计表（2）

		现在的工作，只是我已有专业技能的简单重复					总计
		非常符合	比较符合	符合	不大符合	非常不符合	
性别	男	29	46	79	155	32	341
		8.5%	13.5%	23.2%	45.5%	9.4%	100.0%
	女	70	172	320	779	154	1 495
		4.7%	11.5%	21.4%	52.1%	10.3%	100.0%
总计		99	218	399	934	186	1 836
		5.4%	11.9%	21.7%	50.9%	10.1%	100.0%

表 3-2-28　不同性别教师的职业高原差异统计表（3）

		我的工作难以得到校领导的理解和支持					总计
		非常符合	比较符合	符合	不大符合	非常不符合	
性别	男	36	36	53	172	44	341

(续表)

		我的工作难以得到校领导的理解和支持					总计
		非常符合	比较符合	符合	不大符合	非常不符合	
性别	男	10.6%	10.6%	15.5%	50.4%	12.9%	100.0%
	女	62	152	240	820	221	1 495
		4.1%	10.2%	16.1%	54.8%	14.8%	100.0%
总计		98	188	293	992	265	1 836
		5.3%	10.2%	16.0%	54.0%	14.4%	100.0%

表 3-2-29　不同性别教师的职业高原差异统计表（4）

		我提出的工作意见或建议,会受到领导重视					总计
		非常符合	比较符合	符合	不大符合	非常不符合	
性别	男	33	75	136	77	20	341
		9.7%	22.0%	39.9%	22.6%	5.9%	100.0%
	女	94	279	586	447	89	1 495
		6.3%	18.7%	39.2%	29.9%	6.0%	100.0%
总计		127	354	722	524	109	1 836
		6.9%	19.3%	39.3%	28.5%	5.9%	100.0%

表 3-2-30　不同性别教师的职业高原差异统计表（5）

		我对学校工作有更多的发言权					总计
		非常符合	比较符合	符合	不大符合	非常不符合	
性别	男	21	56	101	117	46	341
		6.2%	16.4%	29.6%	34.3%	13.5%	100.0%
	女	47	177	373	683	215	1 495

(续表)

		我对学校工作有更多的发言权					总计
		非常符合	比较符合	符合	不大符合	非常不符合	
性别	女	3.1%	11.8%	24.9%	45.7%	14.4%	100.0%
总计		68	233	474	800	261	1 836
		3.7%	12.7%	25.8%	43.6%	14.2%	100.0%

表 3-2-31 不同性别教师的职业高原差异统计表（6）

		我有机会参与学校的决策制定					总计
		非常符合	比较符合	符合	不大符合	非常不符合	
性别	男	18	48	68	132	75	341
		5.3%	14.1%	19.9%	38.7%	22.0%	100.0%
	女	46	139	268	647	395	1 495
		3.1%	9.3%	17.9%	43.3%	26.4%	100.0%
总计		64	187	336	779	470	1 836
		3.5%	10.2%	18.3%	42.4%	25.6%	100.0%

在人际高原方面，女性教师更加认为自己的交往圈子越来越小（见表3-2-32）。

表 3-2-32 不同性别教师的职业高原差异统计表（7）

		我认为现在的交往圈子越来越小了					总计
		非常符合	比较符合	符合	不大符合	非常不符合	
性别	男	57	63	103	99	19	341
		16.7%	18.5%	30.2%	29.0%	5.6%	100.0%

(续表)

		我认为现在的交往圈子越来越小了					总　计
		非常符合	比较符合	符合	不大符合	非常不符合	
性别	女	213	311	599	319	53	1 495
		14.2%	20.8%	40.1%	21.3%	3.5%	100.0%
总　计		270	374	702	418	72	1 836
		14.7%	20.4%	38.2%	22.8%	3.9%	100.0%

综上所述，男教师的内容高原倾向较女教师更为突出；女教师有更突出的趋中和人际高原倾向。

（二）不同实力学校的教师职业高原差异

被调查教师所属学校的综合实力分为较强、中等和较弱三个等级。总体而言，与中等和较弱的学校相比，综合实力较强学校的教师更加认为自己正处于职业上升期，而且还有很多东西要学习；同时，对自己的职业发展状况有更为清晰的认知和感觉（见表3-2-33），而且对职业发展的满意度更高（见表3-2-34）。

表 3-2-33　不同实力学校的教师职业高原差异统计表（1）

		您认为自己				总　计
		正处于职业上升期，还有很多新东西要学	已进入职业稳定期，有点停滞和无奈的感觉	突破了职业瓶颈，迎来了职业"第二春"	没有多少感觉	
学校综合实力	较强	431	537	88	107	1 163
		37.1%	46.2%	7.6%	9.2%	100.0%
	中等	155	244	29	93	521
		29.8%	46.8%	5.6%	17.9%	100.0%

(续表)

		您认为自己				总　计
		正处于职业上升期,还有很多新东西要学	已进入职业稳定期,有点停滞和无奈的感觉	突破了职业瓶颈,迎来了职业"第二春"	没有多少感觉	
学校综合实力	较弱	48	66	13	25	152
		31.6%	43.4%	8.6%	16.4%	100.0%
总　计		634	847	130	225	1 836
		34.5%	46.1%	7.1%	12.3%	100.0%

表 3-2-34　不同实力学校的教师职业高原差异统计表（2）

		您对目前职业发展状况					总　计
		非常满意	比较满意	满意	不太满意	非常不满意	
学校综合实力	较强	130	543	304	169	17	1 163
		11.2%	46.7%	26.1%	14.5%	1.5%	100.0%
	中等	24	234	124	122	17	521
		4.6%	44.9%	23.8%	23.4%	3.3%	100.0%
	较弱	8	55	38	46	5	152
		5.3%	36.2%	25.0%	30.3%	3.3%	100.0%
总　计		162	832	466	337	39	1 836
		8.8%	45.3%	25.4%	18.4%	2.1%	100.0%

在层级高原中,实力较强学校的教师更倾向于追求管理职位的继续升迁(见表3-2-37),同时也认为自己更有机会获得晋升(见表3-2-35),其有利条件也更大(见表3-2-36)。实力较强学校的教师更倾向于追求评聘更高级职称(见表3-2-40),也认为自己更有机会评上更高级职称(见表3-2-38),但是其有利因素却越来越小(见表3-2-39)。

表 3-2-35　不同实力学校的教师职业高原差异统计表（3）

		我获得管理职位晋升的机会很小					总　计
		非常符合	比较符合	符合	不大符合	非常不符合	
学校综合实力	较强	344	236	398	155	30	1 163
		29.6%	20.3%	34.2%	13.3%	2.6%	100.0%
	中等	214	85	158	52	12	521
		41.1%	16.3%	30.3%	10.0%	2.3%	100.0%
	较弱	69	19	51	10	3	152
		45.4%	12.5%	33.6%	6.6%	2.0%	100.0%
总　计		627	340	607	217	45	1 836
		34.2%	18.5%	33.1%	11.8%	2.5%	100.0%

表 3-2-36　不同实力学校的教师职业高原差异统计表（4）

		我获得继续提拔的有利因素越来越少					总　计
		非常符合	比较符合	符合	不大符合	非常不符合	
学校综合实力	较强	315	216	391	203	38	1 163
		27.1%	18.6%	33.6%	17.5%	3.3%	100.0%
	中等	197	92	154	66	12	521
		37.8%	17.7%	29.6%	12.7%	2.3%	100.0%
	较弱	68	19	48	15	2	152
		44.7%	12.5%	31.6%	9.9%	1.3%	100.0%
总　计		580	327	593	284	52	1 836
		31.6%	17.8%	32.3%	15.5%	2.8%	100.0%

表 3-2-37　不同实力学校的教师职业高原差异统计表（5）

		我已不再刻意追求管理职位的继续升迁					总　计
		非常符合	比较符合	符合	不大符合	非常不符合	
学校综合实力	较强	364	179	416	164	40	1 163
		31.3%	15.4%	35.8%	14.1%	3.4%	100.0%
	中等	210	88	158	49	16	521
		40.3%	16.9%	30.3%	9.4%	3.1%	100.0%
	较弱	71	20	41	14	6	152
		46.7%	13.2%	27.0%	9.2%	3.9%	100.0%
总　计		645	287	615	227	62	1 836
		35.1%	15.6%	33.5%	12.4%	3.4%	100.0%

表 3-2-38　不同实力学校的教师职业高原差异统计表（6）

		我评上更高职称的机会很小					总　计
		非常符合	比较符合	符合	不大符合	非常不符合	
学校综合实力	较强	282	182	362	266	71	1 163
		24.2%	15.6%	31.1%	22.9%	6.1%	100.0%
	中等	186	93	139	85	18	521
		35.7%	17.9%	26.7%	16.3%	3.5%	100.0%
	较弱	61	19	43	22	7	152
		40.1%	12.5%	28.3%	14.5%	4.6%	100.0%
总　计		529	294	544	373	96	1 836
		28.8%	16.0%	29.6%	20.3%	5.2%	100.0%

表 3-2-39　不同实力学校的教师职业高原差异统计表（7）

学校综合实力		我评上更高职称的有利因素越来越少					总　计
		非常符合	比较符合	符合	不大符合	非常不符合	
学校综合实力	较强	283	178	364	280	58	1 163
		24.3%	15.3%	31.3%	24.1%	5.0%	100.0%
	中等	176	98	149	82	16	521
		33.8%	18.8%	28.6%	15.7%	3.1%	100.0%
	较弱	60	14	49	23	6	152
		39.5%	9.2%	32.2%	15.1%	3.9%	100.0%
总　计		519	290	562	385	80	1 836
		28.3%	15.8%	30.6%	21.0%	4.4%	100.0%

表 3-2-40　不同实力学校的教师职业高原差异统计表（8）

学校综合实力		我已不再刻意追求评聘更高职称了					总　计
		非常符合	比较符合	符合	不大符合	非常不符合	
学校综合实力	较强	277	172	356	278	80	1 163
		23.8%	14.8%	30.6%	23.9%	6.9%	100.0%
	中等	166	88	146	90	31	521
		31.9%	16.9%	28.0%	17.3%	6.0%	100.0%
	较弱	60	22	41	22	7	152
		39.5%	14.5%	27.0%	14.5%	4.6%	100.0%
总　计		503	282	543	390	118	1 836
		27.4%	15.4%	29.6%	21.2%	6.4%	100.0%

在内容高原中，实力较强学校的教师更加认为在工作中能学到新的理论知识（见表3-2-41），也更关心自己的专业知识和专业技能水平是否

能够得到提高(见表3-2-42、表3-2-43)。同时，实力较强学校的教师更加认为只有更新专业知识和技能，才能不断胜任现在的工作(见表3-2-44)，他们更加不认同自己的工作只是专业技能的简单重复(见表3-2-45)。

表3-2-41　不同实力学校的教师职业高原差异统计表（9）

		在当前工作中，我能够学到新的理论知识					总　计
		非常符合	比较符合	符合	不大符合	非常不符合	
学校综合实力	较强	245	302	461	129	26	1 163
		21.1%	26.0%	39.6%	11.1%	2.2%	100.0%
	中等	71	136	187	106	21	521
		13.6%	26.1%	35.9%	20.3%	4.0%	100.0%
	较弱	24	35	55	36	2	152
		15.8%	23.0%	36.2%	23.7%	1.3%	100.0%
总　计		340	473	703	271	49	1 836
		18.5%	25.8%	38.3%	14.8%	2.7%	100.0%

表3-2-42　不同实力学校的教师职业高原差异统计表（10）

		我已不再关心专业知识能否得到提高了					总　计
		非常符合	比较符合	符合	不大符合	非常不符合	
学校综合实力	较强	35	98	107	630	293	1 163
		3.0%	8.4%	9.2%	54.2%	25.2%	100.0%
	中等	26	37	70	289	99	521
		5.0%	7.1%	13.4%	55.5%	19.0%	100.0%
	较弱	7	16	17	70	42	152
		4.6%	10.5%	11.2%	46.1%	27.6%	100.0%
总　计		68	151	194	989	434	1 836
		3.7%	8.2%	10.6%	53.9%	23.6%	100.0%

表 3-2-43　不同实力学校的教师职业高原差异统计表（11）

		在当前工作中，我能继续提升专业技能水平					总　计
		非常符合	比较符合	符合	不大符合	非常不符合	
学校综合实力	较强	236	372	444	103	8	1 163
		20.3%	32.0%	38.2%	8.9%	0.7%	100.0%
	中等	74	157	202	81	7	521
		14.2%	30.1%	38.8%	15.5%	1.3%	100.0%
	较弱	28	46	57	21	0	152
		18.4%	30.3%	37.5%	13.8%	0.0%	100.0%
总　计		338	575	703	205	15	1 836
		18.4%	31.3%	38.3%	11.2%	0.8%	100.0%

表 3-2-44　不同实力学校的教师职业高原差异统计表（12）

		我即使不更新专业知识与技能，也完全能胜任现在的工作					总　计
		非常符合	比较符合	符合	不大符合	非常不符合	
学校综合实力	较强	59	156	286	568	94	1 163
		5.1%	13.4%	24.6%	48.8%	8.1%	100.0%
	中等	47	84	143	225	22	521
		9.0%	16.1%	27.4%	43.2%	4.2%	100.0%
	较弱	11	30	34	65	12	152
		7.2%	19.7%	22.4%	42.8%	7.9%	100.0%
总　计		117	270	463	858	128	1 836
		6.4%	14.7%	25.2%	46.7%	7.0%	100.0%

表 3-2-45　不同实力学校的教师职业高原差异统计表（13）

学校综合实力		现在的工作,只是我已有专业技能的简单重复					总　计
		非常符合	比较符合	符合	不大符合	非常不符合	
学校综合实力	较强	46	119	227	641	130	1 163
		4.0%	10.2%	19.5%	55.1%	11.2%	100.0%
	中等	41	76	135	229	40	521
		7.9%	14.6%	25.9%	44.0%	7.7%	100.0%
	较弱	12	23	37	64	16	152
		7.9%	15.1%	24.3%	42.1%	10.5%	100.0%
总　计		99	218	399	934	186	1 836
		5.4%	11.9%	21.7%	50.9%	10.1%	100.0%

在趋中高原中,实力较强学校的教师更加认为自己的工作能够得到校领导的理解和支持（见表3-2-46）,会继续受到校领导的器重（见表3-2-47）,自己提出的工作意见或建议,也更会受到校领导的重视（见表3-2-48）,而且对学校工作有更多发言权（见表3-2-49）。

表 3-2-46　不同实力学校的教师职业高原差异统计表（14）

学校综合实力		我的工作难以得到校领导的理解和支持					总　计
		非常符合	比较符合	符合	不大符合	非常不符合	
学校综合实力	较强	47	103	164	642	207	1 163
		4.0%	8.9%	14.1%	55.2%	17.8%	100.0%
	中等	40	59	106	275	41	521
		7.7%	11.3%	20.3%	52.8%	7.9%	100.0%
	较弱	11	26	23	75	17	152

(续表)

		我的工作难以得到校领导的理解和支持					总计
		非常符合	比较符合	符合	不大符合	非常不符合	
学校综合实力	较弱	7.2%	17.1%	15.1%	49.3%	11.2%	100.0%
总计		98	188	293	992	265	1 836
		5.3%	10.2%	16.0%	54.0%	14.4%	100.0%

表 3-2-47　不同实力学校的教师职业高原差异统计表（15）

		我不可能继续受到校领导的器重					总计
		非常符合	比较符合	符合	不大符合	非常不符合	
学校综合实力	较强	66	105	221	597	174	1 163
		5.7%	9.0%	19.0%	51.3%	15.0%	100.0%
	中等	51	67	141	224	38	521
		9.8%	12.9%	27.1%	43.0%	7.3%	100.0%
	较弱	18	25	32	62	15	152
		11.8%	16.4%	21.1%	40.8%	9.9%	100.0%
总计		135	197	394	883	227	1 836
		7.4%	10.7%	21.5%	48.1%	12.4%	100.0%

表 3-2-48　不同实力学校的教师职业高原差异统计表（16）

		我提出的工作意见或建议，会受到领导重视					总计
		非常符合	比较符合	符合	不大符合	非常不符合	
学校综合实力	较强	92	245	497	275	54	1 163
		7.9%	21.1%	42.7%	23.6%	4.6%	100.0%
	中等	27	90	179	186	39	521

(续表)

学校综合实力		我提出的工作意见或建议,会受到领导重视					总计
		非常符合	比较符合	符合	不大符合	非常不符合	
学校综合实力	中等	5.2%	17.3%	34.4%	35.7%	7.5%	100.0%
	较弱	8	19	46	63	16	152
		5.3%	12.5%	30.3%	41.4%	10.5%	100.0%
总计		127	354	722	524	109	1 836
		6.9%	19.3%	39.3%	28.5%	5.9%	100.0%

表 3-2-49 不同实力学校的教师职业高原差异统计表（17）

学校综合实力		我对学校工作有更多的发言权					总计
		非常符合	比较符合	符合	不大符合	非常不符合	
学校综合实力	较强	51	164	347	475	126	1 163
		4.4%	14.1%	29.8%	40.8%	10.8%	100.0%
	中等	11	57	108	247	98	521
		2.1%	10.9%	20.7%	47.4%	18.8%	100.0%
	较弱	6	12	19	78	37	152
		3.9%	7.9%	12.5%	51.3%	24.3%	100.0%
总计		68	233	474	800	261	1 836
		3.7%	12.7%	25.8%	43.6%	14.2%	100.0%

在人际高原中,实力较强学校的教师更加认为能从周围同事身上学到很多东西(见表3-2-50),更加认同所在学校有良好的人际关系氛围(见表3-2-51)。

表 3-2-50 不同实力学校的教师职业高原差异统计表（18）

		我能从周围同事身上学到很多东西					总计
		非常符合	比较符合	符合	不大符合	非常不符合	
学校综合实力	较强	310	270	503	71	9	1 163
		26.7%	23.2%	43.3%	6.1%	0.8%	100.0%
	中等	83	135	228	67	8	521
		15.9%	25.9%	43.8%	12.9%	1.5%	100.0%
	较弱	31	32	67	19	3	152
		20.4%	21.1%	44.1%	12.5%	2.0%	100.0%
总计		424	437	798	157	20	1 836
		23.1%	23.8%	43.5%	8.6%	1.1%	100.0%

表 3-2-51 不同实力学校的教师职业高原差异统计表（19）

		我所在学校有较好的人际关系氛围					总计
		非常符合	比较符合	符合	不大符合	非常不符合	
学校综合实力	较强	329	352	441	33	8	1 163
		28.3%	30.3%	37.9%	2.8%	0.7%	100.0%
	中等	88	162	209	45	17	521
		16.9%	31.1%	40.1%	8.6%	3.3%	100.0%
	较弱	24	45	66	15	2	152
		15.8%	29.6%	43.4%	9.9%	1.3%	100.0%
总计		441	559	716	93	27	1 836
		24.0%	30.4%	39.0%	5.1%	1.5%	100.0%

在情感高原中，实力较强学校的教师更加认为自己喜欢教师职业（见表3-2-52），认为在教育教学中更加充满热情（见表3-2-53），并投入了更多精力（见表3-2-54）。

表 3-2-52　不同实力学校的教师职业高原差异统计表（20）

		我喜欢教师这份职业					总　计
		非常符合	比较符合	符合	不大符合	非常不符合	
学校综合实力	较强	290	282	488	91	12	1 163
		24.9%	24.2%	42.0%	7.8%	1.0%	100.0%
	中等	96	113	238	60	14	521
		18.4%	21.7%	45.7%	11.5%	2.7%	100.0%
	较弱	30	31	68	17	6	152
		19.7%	20.4%	44.7%	11.2%	3.9%	100.0%
总　计		416	426	794	168	32	1 836
		22.7%	23.2%	43.2%	9.2%	1.7%	100.0%

表 3-2-53　不同实力学校的教师职业高原差异统计表（21）

		我对教育教学工作充满热情					总　计
		非常符合	比较符合	符合	不大符合	非常不符合	
学校综合实力	较强	285	302	474	93	9	1 163
		24.5%	26.0%	40.8%	8.0%	0.8%	100.0%
	中等	96	123	217	73	12	521
		18.4%	23.6%	41.7%	14.0%	2.3%	100.0%
	较弱	22	40	66	17	7	152
		14.5%	26.3%	43.4%	11.2%	4.6%	100.0%
总　计		403	465	757	183	28	1 836
		21.9%	25.3%	41.2%	10.0%	1.5%	100.0%

表 3-2-54　不同实力学校的教师职业高原差异统计表（22）

		我在教育教学中投入了很多精力					总　计
		非常符合	比较符合	符合	不大符合	非常不符合	
学校综合实力	较强	459	274	418	11	1	1 163
		39.5%	23.6%	35.9%	0.9%	0.1%	100.0%
	中等	154	144	198	23	2	521
		29.6%	27.6%	38.0%	4.4%	0.4%	100.0%
	较弱	49	38	60	2	3	152
		32.2%	25.0%	39.5%	1.3%	2.0%	100.0%
总　计		662	456	676	36	6	1 836
		36.1%	24.8%	36.8%	2.0%	0.3%	100.0%

在绩效高原中，实力较强的教师对自己的工作成绩更为认同（见表3-2-55），而且更希望在工作成绩上有所突破（见表3-2-56）。

总之，在六大高原中，实力中等学校和实力较弱学校的教师均表现出更突出的高原倾向，且与实力较强学校教师之间存在较大差距。

表 3-2-55　不同实力学校的教师职业高原差异统计表（23）

		我的工作成绩显著，有目共睹					总　计
		非常符合	比较符合	符合	不大符合	非常不符合	
学校综合实力	较强	169	334	546	108	6	1 163
		14.5%	28.7%	46.9%	9.3%	0.5%	100.0%
	中等	62	145	226	81	7	521
		11.9%	27.8%	43.4%	15.5%	1.3%	100.0%
	较弱	17	42	72	19	2	152
		11.2%	27.6%	47.4%	12.5%	1.3%	100.0%
总　计		248	521	844	208	15	1 836
		13.5%	28.4%	46.0%	11.3%	0.8%	100.0%

表 3-2-56　不同实力学校的教师职业高原差异统计表（24）

		我的工作成绩稳定,很难突破					总　计
		非常符合	比较符合	符合	不大符合	非常不符合	
学校综合实力	较强	66	222	476	371	28	1 163
		5.7%	19.1%	40.9%	31.9%	2.4%	100.0%
	中等	31	116	242	121	11	521
		6.0%	22.3%	46.4%	23.2%	2.1%	100.0%
	较弱	11	30	69	40	2	152
		7.2%	19.7%	45.4%	26.3%	1.3%	100.0%
总　计		108	368	787	532	41	1 836
		5.9%	20.0%	42.9%	29.0%	2.2%	100.0%

（三）不同年龄教师的职业高原差异

在本研究中,35岁及以下的为"青年教师",36—50岁的为"中年教师",50岁以上的为"老年教师"。总体来看,随着年龄增长,教师对目前职业发展状况的满意率越来越低（见表3-2-57）。

表 3-2-57　不同年龄教师的职业高原差异统计表（1）

		您对目前职业发展状况					总　计
		非常满意	比较满意	满意	不太满意	非常不满意	
教师年龄	青年	69	255	156	93	10	583
		11.8%	43.7%	26.8%	16.0%	1.7%	100.0%
	中年	88	536	288	218	26	1 156
		7.6%	46.4%	24.9%	18.9%	2.2%	100.0%
	老年	5	41	22	26	3	97
		5.2%	42.3%	22.7%	26.8%	3.1%	100.0%

(续表)

	您对目前职业发展状况					总 计
	非常满意	比较满意	满意	不太满意	非常不满意	
总 计	162	832	466	337	39	1 836
	8.8%	45.3%	25.4%	18.4%	2.1%	100.0%

在层级高原方面，随着年龄增长，教师更倾向于认为自己管理职位或职称晋升的机会和有利因素越来越小（见表3-2-58、表3-2-59、表3-2-61、表3-2-62）。当然，其追求职位或职称晋升的意愿也越来越低（见表3-2-60、表3-2-63）。

表 3-2-58　不同年龄教师的职业高原差异统计表（2）

		我获得管理职位晋升的机会很小					总 计
		非常符合	比较符合	符合	不大符合	非常不符合	
教师年龄	青年	140	122	197	107	17	583
		24.0%	20.9%	33.8%	18.4%	2.9%	100.0%
	中年	444	202	380	106	24	1 156
		38.4%	17.5%	32.9%	9.2%	2.1%	100.0%
	老年	43	16	30	4	4	97
		44.3%	16.5%	30.9%	4.1%	4.1%	100.0%
总 计		627	340	607	217	45	1 836
		34.2%	18.5%	33.1%	11.8%	2.5%	100.0%

在内容高原方面，年龄越大的教师，越来越不关心自己的专业知识是否有所提升（见表3-2-64），更加认为即使不更新专业知识和技能，也能胜任当前工作（见表3-2-65），自己的工作是已有专业技能的简单重复（见表3-2-66）。

表 3-2-59　不同年龄教师的职业高原差异统计表（3）

		我获得继续提拔的有利因素越来越少					总计
		非常符合	比较符合	符合	不大符合	非常不符合	
教师年龄	青年	111	99	172	172	29	583
		19.0%	17.0%	29.5%	29.5%	5.0%	100.0%
	中年	421	212	393	109	21	1 156
		36.4%	18.3%	34.0%	9.4%	1.8%	100.0%
	老年	48	16	28	3	2	97
		49.5%	16.5%	28.9%	3.1%	2.1%	100.0%
总计		580	327	593	284	52	1 836
		31.6%	17.8%	32.3%	15.5%	2.8%	100.0%

表 3-2-60　不同年龄教师的职业高原差异统计表（4）

		我已不再刻意追求管理职位的继续升迁					总计
		非常符合	比较符合	符合	不大符合	非常不符合	
教师年龄	青年	124	87	178	159	35	583
		21.3%	14.9%	30.5%	27.3%	6.0%	100.0%
	中年	470	188	410	62	26	1 156
		40.7%	16.3%	35.5%	5.4%	2.2%	100.0%
	老年	51	12	27	6	1	97
		52.6%	12.4%	27.8%	6.2%	1.0%	100.0%
总计		645	287	615	227	62	1 836
		35.1%	15.6%	33.5%	12.4%	3.4%	100.0%

表 3-2-61　不同年龄教师的职业高原差异统计表（5）

		我评上更高职称的机会很小					总计
		非常符合	比较符合	符合	不大符合	非常不符合	
教师年龄	青年	74	70	140	236	63	583

（续表）

教师年龄		我评上更高职称的机会很小					总　计
		非常符合	比较符合	符合	不大符合	非常不符合	
教师年龄	青年	12.7%	12.0%	24.0%	40.5%	10.8%	100.0%
	中年	409	212	374	130	31	1 156
		35.4%	18.3%	32.4%	11.2%	2.7%	100.0%
	老年	46	12	30	7	2	97
		47.4%	12.4%	30.9%	7.2%	2.1%	100.0%
总　计		529	294	544	373	96	1 836
		28.8%	16.0%	29.6%	20.3%	5.2%	100.0%

表 3-2-62　不同年龄教师的职业高原差异统计表（6）

教师年龄		我评上更高职称的有利因素越来越少					总　计
		非常符合	比较符合	符合	不大符合	非常不符合	
教师年龄	青年	78	69	152	236	48	583
		13.4%	11.8%	26.1%	40.5%	8.2%	100.0%
	中年	398	206	382	143	27	1 156
		34.4%	17.8%	33.0%	12.4%	2.3%	100.0%
	老年	43	15	28	6	5	97
		44.3%	15.5%	28.9%	6.2%	5.2%	100.0%
总　计		519	290	562	385	80	1 836
		28.3%	15.8%	30.6%	21.0%	4.4%	100.0%

表 3-2-63　不同年龄教师的职业高原差异统计表（7）

教师年龄		我已不再刻意追求评聘更高职称了					总　计
		非常符合	比较符合	符合	不大符合	非常不符合	
教师年龄	青年	72	55	128	248	80	583
		12.3%	9.4%	22.0%	42.5%	13.7%	100.0%

(续表)

		我已不再刻意追求评聘更高职称了					总　计
		非常符合	比较符合	符合	不大符合	非常不符合	
教师年龄	中年	387	213	385	134	37	1 156
		33.5%	18.4%	33.3%	11.6%	3.2%	100.0%
	老年	44	14	30	8	1	97
		45.4%	14.4%	30.9%	8.2%	1.0%	100.0%
总　计		503	282	543	390	118	1 836
		27.4%	15.4%	29.6%	21.2%	6.4%	100.0%

表 3-2-64　不同年龄教师的职业高原差异统计表（8）

		我已不再关心专业知识能否得到提高了					总　计
		非常符合	比较符合	符合	不大符合	非常不符合	
教师年龄	青年	17	27	42	307	190	583
		2.9%	4.6%	7.2%	52.7%	32.6%	100.0%
	中年	45	109	136	631	235	1 156
		3.9%	9.4%	11.8%	54.6%	20.3%	100.0%
	老年	6	15	16	51	9	97
		6.2%	15.5%	16.5%	52.6%	9.3%	100.0%
总　计		68	151	194	989	434	1 836
		3.7%	8.2%	10.6%	53.9%	23.6%	100.0%

表 3-2-65　不同年龄教师的职业高原差异统计表（9）

		我即使不更新专业知识与技能，也完全能胜任现在的工作					总　计
		非常符合	比较符合	符合	不大符合	非常不符合	
教师年龄	青年	25	70	120	308	60	583
		4.3%	12.0%	20.6%	52.8%	10.3%	100.0%
	中年	83	183	314	513	63	1 156

(续表)

教师年龄		我即使不更新专业知识与技能,也完全能胜任现在的工作					总 计
		非常符合	比较符合	符合	不大符合	非常不符合	
教师年龄	中年	7.2%	15.8%	27.2%	44.4%	5.4%	100.0%
	老年	9	17	29	37	5	97
		9.3%	17.5%	29.9%	38.1%	5.2%	100.0%
总 计		117	270	463	858	128	1 836
		6.4%	14.7%	25.2%	46.7%	7.0%	100.0%

表 3-2-66　不同年龄教师的职业高原差异统计表（10）

教师年龄		现在的工作,只是我已有专业技能的简单重复					总 计
		非常符合	比较符合	符合	不大符合	非常不符合	
教师年龄	青年	23	54	94	341	71	583
		3.9%	9.3%	16.1%	58.5%	12.2%	100.0%
	中年	68	148	280	554	106	1 156
		5.9%	12.8%	24.2%	47.9%	9.2%	100.0%
	老年	8	16	25	39	9	97
		8.2%	16.5%	25.8%	40.2%	9.3%	100.0%
总 计		99	218	399	934	186	1 836
		5.4%	11.9%	21.7%	50.9%	10.1%	100.0%

在趋中高原方面,随着年龄增长,教师会更倾向于认为自己的工作更难以得到领导的理解和支持(见表3-2-67),自己不太会继续受到领导器重(见表3-2-68),同时,领导也很难赋予自己更多关于学校事务的权力(见表3-2-70)。然而,年龄越大的教师,认为自己参与决策制定的机会越来越多(见表3-2-69)。

表 3-2-67　不同年龄教师的职业高原差异统计表（11）

		我的工作难以得到校领导的理解和支持					总　计
		非常符合	比较符合	符合	不大符合	非常不符合	
教师年龄	青年	24	45	73	334	107	583
		4.1%	7.7%	12.5%	57.3%	18.4%	100.0%
	中年	69	130	201	609	147	1 156
		6.0%	11.2%	17.4%	52.7%	12.7%	100.0%
	老年	5	13	19	49	11	97
		5.2%	13.4%	19.6%	50.5%	11.3%	100.0%
总　计		98	188	293	992	265	1 836
		5.3%	10.2%	16.0%	54.0%	14.4%	100.0%

表 3-2-68　不同年龄教师的职业高原差异统计表（12）

		我不可能继续受到校领导的器重					总　计
		非常符合	比较符合	符合	不大符合	非常不符合	
教师年龄	青年	26	41	89	323	104	583
		4.5%	7.0%	15.3%	55.4%	17.8%	100.0%
	中年	97	143	279	519	118	1 156
		8.4%	12.4%	24.1%	44.9%	10.2%	100.0%
	老年	12	13	26	41	5	97
		12.4%	13.4%	26.8%	42.3%	5.2%	100.0%
总　计		135	197	394	883	227	1 836
		7.4%	10.7%	21.5%	48.1%	12.4%	100.0%

表 3-2-69　不同年龄教师的职业高原差异统计表（13）

		我有机会参与学校的决策制定					总　计
		非常符合	比较符合	符合	不大符合	非常不符合	
教师年龄	青年	17	53	89	284	140	583
		2.9%	9.1%	15.3%	48.7%	24.0%	100.0%

(续表)

教师年龄		我有机会参与学校的决策制定					总 计
		非常符合	比较符合	符合	不大符合	非常不符合	
教师年龄	中年	42	122	230	457	305	1 156
		3.6%	10.6%	19.9%	39.5%	26.4%	100.0%
	老年	5	12	17	38	25	97
		5.2%	12.4%	17.5%	39.2%	25.8%	100.0%
总 计		64	187	336	779	470	1 836
		3.5%	10.2%	18.3%	42.4%	25.6%	100.0%

表 3-2-70　不同年龄教师的职业高原差异统计表（14）

教师年龄		领导很难赋予我更多关于本校事务的权力					总 计
		非常符合	比较符合	符合	不大符合	非常不符合	
教师年龄	青年	42	76	203	214	48	583
		7.2%	13.0%	34.8%	36.7%	8.2%	100.0%
	中年	137	147	359	394	119	1 156
		11.9%	12.7%	31.1%	34.1%	10.3%	100.0%
	老年	16	15	28	31	7	97
		16.5%	15.5%	28.9%	32.0%	7.2%	100.0%
总 计		195	238	590	639	174	1 836
		10.6%	13.0%	32.1%	34.8%	9.5%	100.0%

在人际高原方面，年龄越大的教师，越认为已不能从同事身上学到更多东西（见表3-2-71），越不认同学校的人际关系氛围（见表3-2-72）。

在情感高原方面，随着年龄增长，教师对教师职业的喜爱程度更容易降低（见表3-2-73），工作热情和精力投入呈总体下降趋势（见表3-2-74、表3-2-75）。

表 3-2-71　不同年龄教师的职业高原差异统计表（15）

		我能从周围同事身上学到很多东西					总　计
		非常符合	比较符合	符合	不大符合	非常不符合	
教师年龄	青年	177	155	212	33	6	583
		30.4%	26.6%	36.4%	5.7%	1.0%	100.0%
	中年	226	258	551	109	12	1 156
		19.6%	22.3%	47.7%	9.4%	1.0%	100.0%
	老年	21	24	35	15	2	97
		21.6%	24.7%	36.1%	15.5%	2.1%	100.0%
总　计		424	437	798	157	20	1 836
		23.1%	23.8%	43.5%	8.6%	1.1%	100.0%

表 3-2-72　不同年龄教师的职业高原差异统计表（16）

		我所在学校有较好的人际关系氛围					总　计
		非常符合	比较符合	符合	不大符合	非常不符合	
教师年龄	青年	164	196	197	20	6	583
		28.1%	33.6%	33.8%	3.4%	1.0%	100.0%
	中年	255	340	478	63	20	1 156
		22.1%	29.4%	41.3%	5.4%	1.7%	100.0%
	老年	22	23	41	10	1	97
		22.7%	23.7%	42.3%	10.3%	1.0%	100.0%
总　计		441	559	716	93	27	1 836
		24.0%	30.4%	39.0%	5.1%	1.5%	100.0%

表 3-2-73　不同年龄教师的职业高原差异统计表（17）

		我喜欢教师这份职业					总　计
		非常符合	比较符合	符合	不大符合	非常不符合	
教师年龄	青年	172	139	218	48	6	583
		29.5%	23.8%	37.4%	8.2%	1.0%	100.0%
	中年	220	269	539	106	22	1 156
		19.0%	23.3%	46.6%	9.2%	1.9%	100.0%
	老年	24	18	37	14	4	97
		24.7%	18.6%	38.1%	14.4%	4.1%	100.0%
总　计		416	426	794	168	32	1 836
		22.7%	23.2%	43.2%	9.2%	1.7%	100.0%

表 3-2-74　不同年龄教师的职业高原差异统计表（18）

		我对教育教学工作充满热情					总　计
		非常符合	比较符合	符合	不大符合	非常不符合	
教师年龄	青年	164	150	215	49	5	583
		28.1%	25.7%	36.9%	8.4%	0.9%	100.0%
	中年	219	289	507	120	21	1 156
		18.9%	25.0%	43.9%	10.4%	1.8%	100.0%
	老年	20	26	35	14	2	97
		20.6%	26.8%	36.1%	14.4%	2.1%	100.0%
总　计		403	465	757	183	28	1 836
		21.9%	25.3%	41.2%	10.0%	1.5%	100.0%

表 3-2-75　不同年龄教师的职业高原差异统计表（19）

		我在教育教学中投入了很多精力					总　计
		非常符合	比较符合	符合	不大符合	非常不符合	
教师年龄	青年	245	152	175	10	1	583
		42.0%	26.1%	30.0%	1.7%	0.2%	100.0%
	中年	385	281	462	23	5	1 156
		33.3%	24.3%	40.0%	2.0%	0.4%	100.0%
	老年	32	23	39	3	0	97
		33.0%	23.7%	40.2%	3.1%	0.0%	100.0%
总　计		662	456	676	36	6	1 836
		36.1%	24.8%	36.8%	2.0%	0.3%	100.0%

在绩效高原方面，年龄越增长，教师越认为自己的工作成绩稳定，而且很难有所突破（见表3-2-76）。

表 3-2-76　不同年龄教师的职业高原差异统计表（20）

		我的工作成绩稳定，很难突破					总　计
		非常符合	比较符合	符合	不大符合	非常不符合	
教师年龄	青年	23	74	223	246	17	583
		3.9%	12.7%	38.3%	42.2%	2.9%	100.0%
	中年	76	258	529	271	22	1 156
		6.6%	22.3%	45.8%	23.4%	1.9%	100.0%
	老年	9	36	35	15	2	97
		9.3%	37.1%	36.1%	15.5%	2.1%	100.0%
总　计		108	368	787	532	41	1 836
		5.9%	20.0%	42.9%	29.0%	2.2%	100.0%

综上所述，年龄越大的教师，其职业高原表征越趋于明显，尤其是在层级和情感高原方面，处于全面停滞状态。尽管如此，年长的教师仍认为自己参与决策的机会反而增多。

（四）不同教龄教师的职业高原差异

在本研究中，教龄1—3年的为"职初期教师"，教龄4—20年的为"成长期教师"，教龄20年以上的为"成熟期教师"。总体来看，随着教龄增加，教师对自己职业发展状况的满意度越呈下降趋势（见表3-2-77）。

表3-2-77　不同教龄教师的职业高原差异统计表（1）

		您对目前职业发展状况					总计
		非常满意	比较满意	满意	不太满意	非常不满意	
教师教龄	职初期	26	86	47	15	1	175
		14.9%	49.1%	26.9%	8.6%	0.6%	100.0%
	成长期	78	384	229	196	17	904
		8.6%	42.5%	25.3%	21.7%	1.9%	100.0%
	成熟期	58	362	190	126	21	757
		7.7%	47.8%	25.1%	16.6%	2.8%	100.0%
总计		162	832	466	337	39	1 836
		8.8%	45.3%	25.4%	18.4%	2.1%	100.0%

在层级高原方面，随着教龄增长，教师认为获得职位和职称晋升的机会越来越小（见表3-2-78、表3-2-81）、有利因素越来越少（见表3-2-79、表3-2-82），其追求职位和职称晋升的意愿也越来越低（见表3-2-80、表3-2-83）。

表 3-2-78　不同教龄教师的职业高原差异统计表（2）

		我获得管理职位晋升的机会很小					总　计
		非常符合	比较符合	符合	不大符合	非常不符合	
教师教龄	职初期	21	32	64	51	7	175
		12.0%	18.3%	36.6%	29.1%	4.0%	100.0%
	成长期	300	178	303	103	20	904
		33.2%	19.7%	33.5%	11.4%	2.2%	100.0%
	成熟期	306	130	240	63	18	757
		40.4%	17.2%	31.7%	8.3%	2.4%	100.0%
总　计		627	340	607	217	45	1 836
		34.2%	18.5%	33.1%	11.8%	2.5%	100.0%

表 3-2-79　不同教龄教师的职业高原差异统计表（3）

		我获得继续提拔的有利因素越来越少					总　计
		非常符合	比较符合	符合	不大符合	非常不符合	
教师教龄	职初期	15	15	44	84	17	175
		8.6%	8.6%	25.1%	48.0%	9.7%	100.0%
	成长期	261	182	298	139	24	904
		28.9%	20.1%	33.0%	15.4%	2.7%	100.0%
	成熟期	304	130	251	61	11	757
		40.2%	17.2%	33.2%	8.1%	1.5%	100.0%
总　计		580	327	593	284	52	1 836
		31.6%	17.8%	32.3%	15.5%	2.8%	100.0%

表 3-2-80　不同教龄教师的职业高原差异统计表（4）

		我已不再刻意追求管理职位的继续升迁					总　计
		非常符合	比较符合	符合	不大符合	非常不符合	
教师教龄	职初期	12	17	43	82	21	175
		6.9%	9.7%	24.6%	46.9%	12.0%	100.0%
	成长期	299	157	312	106	30	904
		33.1%	17.4%	34.5%	11.7%	3.3%	100.0%
	成熟期	334	113	260	39	11	757
		44.1%	14.9%	34.3%	5.2%	1.5%	100.0%
总　计		645	287	615	227	62	1 836
		35.1%	15.6%	33.5%	12.4%	3.4%	100.0%

表 3-2-81　不同教龄教师的职业高原差异统计表（5）

		我评上更高职称的机会很小					总　计
		非常符合	比较符合	符合	不大符合	非常不符合	
教师教龄	职初期	9	8	32	93	33	175
		5.1%	4.6%	18.3%	53.1%	18.9%	100.0%
	成长期	220	155	261	218	50	904
		24.3%	17.1%	28.9%	24.1%	5.5%	100.0%
	成熟期	300	131	251	62	13	757
		39.6%	17.3%	33.2%	8.2%	1.7%	100.0%
总　计		529	294	544	373	96	1 836
		28.8%	16.0%	29.6%	20.3%	5.2%	100.0%

表 3-2-82　不同教龄教师的职业高原差异统计表（6）

		我评上更高职称的有利因素越来越少					总计
		非常符合	比较符合	符合	不大符合	非常不符合	
教师教龄	职初期	10	13	33	94	25	175
		5.7%	7.4%	18.9%	53.7%	14.3%	100.0%
	成长期	217	150	274	222	41	904
		24.0%	16.6%	30.3%	24.6%	4.5%	100.0%
	成熟期	292	127	255	69	14	757
		38.6%	16.8%	33.7%	9.1%	1.8%	100.0%
总计		519	290	562	385	80	1 836
		28.3%	15.8%	30.6%	21.0%	4.4%	100.0%

表 3-2-83　不同教龄教师的职业高原差异统计表（7）

		我已不再刻意追求评聘更高职称了					总计
		非常符合	比较符合	符合	不大符合	非常不符合	
教师教龄	职初期	8	12	22	98	35	175
		4.6%	6.9%	12.6%	56.0%	20.0%	100.0%
	成长期	205	137	260	231	71	904
		22.7%	15.2%	28.8%	25.6%	7.9%	100.0%
	成熟期	290	133	261	61	12	757
		38.3%	17.6%	34.5%	8.1%	1.6%	100.0%
总计		503	282	543	390	118	1 836
		27.4%	15.4%	29.6%	21.2%	6.4%	100.0%

在内容高原方面，教龄越长的教师，认为自己在工作中越来越不能学到新的理论知识（见表3-2-84），也不关心专业知识是否能够提高（见表3-2-86），同时，越认为知识无需更新，靠吃老本就够了（见表3-2-85）。在专业技能方面，教龄越长的教师，越认为已不能继续提升技能水平（见表3-2-87），越认为即使不更新知识和技能，也可以胜任工作（见表3-2-88），而且多是已有技能的简单重复（见表3-2-89）。

表3-2-84　不同教龄教师的职业高原差异统计表（8）

		在当前工作中,我能够学到新的理论知识					总　计
		非常符合	比较符合	符合	不大符合	非常不符合	
教师教龄	职初期	47	56	53	17	2	175
		26.9%	32.0%	30.3%	9.7%	1.1%	100.0%
	成长期	148	225	341	162	28	904
		16.4%	24.9%	37.7%	17.9%	3.1%	100.0%
	成熟期	145	192	309	92	19	757
		19.2%	25.4%	40.8%	12.2%	2.5%	100.0%
总　计		340	473	703	271	49	1 836
		18.5%	25.8%	38.3%	14.8%	2.7%	100.0%

表3-2-85　不同教龄教师的职业高原差异统计表（9）

		我的知识少有更新,吃老本就够用了					总　计
		非常符合	比较符合	符合	不大符合	非常不符合	
教师教龄	职初期	3	5	7	92	68	175
		1.7%	2.9%	4.0%	52.6%	38.9%	100.0%
	成长期	26	68	93	535	182	904
		2.9%	7.5%	10.3%	59.2%	20.1%	100.0%

（续表）

		我的知识少有更新,吃老本就够用了					总 计
		非常符合	比较符合	符合	不大符合	非常不符合	
教师教龄	成熟期	29	93	109	404	122	757
		3.8%	12.3%	14.4%	53.4%	16.1%	100.0%
总 计		58	166	209	1 031	372	1 836
		3.2%	9.0%	11.4%	56.2%	20.3%	100.0%

表 3-2-86　不同教龄教师的职业高原差异统计表（10）

		我已不再关心专业知识能否得到提高了					总 计
		非常符合	比较符合	符合	不大符合	非常不符合	
教师教龄	职初期	3	6	6	78	82	175
		1.7%	3.4%	3.4%	44.6%	46.9%	100.0%
	成长期	28	59	84	512	221	904
		3.1%	6.5%	9.3%	56.6%	24.4%	100.0%
	成熟期	37	86	104	399	131	757
		4.9%	11.4%	13.7%	52.7%	17.3%	100.0%
总 计		68	151	194	989	434	1 836
		3.7%	8.2%	10.6%	53.9%	23.6%	100.0%

表 3-2-87　不同教龄教师的职业高原差异统计表（11）

		在当前工作中,我能继续提升专业技能水平					总 计
		非常符合	比较符合	符合	不大符合	非常不符合	
教师教龄	职初期	60	66	44	4	1	175
		34.3%	37.7%	25.1%	2.3%	0.6%	100.0%
	成长期	145	291	364	96	8	904
		16.0%	32.2%	40.3%	10.6%	0.9%	100.0%
	成熟期	133	218	295	105	6	757

（续表）

		在当前工作中，我能继续提升专业技能水平					总计
		非常符合	比较符合	符合	不大符合	非常不符合	
教师教龄	成熟期	17.6%	28.8%	39.0%	13.9%	0.8%	100.0%
总计		338	575	703	205	15	1 836
		18.4%	31.3%	38.3%	11.2%	0.8%	100.0%

表 3-2-88　不同教龄教师的职业高原差异统计表（12）

		我即使不更新专业知识与技能，也完全能胜任现在的工作					总计
		非常符合	比较符合	符合	不大符合	非常不符合	
教师教龄	职初期	6	15	26	99	29	175
		3.4%	8.6%	14.9%	56.6%	16.6%	100.0%
	成长期	44	132	231	440	57	904
		4.9%	14.6%	25.6%	48.7%	6.3%	100.0%
	成熟期	67	123	206	319	42	757
		8.9%	16.2%	27.2%	42.1%	5.5%	100.0%
总计		117	270	463	858	128	1 836
		6.4%	14.7%	25.2%	46.7%	7.0%	100.0%

表 3-2-89　不同教龄教师的职业高原差异统计表（13）

		现在的工作，只是我已有专业技能的简单重复					总计
		非常符合	比较符合	符合	不大符合	非常不符合	
教师教龄	职初期	5	9	13	113	35	175
		2.9%	5.1%	7.4%	64.6%	20.0%	100.0%
	成长期	40	111	195	474	84	904
		4.4%	12.3%	21.6%	52.4%	9.3%	100.0%
	成熟期	54	98	191	347	67	757
		7.1%	12.9%	25.2%	45.8%	8.9%	100.0%

(续表)

		现在的工作,只是我已有专业技能的简单重复					总　计
		非常符合	比较符合	符合	不大符合	非常不符合	
总　计		99	218	399	934	186	1 836
		5.4%	11.9%	21.7%	50.9%	10.1%	100.0%

在趋中高原方面,教龄越增长,教师越认为难以得到领导的理解和支持(见表3-2-90),更加不太可能被领导器重(见表3-2-91),校领导也很难赋予自己更多权力(见表3-2-94)。但是,随着教龄增长,教师也越认为自己有更多的发言权和参与决策的机会(见表3-2-92、表3-2-93)。

表 3-2-90　不同教龄教师的职业高原差异统计表(14)

		我的工作难以得到校领导的理解和支持					总　计
		非常符合	比较符合	符合	不大符合	非常不符合	
教师教龄	职初期	5	10	16	98	46	175
		2.9%	5.7%	9.1%	56.0%	26.3%	100.0%
	成长期	46	90	133	516	119	904
		5.1%	10.0%	14.7%	57.1%	13.2%	100.0%
	成熟期	47	88	144	378	100	757
		6.2%	11.6%	19.0%	49.9%	13.2%	100.0%
总　计		98	188	293	992	265	1 836
		5.3%	10.2%	16.0%	54.0%	14.4%	100.0%

表 3-2-91　不同教龄教师的职业高原差异统计表(15)

		我不可能继续受到校领导的器重					总　计
		非常符合	比较符合	符合	不大符合	非常不符合	
教师教龄	职初期	6	8	16	100	45	175
		3.4%	4.6%	9.1%	57.1%	25.7%	100.0%

（续表）

		我不可能继续受到校领导的器重					总　计
		非常符合	比较符合	符合	不大符合	非常不符合	
教师教龄	成长期	53	92	177	472	110	904
		5.9%	10.2%	19.6%	52.2%	12.2%	100.0%
	成熟期	76	97	201	311	72	757
		10.0%	12.8%	26.6%	41.1%	9.5%	100.0%
总　计		135	197	394	883	227	1 836
		7.4%	10.7%	21.5%	48.1%	12.4%	100.0%

表 3-2-92　不同教龄教师的职业高原差异统计表（16）

		我对学校工作有更多的发言权					总　计
		非常符合	比较符合	符合	不大符合	非常不符合	
教师教龄	职初期	6	18	51	81	19	175
		3.4%	10.3%	29.1%	46.3%	10.9%	100.0%
	成长期	20	110	226	420	128	904
		2.2%	12.2%	25.0%	46.5%	14.2%	100.0%
	成熟期	42	105	197	299	114	757
		5.5%	13.9%	26.0%	39.5%	15.1%	100.0%
总　计		68	233	474	800	261	1 836
		3.7%	12.7%	25.8%	43.6%	14.2%	100.0%

表 3-2-93　不同教龄教师的职业高原差异统计表（17）

		我有机会参与学校的决策制定					总　计
		非常符合	比较符合	符合	不大符合	非常不符合	
教师教龄	职初期	6	15	26	96	32	175
		3.4%	8.6%	14.9%	54.9%	18.3%	100.0%

（续表）

教师教龄		我有机会参与学校的决策制定					总计
		非常符合	比较符合	符合	不大符合	非常不符合	
教师教龄	成长期	22	85	160	398	239	904
		2.4%	9.4%	17.7%	44.0%	26.4%	100.0%
	成熟期	36	87	150	285	199	757
		4.8%	11.5%	19.8%	37.6%	26.3%	100.0%
总计		64	187	336	779	470	1 836
		3.5%	10.2%	18.3%	42.4%	25.6%	100.0%

表 3-2-94 不同教龄教师的职业高原差异统计表（18）

教师教龄		领导很难赋予我更多关于本校事务的权力					总计
		非常符合	比较符合	符合	不大符合	非常不符合	
教师教龄	职初期	6	21	52	84	12	175
		3.4%	12.0%	29.7%	48.0%	6.9%	100.0%
	成长期	87	108	316	313	80	904
		9.6%	11.9%	35.0%	34.6%	8.8%	100.0%
	成熟期	102	109	222	242	82	757
		13.5%	14.4%	29.3%	32.0%	10.8%	100.0%
总计		195	238	590	639	174	1 836
		10.6%	13.0%	32.1%	34.8%	9.5%	100.0%

在人际高原方面，教龄越长的教师，越不认为能从同事那里学到新东西（见表3-2-95），越不认同学校的人际关系氛围（见表3-2-96）。

表 3-2-95　不同教龄教师的职业高原差异统计表（19）

		我能从周围同事身上学到很多东西					总 计
		非常符合	比较符合	符合	不大符合	非常不符合	
教师教龄	职初期	83	48	37	5	2	175
		47.4%	27.4%	21.1%	2.9%	1.1%	100.0%
	成长期	180	225	408	80	11	904
		19.9%	24.9%	45.1%	8.8%	1.2%	100.0%
	成熟期	161	164	353	72	7	757
		21.3%	21.7%	46.6%	9.5%	0.9%	100.0%
总 计		424	437	798	157	20	1 836
		23.1%	23.8%	43.5%	8.6%	1.1%	100.0%

表 3-2-96　不同教龄教师的职业高原差异统计表（20）

		我所在学校有较好的人际关系氛围					总 计
		非常符合	比较符合	符合	不大符合	非常不符合	
教师教龄	职初期	65	59	42	8	1	175
		37.1%	33.7%	24.0%	4.6%	0.6%	100.0%
	成长期	201	287	363	42	11	904
		22.2%	31.7%	40.2%	4.6%	1.2%	100.0%
	成熟期	175	213	311	43	15	757
		23.1%	28.1%	41.1%	5.7%	2.0%	100.0%
总 计		441	559	716	93	27	1 836
		24.0%	30.4%	39.0%	5.1%	1.5%	100.0%

在情感高原方面，教龄越长的教师，越怀疑自己对教师职业的喜爱程度（见表3-2-97），工作热情也越来越低（见表3-2-98）。

表3-2-97　不同教龄教师的职业高原差异统计表（21）

		我喜欢教师这份职业					总　计
		非常符合	比较符合	符合	不大符合	非常不符合	
教师教龄	职初期	74	46	47	8	0	175
		42.3%	26.3%	26.9%	4.6%	0.0%	100.0%
	成长期	180	218	404	87	15	904
		19.9%	24.1%	44.7%	9.6%	1.7%	100.0%
	成熟期	162	162	343	73	17	757
		21.4%	21.4%	45.3%	9.6%	2.2%	100.0%
总　计		416	426	794	168	32	1 836
		22.7%	23.2%	43.2%	9.2%	1.7%	100.0%

表3-2-98　不同教龄教师的职业高原差异统计表（22）

		我对教育教学工作充满热情					总　计
		非常符合	比较符合	符合	不大符合	非常不符合	
教师教龄	职初期	68	54	50	2	1	175
		38.9%	30.9%	28.6%	1.1%	0.6%	100.0%
	成长期	181	228	379	101	15	904
		20.0%	25.2%	41.9%	11.2%	1.7%	100.0%
	成熟期	154	183	328	80	12	757
		20.3%	24.2%	43.3%	10.6%	1.6%	100.0%
总　计		403	465	757	183	28	1 836
		21.9%	25.3%	41.2%	10.0%	1.5%	100.0%

在绩效高原方面,教龄越长,教师越认为工作成绩很难突破(见表3-2-99)。

表 3-2-99 不同教龄教师的职业高原差异统计表(23)

		我的工作成绩稳定,很难突破					总 计
		非常符合	比较符合	符合	不大符合	非常不符合	
教师教龄	职初期	6	15	39	108	7	175
		3.4%	8.6%	22.3%	61.7%	4.0%	100.0%
	成长期	42	166	405	271	20	904
		4.6%	18.4%	44.8%	30.0%	2.2%	100.0%
	成熟期	60	187	343	153	14	757
		7.9%	24.7%	45.3%	20.2%	1.8%	100.0%
总 计		108	368	787	532	41	1 836
		5.9%	20.0%	42.9%	29.0%	2.2%	100.0%

综上所述,教龄越长的教师,其职业高原表征越趋于明显,尤其是在层级和内容高原方面,处于全面停滞状态。尽管如此,教龄越长的教师仍认为自己的发言权更多、参与决策的机会更多。

(五)不同受教育程度教师的职业高原差异

总体来看,学历越高的教师对当前职业发展状态越不满意(见表3-2-100)。

表 3-2-100 不同受教育程度教师的职业高原差异统计表(1)

		您对目前职业发展状况					总 计
		非常满意	比较满意	满意	不太满意	非常不满意	
受教育程度	大专	18	84	38	20	4	164
		11.0%	51.2%	23.2%	12.2%	2.4%	100.0%

(续表)

		您对目前职业发展状况					总计
		非常满意	比较满意	满意	不太满意	非常不满意	
受教育程度	本科	141	718	403	294	32	1 588
		8.9%	45.2%	25.4%	18.5%	2.0%	100.0%
	研究生	3	30	25	23	3	84
		3.6%	35.7%	29.8%	27.4%	3.6%	100.0%
总计		162	832	466	337	39	1 836
		8.8%	45.3%	25.4%	18.4%	2.1%	100.0%

在层级高原方面,学历越高的教师越要追求管理职位和职称的晋升(见表3-2-101、表3-2-104),越认为自己有机会评上更高级职称(见表3-2-102),而且参评的条件也更有利(见表3-2-103)。

表3-2-101　不同受教育程度教师的职业高原差异统计表(2)

		我已不再刻意追求管理职位的继续升迁					总计
		非常符合	比较符合	符合	不大符合	非常不符合	
受教育程度	大专	66	32	54	10	2	164
		40.2%	19.5%	32.9%	6.1%	1.2%	100.0%
	本科	555	241	539	199	54	1 588
		34.9%	15.2%	33.9%	12.5%	3.4%	100.0%
	研究生	24	14	22	18	6	84
		28.6%	16.7%	26.2%	21.4%	7.1%	100.0%
总计		645	287	615	227	62	1 836
		35.1%	15.6%	33.5%	12.4%	3.4%	100.0%

表 3-2-102　不同受教育程度教师的职业高原差异统计表（3）

受教育程度		我评上更高职称的机会很小					总　计
		非常符合	比较符合	符合	不大符合	非常不符合	
受教育程度	大专	65	28	56	11	4	164
		39.6%	17.1%	34.1%	6.7%	2.4%	100.0%
	本科	449	249	473	334	83	1 588
		28.3%	15.7%	29.8%	21.0%	5.2%	100.0%
	研究生	15	17	15	28	9	84
		17.9%	20.2%	17.9%	33.3%	10.7%	100.0%
总　计		529	294	544	373	96	1 836
		28.8%	16.0%	29.6%	20.3%	5.2%	100.0%

表 3-2-103　不同受教育程度教师的职业高原差异统计表（4）

受教育程度		我评上更高职称的有利因素越来越少					总　计
		非常符合	比较符合	符合	不大符合	非常不符合	
受教育程度	大专	64	32	50	14	4	164
		39.0%	19.5%	30.5%	8.5%	2.4%	100.0%
	本科	441	243	494	343	67	1 588
		27.8%	15.3%	31.1%	21.6%	4.2%	100.0%
	研究生	14	15	18	28	9	84
		16.7%	17.9%	21.4%	33.3%	10.7%	100.0%
总　计		519	290	562	385	80	1 836
		28.3%	15.8%	30.6%	21.0%	4.4%	100.0%

表 3-2-104 不同受教育程度教师的职业高原差异统计表（5）

		我已不再刻意追求评聘更高职称了					总 计
		非常符合	比较符合	符合	不大符合	非常不符合	
受教育程度	大专	62	37	52	11	2	164
		37.8%	22.6%	31.7%	6.7%	1.2%	100.0%
	本科	426	235	478	347	102	1 588
		26.8%	14.8%	30.1%	21.9%	6.4%	100.0%
	研究生	15	10	13	32	14	84
		17.9%	11.9%	15.5%	38.1%	16.7%	100.0%
总 计		503	282	543	390	118	1 836
		27.4%	15.4%	29.6%	21.2%	6.4%	100.0%

在内容高原方面，学历越高的教师越不愿意吃老本，对知识更新的要求越高（见表3-2-105），也更关心专业知识是否有所提升（见表3-2-106）。

表 3-2-105 不同受教育程度教师的职业高原差异统计表（6）

		我的知识少有更新,吃老本就够用了					总 计
		非常符合	比较符合	符合	不大符合	非常不符合	
受教育程度	大专	4	25	25	85	25	164
		2.4%	15.2%	15.2%	51.8%	15.2%	100.0%
	本科	52	137	177	906	316	1 588
		3.3%	8.6%	11.1%	57.1%	19.9%	100.0%
	研究生	2	4	7	40	31	84
		2.4%	4.8%	8.3%	47.6%	36.9%	100.0%
总 计		58	166	209	1 031	372	1 836
		3.2%	9.0%	11.4%	56.2%	20.3%	100.0%

表 3-2-106　不同受教育程度教师的职业高原差异统计表（7）

		我已不再关心专业知识能否得到提高了					总　计
		非常符合	比较符合	符合	不大符合	非常不符合	
受教育程度	大专	5	27	22	81	29	164
		3.0%	16.5%	13.4%	49.4%	17.7%	100.0%
	本科	61	119	169	865	374	1 588
		3.8%	7.5%	10.6%	54.5%	23.6%	100.0%
	研究生	2	5	3	43	31	84
		2.4%	6.0%	3.6%	51.2%	36.9%	100.0%
总　计		68	151	194	989	434	1 836
		3.7%	8.2%	10.6%	53.9%	23.6%	100.0%

在趋中高原方面，学历越高的教师越希望得到校领导的重用（见表3-2-107）。

在绩效高原方面，学历越高的教师越认为自己的工作会有新的突破（见表3-2-108）。

表 3-2-107　不同受教育程度教师的职业高原差异统计表（8）

		我不可能继续受到校领导的器重					总　计
		非常符合	比较符合	符合	不大符合	非常不符合	
受教育程度	大专	12	23	49	64	16	164
		7.3%	14.0%	29.9%	39.0%	9.8%	100.0%
	本科	117	165	334	769	203	1 588
		7.4%	10.4%	21.0%	48.4%	12.8%	100.0%
	研究生	6	9	11	50	8	84
		7.1%	10.7%	13.1%	59.5%	9.5%	100.0%
总　计		135	197	394	883	227	1 836
		7.4%	10.7%	21.5%	48.1%	12.4%	100.0%

表 3-2-108　不同受教育程度教师的职业高原差异统计表（9）

		我的工作成绩稳定,很难突破					总　计
		非常符合	比较符合	符合	不大符合	非常不符合	
受教育程度	大专	14	41	80	27	2	164
		8.5%	25.0%	48.8%	16.5%	1.2%	100.0%
	本科	90	311	689	463	35	1 588
		5.7%	19.6%	43.4%	29.2%	2.2%	100.0%
	研究生	4	16	18	42	4	84
		4.8%	19.0%	21.4%	50.0%	4.8%	100.0%
总　计		108	368	787	532	41	1 836
		5.9%	20.0%	42.9%	29.0%	2.2%	100.0%

综上所述，不同学历教师的职业高原表征并不十分明显，其差异主要表现在层级高原上，在人际高原、情感高原方面均没有明显差别。表面上看，学历越高的教师高原倾向可能越少，但其对自己职业发展的总体状态却并不满意。

（六）不同职称教师的职业高原差异

在本研究中"小学二级""小学一级"和"中学二级"为"初级职称"，"小学高级"和"中学一级"为"中级职称"，"中学高级"为"高级职称"。

在层级高原方面，职称越高的教师越认为自己已不具备职位升迁的有利条件（见表3-2-109），其追求职位升迁的意愿也越低（见表3-2-110）。职称越高的教师，越认为评上更高职称的机会和有利条件越来越小（见表3-2-111、表3-2-112），其追求职称晋升的意愿也越来越少（见表3-2-113）。

表 3-2-109　不同职称教师的职业高原差异统计表（1）

		我获得继续提拔的有利因素越来越少					总 计
		非常符合	比较符合	符合	不大符合	非常不符合	
职称	其他或无	4	8	23	46	8	89
		4.5%	9.0%	25.8%	51.7%	9.0%	100.0%
	初级	151	85	159	125	21	541
		27.9%	15.7%	29.4%	23.1%	3.9%	100.0%
	中级	344	189	332	99	21	985
		34.9%	19.2%	33.7%	10.1%	2.1%	100.0%
	高级	81	45	79	14	2	221
		36.7%	20.4%	35.7%	6.3%	0.9%	100.0%
总　　计		580	327	593	284	52	1 836
		31.6%	17.8%	32.3%	15.5%	2.8%	100.0%

表 3-2-110　不同职称教师的职业高原差异统计表（2）

		我已不再刻意追求管理职位的继续升迁					总计
		非常符合	比较符合	符合	不大符合	非常不符合	
职称	其他或无	7	10	18	46	8	89
		7.9%	11.2%	20.2%	51.7%	9.0%	100.0%
	初级	154	81	172	104	30	541
		28.5%	15.0%	31.8%	19.2%	5.5%	100.0%
	中级	395	157	342	71	20	985
		40.1%	15.9%	34.7%	7.2%	2.0%	100.0%
	高级	89	39	83	6	4	221
		40.3%	17.6%	37.6%	2.7%	1.8%	100.0%
总　　计		645	287	615	227	62	1 836
		35.1%	15.6%	33.5%	12.4%	3.4%	100.0%

表 3-2-111　不同职称教师的职业高原差异统计表（3）

		我评上更高职称的机会很小					总　计
		非常符合	比较符合	符合	不大符合	非常不符合	
职称	其他或无	4	4	16	45	20	89
		4.5%	4.5%	18.0%	50.6%	22.5%	100.0%
	初级	114	70	131	183	43	541
		21.1%	12.9%	24.2%	33.8%	7.9%	100.0%
	中级	329	176	321	130	29	985
		33.4%	17.9%	32.6%	13.2%	2.9%	100.0%
	高级	82	44	76	15	4	221
		37.1%	19.9%	34.4%	6.8%	1.8%	100.0%
总　计		529	294	544	373	96	1 836
		28.8%	16.0%	29.6%	20.3%	5.2%	100.0%

表 3-2-112　不同职称教师的职业高原差异统计表（4）

		我评上更高职称的有利因素越来越少					总　计
		非常符合	比较符合	符合	不大符合	非常不符合	
职称	其他或无	4	6	14	50	15	89
		4.5%	6.7%	15.7%	56.2%	16.9%	100.0%
	初级	119	71	144	172	35	541
		22.0%	13.1%	26.6%	31.8%	6.5%	100.0%
	中级	326	164	330	139	26	985
		33.1%	16.6%	33.5%	14.1%	2.6%	100.0%
	高级	70	49	74	24	4	221
		31.7%	22.2%	33.5%	10.9%	1.8%	100.0%
总　计		519	290	562	385	80	1 836
		28.3%	15.8%	30.6%	21.0%	4.4%	100.0%

表 3-2-113　不同职称教师的职业高原差异统计表（5）

		我已不再刻意追求评聘更高职称了					总　计
		非常符合	比较符合	符合	不大符合	非常不符合	
职称	其他或无	4	8	13	47	17	89
		4.5%	9.0%	14.6%	52.8%	19.1%	100.0%
	初级	109	61	120	186	65	541
		20.1%	11.3%	22.2%	34.4%	12.0%	100.0%
	中级	318	168	328	141	30	985
		32.3%	17.1%	33.3%	14.3%	3.0%	100.0%
	高级	72	45	82	16	6	221
		32.6%	20.4%	37.1%	7.2%	2.7%	100.0%
总　计		503	282	543	390	118	1 836
		27.4%	15.4%	29.6%	21.2%	6.4%	100.0%

在内容高原方面，职称越高的教师越认为专业知识已不用更新（见表3-2-114），越不关心专业技能是否能够提升（见表3-2-115），越来越不认为还能继续提升专业技能水平（见表3-2-116），越认为即使不更新知识和技能，也能胜任当下工作（见表3-2-117），而且自己的工作只是已有技能的简单重复（见表3-2-118）。

表 3-2-114　不同职称教师的职业高原差异统计表（6）

		我的知识少有更新，吃老本就够用了					总　计
		非常符合	比较符合	符合	不大符合	非常不符合	
职称	其他或无	1	2	4	44	38	89
		1.1%	2.2%	4.5%	49.4%	42.7%	100.0%
	初级	14	39	49	313	126	541
		2.6%	7.2%	9.1%	57.9%	23.3%	100.0%

（续表）

		我的知识少有更新，吃老本就够用了					总　计
		非常符合	比较符合	符合	不大符合	非常不符合	
职称	中级	33	101	123	554	174	985
		3.4%	10.3%	12.5%	56.2%	17.7%	100.0%
	高级	10	24	33	120	34	221
		4.5%	10.9%	14.9%	54.3%	15.4%	100.0%
总　计		58	166	209	1 031	372	1 836
		3.2%	9.0%	11.4%	56.2%	20.3%	100.0%

表 3-2-115　不同职称教师的职业高原差异统计表（7）

		我已不再关心专业知识能否得到提高了					总　计
		非常符合	比较符合	符合	不大符合	非常不符合	
职称	其他或无	1	0	4	38	46	89
		1.1%	0.0%	4.5%	42.7%	51.7%	100.0%
	初级	17	36	49	290	149	541
		3.1%	6.7%	9.1%	53.6%	27.5%	100.0%
	中级	41	94	115	543	192	985
		4.2%	9.5%	11.7%	55.1%	19.5%	100.0%
	高级	9	21	26	118	47	221
		4.1%	9.5%	11.8%	53.4%	21.3%	100.0%
总　计		68	151	194	989	434	1 836
		3.7%	8.2%	10.6%	53.9%	23.6%	100.0%

表 3-2-116 不同职称教师的职业高原差异统计表（8）

		在当前工作中，我能继续提升专业技能水平					总 计
		非常符合	比较符合	符合	不大符合	非常不符合	
职称	其他或无	32	27	25	5	0	89
		36.0%	30.3%	28.1%	5.6%	0.0%	100.0%
	初级	111	180	202	40	8	541
		20.5%	33.3%	37.3%	7.4%	1.5%	100.0%
	中级	158	288	401	131	7	985
		16.0%	29.2%	40.7%	13.3%	0.7%	100.0%
	高级	37	80	75	29	0	221
		16.7%	36.2%	33.9%	13.1%	0.0%	100.0%
总 计		338	575	703	205	15	1 836
		18.4%	31.3%	38.3%	11.2%	0.8%	100.0%

表 3-2-117 不同职称教师的职业高原差异统计表（9）

		我即使不更新专业知识与技能，也完全能胜任现在的工作					总 计
		非常符合	比较符合	符合	不大符合	非常不符合	
职称	其他或无	2	6	13	53	15	89
		2.2%	6.7%	14.6%	59.6%	16.9%	100.0%
	初级	28	67	120	279	47	541
		5.2%	12.4%	22.2%	51.6%	8.7%	100.0%
	中级	60	160	269	442	54	985
		6.1%	16.2%	27.3%	44.9%	5.5%	100.0%
	高级	27	37	61	84	12	221
		12.2%	16.7%	27.6%	38.0%	5.4%	100.0%
总 计		117	270	463	858	128	1 836
		6.4%	14.7%	25.2%	46.7%	7.0%	100.0%

表 3-2-118　不同职称教师的职业高原差异统计表（10）

		现在的工作，只是我已有专业技能的简单重复					总　计
		非常符合	比较符合	符合	不大符合	非常不符合	
职称	其他或无	1	4	8	57	19	89
		1.1%	4.5%	9.0%	64.0%	21.3%	100.0%
	初级	27	55	104	299	56	541
		5.0%	10.2%	19.2%	55.3%	10.4%	100.0%
	中级	54	128	233	487	83	985
		5.5%	13.0%	23.7%	49.4%	8.4%	100.0%
	高级	17	31	54	91	28	221
		7.7%	14.0%	24.4%	41.2%	12.7%	100.0%
总　计		99	218	399	934	186	1 836
		5.4%	11.9%	21.7%	50.9%	10.1%	100.0%

在趋中高原方面，职称越高，教师越认为难以得到校领导的理解和支持（见表 3-2-119），越不会受到领导器重（见表 3-2-120）。尽管如此，高职称教师却越认为有更多的发言权和参与决策的机会（见表 3-2-121、表 3-2-122）。

表 3-2-119　不同职称教师的职业高原差异统计表（11）

		我的工作难以得到校领导的理解和支持					总　计
		非常符合	比较符合	符合	不大符合	非常不符合	
职称	其他或无	1	2	9	53	24	89
		1.1%	2.2%	10.1%	59.6%	27.0%	100.0%
	初级	29	50	83	295	84	541

（续表）

职称		我的工作难以得到校领导的理解和支持					总计
		非常符合	比较符合	符合	不大符合	非常不符合	
职称	初级	5.4%	9.2%	15.3%	54.5%	15.5%	100.0%
	中级	48	106	156	545	130	985
		4.9%	10.8%	15.8%	55.3%	13.2%	100.0%
	高级	20	30	45	99	27	221
		9.0%	13.6%	20.4%	44.8%	12.2%	100.0%
总计		98	188	293	992	265	1 836
		5.3%	10.2%	16.0%	54.0%	14.4%	100.0%

表 3-2-120　不同职称教师的职业高原差异统计表（12）

职称		我不可能继续受到校领导的器重					总计
		非常符合	比较符合	符合	不大符合	非常不符合	
职称	其他或无	1	4	9	50	25	89
		1.1%	4.5%	10.1%	56.2%	28.1%	100.0%
	初级	38	47	105	275	76	541
		7.0%	8.7%	19.4%	50.8%	14.0%	100.0%
	中级	73	119	226	468	99	985
		7.4%	12.1%	22.9%	47.5%	10.1%	100.0%
	高级	23	27	54	90	27	221
		10.4%	12.2%	24.4%	40.7%	12.2%	100.0%
总计		135	197	394	883	227	1 836
		7.4%	10.7%	21.5%	48.1%	12.4%	100.0%

表 3-2-121　不同职称教师的职业高原差异统计表（13）

		我对学校工作有更多的发言权					总　计
		非常符合	比较符合	符合	不大符合	非常不符合	
职称	其他或无	1	9	30	41	8	89
		1.1%	10.1%	33.7%	46.1%	9.0%	100.0%
	初级	17	60	129	246	89	541
		3.1%	11.1%	23.8%	45.5%	16.5%	100.0%
	中级	35	127	248	436	139	985
		3.6%	12.9%	25.2%	44.3%	14.1%	100.0%
	高级	15	37	67	77	25	221
		6.8%	16.7%	30.3%	34.8%	11.3%	100.0%
总　计		68	233	474	800	261	1 836
		3.7%	12.7%	25.8%	43.6%	14.2%	100.0%

表 3-2-122　不同职称教师的职业高原差异统计表（14）

		我有机会参与学校的决策制定					总　计
		非常符合	比较符合	符合	不大符合	非常不符合	
职称	其他或无	3	5	16	50	15	89
		3.4%	5.6%	18.0%	56.2%	16.9%	100.0%
	初级	15	51	78	242	155	541
		2.8%	9.4%	14.4%	44.7%	28.7%	100.0%
	中级	33	99	186	417	250	985
		3.4%	10.1%	18.9%	42.3%	25.4%	100.0%
	高级	13	32	56	70	50	221
		5.9%	14.5%	25.3%	31.7%	22.6%	100.0%
总　计		64	187	336	779	470	1 836
		3.5%	10.2%	18.3%	42.4%	25.6%	100.0%

在人际高原方面，职称越高的教师，越不认为能从周围同事身上学到东西（见表3-2-123），越不认同学校的人际关系氛围（见表3-2-124），也更加认为自己的交往圈子越来越小（见表3-2-125）。

表3-2-123 不同职称教师的职业高原差异统计表（15）

		我能从周围同事身上学到很多东西					总 计
		非常符合	比较符合	符合	不大符合	非常不符合	
职称	其他或无	42	21	23	3	0	89
		47.2%	23.6%	25.8%	3.4%	0.0%	100.0%
	初级	146	131	220	34	10	541
		27.0%	24.2%	40.7%	6.3%	1.8%	100.0%
	中级	192	227	469	90	7	985
		19.5%	23.0%	47.6%	9.1%	0.7%	100.0%
	高级	44	58	86	30	3	221
		19.9%	26.2%	38.9%	13.6%	1.4%	100.0%
总 计		424	437	798	157	20	1 836
		23.1%	23.8%	43.5%	8.6%	1.1%	100.0%

表3-2-124 不同职称教师的职业高原差异统计表（16）

		我所在学校有较好的人际关系氛围					总 计
		非常符合	比较符合	符合	不大符合	非常不符合	
职称	其他或无	31	31	25	2	0	89
		34.8%	34.8%	28.1%	2.2%	0.0%	100.0%

（续表）

		我所在学校有较好的人际关系氛围					总　计
		非常符合	比较符合	符合	不大符合	非常不符合	
职称	初级	152	166	196	18	9	541
		28.1%	30.7%	36.2%	3.3%	1.7%	100.0%
	中级	217	290	409	55	14	985
		22.0%	29.4%	41.5%	5.6%	1.4%	100.0%
	高级	41	72	86	18	4	221
		18.6%	32.6%	38.9%	8.1%	1.8%	100.0%
总　计		441	559	716	93	27	1 836
		24.0%	30.4%	39.0%	5.1%	1.5%	100.0%

表 3-2-125　不同职称教师的职业高原差异统计表（17）

		我认为现在的交往圈子越来越小了					总　计
		非常符合	比较符合	符合	不大符合	非常不符合	
职称	其他或无	8	10	29	37	5	89
		9.0%	11.2%	32.6%	41.6%	5.6%	100.0%
	初级	92	107	205	114	23	541
		17.0%	19.8%	37.9%	21.1%	4.3%	100.0%
	中级	138	222	384	204	37	985
		14.0%	22.5%	39.0%	20.7%	3.8%	100.0%
	高级	32	35	84	63	7	221
		14.5%	15.8%	38.0%	28.5%	3.2%	100.0%
总　计		270	374	702	418	72	1 836
		14.7%	20.4%	38.2%	22.8%	3.9%	100.0%

在情感高原方面，职称越高的教师，越不认为自己喜欢教师职业（见表3-2-126），越认为工作热情和精力投入有下降趋势（见表3-2-127、表3-2-128）。

表3-2-126　不同职称教师的职业高原差异统计表（18）

		我喜欢教师这份职业					总　计
		非常符合	比较符合	符合	不大符合	非常不符合	
职称	其他或无	38	17	29	5	0	89
		42.7%	19.1%	32.6%	5.6%	0.0%	100.0%
	初级	145	134	203	52	7	541
		26.8%	24.8%	37.5%	9.6%	1.3%	100.0%
	中级	185	224	465	93	18	985
		18.8%	22.7%	47.2%	9.4%	1.8%	100.0%
	高级	48	51	97	18	7	221
		21.7%	23.1%	43.9%	8.1%	3.2%	100.0%
总　计		416	426	794	168	32	1 836
		22.7%	23.2%	43.2%	9.2%	1.7%	100.0%

表3-2-127　不同职称教师的职业高原差异统计表（19）

		我对教育教学工作充满热情					总　计
		非常符合	比较符合	符合	不大符合	非常不符合	
职称	其他或无	36	21	31	1	0	89
		40.4%	23.6%	34.8%	1.1%	0.0%	100.0%

(续表)

		我对教育教学工作充满热情					总计
		非常符合	比较符合	符合	不大符合	非常不符合	
职称	初级	136	147	197	53	8	541
		25.1%	27.2%	36.4%	9.8%	1.5%	100.0%
	中级	179	244	439	109	14	985
		18.2%	24.8%	44.6%	11.1%	1.4%	100.0%
	高级	52	53	90	20	6	221
		23.5%	24.0%	40.7%	9.0%	2.7%	100.0%
总 计		403	465	757	183	28	1 836
		21.9%	25.3%	41.2%	10.0%	1.5%	100.0%

表 3-2-128 不同职称教师的职业高原差异统计表（20）

		我在教育教学中投入了很多精力					总计
		非常符合	比较符合	符合	不大符合	非常不符合	
职称	其他或无	45	23	19	2	0	89
		50.6%	25.8%	21.3%	2.2%	0.0%	100.0%
	初级	207	140	183	8	3	541
		38.3%	25.9%	33.8%	1.5%	0.6%	100.0%
	中级	331	232	398	22	2	985
		33.6%	23.6%	40.4%	2.2%	0.2%	100.0%
	高级	79	61	76	4	1	221
		35.7%	27.6%	34.4%	1.8%	0.5%	100.0%
总 计		662	456	676	36	6	1 836
		36.1%	24.8%	36.8%	2.0%	0.3%	100.0%

在绩效高原方面,职称越高的教师,越认为自己的工作成绩有目共睹(见表3-2-129),但是工作突破难度也越来越大(见表3-2-130)。

综上所述,职称越高的教师,其六大高原的倾向越明显,而且均较为集中。

表3-2-129 不同职称教师的职业高原差异统计表(21)

		我的工作成绩显著,有目共睹					总 计
		非常符合	比较符合	符合	不大符合	非常不符合	
职称	其他或无	7	29	47	6	0	89
		7.9%	32.6%	52.8%	6.7%	0.0%	100.0%
	初级	64	167	242	60	8	541
		11.8%	30.9%	44.7%	11.1%	1.5%	100.0%
	中级	139	252	467	122	5	985
		14.1%	25.6%	47.4%	12.4%	0.5%	100.0%
	高级	38	73	88	20	2	221
		17.2%	33.0%	39.8%	9.0%	0.9%	100.0%
总 计		248	521	844	208	15	1 836
		13.5%	28.4%	46.0%	11.3%	0.8%	100.0%

表3-2-130 不同职称教师的职业高原差异统计表(22)

		我的工作成绩稳定,很难突破					总 计
		非常符合	比较符合	符合	不大符合	非常不符合	
职称	其他或无	2	7	17	59	4	89
		2.2%	7.9%	19.1%	66.3%	4.5%	100.0%

(续表)

职称		我的工作成绩稳定,很难突破					总计
		非常符合	比较符合	符合	不大符合	非常不符合	
职称	初级	23	83	227	191	17	541
		4.3%	15.3%	42.0%	35.3%	3.1%	100.0%
	中级	63	223	450	233	16	985
		6.4%	22.6%	45.7%	23.7%	1.6%	100.0%
	高级	20	55	93	49	4	221
		9.0%	24.9%	42.1%	22.2%	1.8%	100.0%
总计		108	368	787	532	41	1 836
		5.9%	20.0%	42.9%	29.0%	2.2%	100.0%

（七）不同职务教师的职业高原差异

本研究把教师分为有职务和没有职务两种，前者为"干部教师"，后者为"普通教师"。总体而言，干部教师对当前职业发展状态更为满意（见表3-2-131）。

表3-2-131　不同职务教师的职业高原差异统计表（1）

职务分类		您对目前职业发展状况					总计
		非常满意	比较满意	满意	不太满意	非常不满意	
职务分类	普通教师	103	486	323	247	33	1 192
		8.6%	40.8%	27.1%	20.7%	2.8%	100.0%
	干部教师	59	346	143	90	6	644
		9.2%	53.7%	22.2%	14.0%	0.9%	100.0%
总计		162	832	466	337	39	1 836
		8.8%	45.3%	25.4%	18.4%	2.1%	100.0%

在层级高原方面，干部教师认为获得职位提拔的机会越小（见表3-2-132），其追求提拔的意愿也越低（见表3-2-133）。干部教师认为自己评上更高职称的机会和有利因素也更小（见表3-2-134、表3-2-135），追求更高职称的意愿也更低（见表3-2-136）。

表3-2-132　不同职务教师的职业高原差异统计表（2）

		我获得管理职位晋升的机会很小					总　计
		非常符合	比较符合	符合	不大符合	非常不符合	
职务分类	普通教师	439	199	390	134	30	1 192
		36.8%	16.7%	32.7%	11.2%	2.5%	100.0%
	干部教师	188	141	217	83	15	644
		29.2%	21.9%	33.7%	12.9%	2.3%	100.0%
总　计		627	340	607	217	45	1 836
		34.2%	18.5%	33.1%	11.8%	2.5%	100.0%

表3-2-133　不同职务教师的职业高原差异统计表（3）

		我已不再刻意追求管理职位的继续升迁					总　计
		非常符合	比较符合	符合	不大符合	非常不符合	
职务分类	普通教师	433	163	373	177	46	1 192
		36.3%	13.7%	31.3%	14.8%	3.9%	100.0%
	干部教师	212	124	242	50	16	644
		32.9%	19.3%	37.6%	7.8%	2.5%	100.0%
总　计		645	287	615	227	62	1 836
		35.1%	15.6%	33.5%	12.4%	3.4%	100.0%

表 3-2-134　不同职务教师的职业高原差异统计表（4）

		我评上更高职称的机会很小					总计
		非常符合	比较符合	符合	不大符合	非常不符合	
职务分类	普通教师	357	165	330	267	73	1 192
		29.9%	13.8%	27.7%	22.4%	6.1%	100.0%
	干部教师	172	129	214	106	23	644
		26.7%	20.0%	33.2%	16.5%	3.6%	100.0%
总计		529	294	544	373	96	1 836
		28.8%	16.0%	29.6%	20.3%	5.2%	100.0%

表 3-2-135　不同职务教师的职业高原差异统计表（5）

		我评上更高职称的有利因素越来越少					总计
		非常符合	比较符合	符合	不大符合	非常不符合	
职务分类	普通教师	349	169	335	275	64	1 192
		29.3%	14.2%	28.1%	23.1%	5.4%	100.0%
	干部教师	170	121	227	110	16	644
		26.4%	18.8%	35.2%	17.1%	2.5%	100.0%
总计		519	290	562	385	80	1 836
		28.3%	15.8%	30.6%	21.0%	4.4%	100.0%

表 3-2-136　不同职务教师的职业高原差异统计表（6）

		我已不再刻意追求评聘更高职称了					总计
		非常符合	比较符合	符合	不大符合	非常不符合	
职务分类	普通教师	328	156	327	286	95	1 192
		27.5%	13.1%	27.4%	24.0%	8.0%	100.0%

(续表)

		我已不再刻意追求评聘更高职称了					总计
		非常符合	比较符合	符合	不大符合	非常不符合	
职务分类	干部教师	175	126	216	104	23	644
		27.2%	19.6%	33.5%	16.1%	3.6%	100.0%
总计		503	282	543	390	118	1 836
		27.4%	15.4%	29.6%	21.2%	6.4%	100.0%

在趋中高原方面，普通教师认为自己更难以得到校领导的理解和支持（见表3-2-137），也更不可能得到校领导的器重（见表3-2-138），自己的工作建议也更不会受到领导重视（见表3-2-139），其发言权和参与决策的机会也更少（见表3-2-140、表3-2-141）。

表3-2-137 不同职务教师的职业高原差异统计表（7）

		我的工作难以得到校领导的理解和支持					总计
		非常符合	比较符合	符合	不大符合	非常不符合	
职务分类	普通教师	74	124	220	620	154	1 192
		6.2%	10.4%	18.5%	52.0%	12.9%	100.0%
	干部教师	24	64	73	372	111	644
		3.7%	9.9%	11.3%	57.8%	17.2%	100.0%
总计		98	188	293	992	265	1 836
		5.3%	10.2%	16.0%	54.0%	14.4%	100.0%

表 3-2-138　不同职务教师的职业高原差异统计表（8）

		我不可能继续受到校领导的器重					总　计
		非常符合	比较符合	符合	不大符合	非常不符合	
职务分类	普通教师	109	129	298	522	134	1 192
		9.1%	10.8%	25.0%	43.8%	11.2%	100.0%
	干部教师	26	68	96	361	93	644
		4.0%	10.6%	14.9%	56.1%	14.4%	100.0%
总　计		135	197	394	883	227	1 836
		7.4%	10.7%	21.5%	48.1%	12.4%	100.0%

表 3-2-139　不同职务教师的职业高原差异统计表（9）

		我提出的工作意见或建议，会受到领导重视					总　计
		非常符合	比较符合	符合	不大符合	非常不符合	
职务分类	普通教师	72	196	429	404	91	1 192
		6.0%	16.4%	36.0%	33.9%	7.6%	100.0%
	干部教师	55	158	293	120	18	644
		8.5%	24.5%	45.5%	18.6%	2.8%	100.0%
总　计		127	354	722	524	109	1 836
		6.9%	19.3%	39.3%	28.5%	5.9%	100.0%

表 3-2-140　不同职务教师的职业高原差异统计表（10）

		我对学校工作有更多的发言权					总　计
		非常符合	比较符合	符合	不大符合	非常不符合	
职务分类	普通教师	38	123	261	560	210	1 192
		3.2%	10.3%	21.9%	47.0%	17.6%	100.0%

(续表)

职务分类		我对学校工作有更多的发言权					总 计
		非常符合	比较符合	符合	不大符合	非常不符合	
职务分类	干部教师	30	110	213	240	51	644
		4.7%	17.1%	33.1%	37.3%	7.9%	100.0%
总 计		68	233	474	800	261	1 836
		3.7%	12.7%	25.8%	43.6%	14.2%	100.0%

表 3-2-141　不同职务教师的职业高原差异统计表（11）

职务分类		我有机会参与学校的决策制定					总 计
		非常符合	比较符合	符合	不大符合	非常不符合	
职务分类	普通教师	31	99	152	542	368	1 192
		2.6%	8.3%	12.8%	45.5%	30.9%	100.0%
	干部教师	33	88	184	237	102	644
		5.1%	13.7%	28.6%	36.8%	15.8%	100.0%
总 计		64	187	336	779	470	1 836
		3.5%	10.2%	18.3%	42.4%	25.6%	100.0%

在人际高原方面，普通教师更明显感到自己的交往圈子越来越小（见表3-2-142）。

综上所述，干部教师对自己的职业发展状态更为满意，在趋中高原方面没有明显倾向。但是，干部教师在层级高原尤其是职称晋升方面，比普通教师有更明显的高原倾向。与干部教师相比，普通教师在趋中高原方面的高原倾向更为明显。

表 3-2-142　不同职务教师的职业高原差异统计表（12）

		我认为现在的交往圈子越来越小了					总　计
		非常符合	比较符合	符合	不大符合	非常不符合	
职务分类	普通教师	203	233	476	235	45	1 192
		17.0%	19.5%	39.9%	19.7%	3.8%	100.0%
	干部教师	67	141	226	183	27	644
		10.4%	21.9%	35.1%	28.4%	4.2%	100.0%
总　计		270	374	702	418	72	1 836
		14.7%	20.4%	38.2%	22.8%	3.9%	100.0%

（八）不同收入水平教师的职业高原差异

本研究把月收入 2 000—4 000 元的教师划入"较低收入"，4 001—6 000 元的划入"中等收入"，6 000 元以上的划入"较高收入"。总体来看，随着收入水平提高，教师对当前职业发展状况的满意度越来越高（见表 3-2-143）。

表 3-2-143　不同收入水平教师的职业高原差异统计表（1）

		您对目前职业发展状况					总　计
		非常满意	比较满意	满意	不大满意	非常不满意	
收入分类	较低	41	141	85	75	15	357
		11.5%	39.5%	23.8%	21.0%	4.2%	100.0%
	中等	76	434	259	183	20	972
		7.8%	44.7%	26.6%	18.8%	2.1%	100.0%
	较高	45	257	122	79	4	507
		8.9%	50.7%	24.1%	15.6%	0.8%	100.0%
总　计		162	832	466	337	39	1 836
		8.8%	45.3%	25.4%	18.4%	2.1%	100.0%

在层级高原方面,随着收入水平提高,教师认为获得职位升迁的有利因素越来越少(见表3-2-144),其追求升迁的意愿也更低(见表3-2-145)。收入越高,教师越认为评上更高职称的机会和有利条件越来越少(见表3-2-146、表3-2-147),而且追求更高职称的意愿也越来越低(见表3-2-148)。

表3-2-144　不同收入水平教师的职业高原差异统计表(2)

		我获得继续提拔的有利因素越来越少					总　计
		非常符合	比较符合	符合	不大符合	非常不符合	
收入分类	较低	129	50	91	70	17	357
		36.1%	14.0%	25.5%	19.6%	4.8%	100.0%
	中等	292	177	321	157	25	972
		30.0%	18.2%	33.0%	16.2%	2.6%	100.0%
	较高	159	100	181	57	10	507
		31.4%	19.7%	35.7%	11.2%	2.0%	100.0%
总　计		580	327	593	284	52	1 836
		31.6%	17.8%	32.3%	15.5%	2.8%	100.0%

表3-2-145　不同收入水平教师的职业高原差异统计表(3)

		我已不再刻意追求管理职位的继续升迁					总　计
		非常符合	比较符合	符合	不大符合	非常不符合	
收入分类	较低	124	49	99	66	19	357
		34.7%	13.7%	27.7%	18.5%	5.3%	100.0%
	中等	333	155	327	125	32	972
		34.3%	15.9%	33.6%	12.9%	3.3%	100.0%
	较高	188	83	189	36	11	507
		37.1%	16.4%	37.3%	7.1%	2.2%	100.0%
总　计		645	287	615	227	62	1 836
		35.1%	15.6%	33.5%	12.4%	3.4%	100.0%

表 3-2-146 不同收入水平教师的职业高原差异统计表（4）

		我评上更高职称的机会很小					总计
		非常符合	比较符合	符合	不大符合	非常不符合	
收入分类	较低	109	43	91	84	30	357
		30.5%	12.0%	25.5%	23.5%	8.4%	100.0%
	中等	270	162	278	216	46	972
		27.8%	16.7%	28.6%	22.2%	4.7%	100.0%
	较高	150	89	175	73	20	507
		29.6%	17.6%	34.5%	14.4%	3.9%	100.0%
总计		529	294	544	373	96	1 836
		28.8%	16.0%	29.6%	20.3%	5.2%	100.0%

表 3-2-147 不同收入水平教师的职业高原差异统计表（5）

		我评上更高职称的有利因素越来越少					总计
		非常符合	比较符合	符合	不大符合	非常不符合	
收入分类	较低	104	48	83	98	24	357
		29.1%	13.4%	23.2%	27.5%	6.7%	100.0%
	中等	274	153	297	210	38	972
		28.2%	15.7%	30.6%	21.6%	3.9%	100.0%
	较高	141	89	182	77	18	507
		27.8%	17.6%	35.9%	15.2%	3.6%	100.0%
总计		519	290	562	385	80	1 836
		28.3%	15.8%	30.6%	21.0%	4.4%	100.0%

表 3-2-148　不同收入水平教师的职业高原差异统计表（6）

		我已不再刻意追求评聘更高职称了					总　计
		非常符合	比较符合	符合	不大符合	非常不符合	
收入分类	较低	92	50	83	92	40	357
		25.8%	14.0%	23.2%	25.8%	11.2%	100.0%
	中等	265	143	277	229	58	972
		27.3%	14.7%	28.5%	23.6%	6.0%	100.0%
	较高	146	89	183	69	20	507
		28.8%	17.6%	36.1%	13.6%	3.9%	100.0%
总　计		503	282	543	390	118	1 836
		27.4%	15.4%	29.6%	21.2%	6.4%	100.0%

在内容高原方面，随着收入水平提高，教师越觉得难以提升专业技能水平（见表3-2-149）。

表 3-2-149　不同收入水平教师的职业高原差异统计表（7）

		在当前工作中，我能继续提升专业技能水平					总　计
		非常符合	比较符合	符合	不大符合	非常不符合	
收入分类	较低	85	106	115	46	5	357
		23.8%	29.7%	32.2%	12.9%	1.4%	100.0%
	中等	180	302	377	104	9	972
		18.5%	31.1%	38.8%	10.7%	0.9%	100.0%
	较高	73	167	211	55	1	507
		14.4%	32.9%	41.6%	10.8%	0.2%	100.0%
总　计		338	575	703	205	15	1 836
		18.4%	31.3%	38.3%	11.2%	0.8%	100.0%

在趋中高原方面，收入越低，教师越认为自己提出的工作意见不会受到领导重视（见表3-2-150），对学校工作有更少的发言权和参与决策的机会（见表3-2-151、表3-2-152），校领导越不会赋予自己更多的权力（见表3-2-153）。

表3-2-150　不同收入水平教师的职业高原差异统计表（8）

		我提出的工作意见或建议，会受到领导重视					总　计
		非常符合	比较符合	符合	不大符合	非常不符合	
收入分类	较低	22	61	121	122	31	357
		6.2%	17.1%	33.9%	34.2%	8.7%	100.0%
	中等	64	178	380	299	51	972
		6.6%	18.3%	39.1%	30.8%	5.2%	100.0%
	较高	41	115	221	103	27	507
		8.1%	22.7%	43.6%	20.3%	5.3%	100.0%
总　计		127	354	722	524	109	1 836
		6.9%	19.3%	39.3%	28.5%	5.9%	100.0%

表3-2-151　不同收入水平教师的职业高原差异统计表（9）

		我对学校工作有更多的发言权					总　计
		非常符合	比较符合	符合	不大符合	非常不符合	
收入分类	较低	15	33	83	152	74	357
		4.2%	9.2%	23.2%	42.6%	20.7%	100.0%
	中等	33	114	231	465	129	972
		3.4%	11.7%	23.8%	47.8%	13.3%	100.0%
	较高	20	86	160	183	58	507
		3.9%	17.0%	31.6%	36.1%	11.4%	100.0%

（续表）

	我对学校工作有更多的发言权					总 计
	非常符合	比较符合	符合	不大符合	非常不符合	
总 计	68	233	474	800	261	1 836
	3.7%	12.7%	25.8%	43.6%	14.2%	100.0%

表 3-2-152　不同收入水平教师的职业高原差异统计表（10）

		我有机会参与学校的决策制定					总 计
		非常符合	比较符合	符合	不大符合	非常不符合	
收入分类	较低	13	28	49	149	118	357
		3.6%	7.8%	13.7%	41.7%	33.1%	100.0%
	中等	32	90	159	433	258	972
		3.3%	9.3%	16.4%	44.5%	26.5%	100.0%
	较高	19	69	128	197	94	507
		3.7%	13.6%	25.2%	38.9%	18.5%	100.0%
总 计		64	187	336	779	470	1 836
		3.5%	10.2%	18.3%	42.4%	25.6%	100.0%

表 3-2-153　不同收入水平教师的职业高原差异统计表（11）

		领导很难赋予我更多关于本校事务的权力					总 计
		非常符合	比较符合	符合	不大符合	非常不符合	
收入分类	较低	50	57	104	106	40	357
		14.0%	16.0%	29.1%	29.7%	11.2%	100.0%

（续表）

		领导很难赋予我更多关于本校事务的权力					总计
		非常符合	比较符合	符合	不大符合	非常不符合	
收入分类	中等	99	118	326	340	89	972
		10.2%	12.1%	33.5%	35.0%	9.2%	100.0%
	较高	46	63	160	193	45	507
		9.1%	12.4%	31.6%	38.1%	8.9%	100.0%
总计		195	238	590	639	174	1 836
		10.6%	13.0%	32.1%	34.8%	9.5%	100.0%

在人际高原方面，收入越高，教师越觉得不能从同事身上学到东西（见表3-2-154）。

表3-2-154　不同收入水平教师的职业高原差异统计表（12）

		我能从周围同事身上学到很多东西					总计
		非常符合	比较符合	符合	不大符合	非常不符合	
收入分类	较低	108	85	129	33	2	357
		30.3%	23.8%	36.1%	9.2%	0.6%	100.0%
	中等	217	231	436	76	12	972
		22.3%	23.8%	44.9%	7.8%	1.2%	100.0%
	较高	99	121	233	48	6	507
		19.5%	23.9%	46.0%	9.5%	1.2%	100.0%
总计		424	437	798	157	20	1 836
		23.1%	23.8%	43.5%	8.6%	1.1%	100.0%

在情感高原方面，中等收入的教师，对教师职业的喜爱程度、对教育教学工作的热情最低，其次是较高收入教师和较低收入教师（见表3-2-155、表3-2-156）。

表3-2-155　不同收入水平教师的职业高原差异统计表（13）

		我喜欢教师这份职业					总　计
		非常符合	比较符合	符合	不大符合	非常不符合	
收入分类	较低	113	78	130	31	5	357
		31.7%	21.8%	36.4%	8.7%	1.4%	100.0%
	中等	185	226	443	99	19	972
		19.0%	23.3%	45.6%	10.2%	2.0%	100.0%
	较高	118	122	221	38	8	507
		23.3%	24.1%	43.6%	7.5%	1.6%	100.0%
总　计		416	426	794	168	32	1 836
		22.7%	23.2%	43.2%	9.2%	1.7%	100.0%

表3-2-156　不同收入水平教师的职业高原差异统计表（14）

		我对教育教学工作充满热情					总　计
		非常符合	比较符合	符合	不大符合	非常不符合	
收入分类	较低	107	87	122	33	8	357
		30.0%	24.4%	34.2%	9.2%	2.2%	100.0%
	中等	177	255	420	106	14	972
		18.2%	26.2%	43.2%	10.9%	1.4%	100.0%
	较高	119	123	215	44	6	507
		23.5%	24.3%	42.4%	8.7%	1.2%	100.0%
总　计		403	465	757	183	28	1 836
		21.9%	25.3%	41.2%	10.0%	1.5%	100.0%

在绩效高原方面,中等收入的教师,更加认为自己的工作难以突破(见表3-2-157),较低收入的教师,更加在意自己的工作成绩(见表3-2-158)。

表3-2-157 不同收入水平教师的职业高原差异统计表(15)

		我的工作成绩稳定,很难突破					总 计
		非常符合	比较符合	符合	不大符合	非常不符合	
收入分类	较低	29	68	129	119	12	357
		8.1%	19.0%	36.1%	33.3%	3.4%	100.0%
	中等	46	188	449	270	19	972
		4.7%	19.3%	46.2%	27.8%	2.0%	100.0%
	较高	33	112	209	143	10	507
		6.5%	22.1%	41.2%	28.2%	2.0%	100.0%
总 计		108	368	787	532	41	1 836
		5.9%	20.0%	42.9%	29.0%	2.2%	100.0%

表3-2-158 不同收入水平教师的职业高原差异统计表(16)

		我很在意自己的工作成绩					总 计
		非常符合	比较符合	符合	不大符合	非常不符合	
收入分类	较低	82	89	155	26	5	357
		23.0%	24.9%	43.4%	7.3%	1.4%	100.0%
	中等	171	243	442	111	5	972
		17.6%	25.0%	45.5%	11.4%	0.5%	100.0%
	较高	73	140	233	57	4	507
		14.4%	27.6%	46.0%	11.2%	0.8%	100.0%
总 计		326	472	830	194	14	1 836
		17.8%	25.7%	45.2%	10.6%	0.8%	100.0%

综上所述，收入越高的教师，其层级高原倾向越明显，其次是人际高原。收入越低的教师，其趋中高原的倾向越明显。中等收入的教师，其情感高原和绩效高原的倾向越明显。

（九）小结

总结以上分析结果，可以发现（见表3-2-159）：第一，学校综合水平越低、年龄越大、教龄越长，或职称越高的教师，其六大职业高原倾向越为明显，越容易处于职业发展的全面停滞状态，也就是进入职业高原期。第二，男教师的内容高原倾向更为突出，女教师的趋中高原和人际高原更为突出。第三，学历越低的教师越容易产生层级高原倾向，学历越高的教师对自己职业发展总体状态越不满意。第四，干部教师更容易有层级高原倾向（以职称晋升为主），普通教师更容易有趋中高原倾向。第五，收入越高的教师越容易有层级高原倾向，收入越低的教师越容易有趋中高原倾向，中等收入的教师更容易产生情感高原和绩效高原倾向。

表3-2-159 教师职业高原倾向的个性化差异对照表

序号	分类	层级高原	内容高原	趋中高原	人际高原	情感高原	绩效高原
1	学校综合实力越弱的教师	√	√	√	√	√	√
2	年（教）龄越长的教师	√	√	√	√	√	√
3	职称越高的教师	√	√	√	√	√	√
4	男教师		√				
5	女教师			√	√		
6	学历越低的教师	√	√				
7	干部教师	√					

（续表）

序号	分　类	层级高原	内容高原	趋中高原	人际高原	情感高原	绩效高原
8	普通教师			√			
9	收入越高的教师	√					
10	收入越低的教师			√			

第四章
教师自我导向学习的现状调研

在相关研究基础上,本研究以英国学者威廉姆森的自我导向学习评定量表(Self-Rating Scale for Self-Directedness in Learning,缩写为SRSSDL)的"五维度说"理论框架为参照,编制形成了教师自我导向学习的调查问卷,共涉及6个维度,12个问卷问题。本章重点对1 836名被调查教师关于这12个问题的问卷数据进行分析与讨论。

第一节 教师自我导向学习的问卷编制

一、相关研究基础

通过文献研究可知,国际上关于"成人自我导向学习"的测量研究已有较长时间积累,也有不少公认的较为成熟的测量工具,如1977年加格利米诺研发的自我导向学习准备度量表(SDLRS)、1986年奥迪的继续学习量表(OCLI)、1991年可米克的自我导向学习知觉量表(SDLRS)、2001年费舍尔的护士自我导向学习量表(SDLRSNE),以及2007年英国学者威廉姆森的自我导向学习评定量表(SRSSDL)等。

就国内来看,除了台湾学者邓运林1995年翻译及修订的SDLRS量表外,仍罕见较成熟的"自我导向学习"量表,实际的测量研究并不多见,并且以对国外量表的使用或借鉴为主。目前,自我导向学习量表在护理专业的应用较为广泛,如张青林等的《护理新生92名自我导向学习能力调查》,所使用的是费舍尔的自我导向学习量表;[①] 沈玉琴等的《护理学生自我导向学习现状的调查》,所使用的是威廉姆森的自我导向学习评定量表;[②] 等等。专门针对教师群体的相关测量则更为少见,如2006年张宏等人的《中小学教师在职攻读教育硕士专业学位的自我导向学习的调查研究》,[③] 2008年何基生的《中小学骨干教师自我导向学习的调查分析》,[④] 两次调查均使用了台湾南华大学蔡明昌编制的"教师自我导向学习准备度量表",是国内首次把较成熟的自我导向学习量表应用于教师群体的研究。

二、自编调查问卷

在文献研究基础上,本研究选择了应用较广泛的威廉姆森SRSSDL量表为主要参照,经过研究自编形成了调查问卷。

(一)威廉姆森SRSSDL的5个维度

英国学者威廉姆森系统分析了自我导向学习专家诺尔斯、加格利米诺、布鲁克菲尔德等人的理论研究框架,于2007年研发了自我导向学习评定量表(SRSSDL)。该量表把自我导向学习划分为意识(Awareness)、学习策略(Learning Strategies)、学习行为(Learning Activities)、评价(Evaluation)和人际关系技能(Interpersonal Skills)5个维度,每个维度设计12个问题,共计60个问题,采用5点计分法综合测量个体自我导向学

[①] 张青林,万学英.护理新生92名自我导向学习能力调查[J].齐鲁护理杂志,2012(21).
[②] 沈玉琴.护理学生自我导向学习现状的调查[J].中华现代护理杂志,2012(6).
[③] 张宏,徐富明,安连义.中小学教师在职攻读教育硕士专业学位的自我导向学习的调查研究[J].教育学报,2006(1).
[④] 何基生.中小学骨干教师自我导向学习的调查分析[J].成人教育,2008(1).

习的水平。这5个维度的具体含义为:

(1)意识,是指学习者对成为自我导向学习者的各种影响因素的理解。[①]该维度又具体化为12个问题:我明确自己的学习需求;我能为自己的学习选择最好的方法;我认为教师是学习促进者,而不仅是信息提供者;我持续更新各种可用的学习资源;我对自己的学习负责;我有责任找到自己的不足;我能保持自我激励;我能安排并设定自己的学习目标;我在长期工作中只需短暂休息;我要坚持把我的日常学习从其他任务中分离出来;我把自己的经验与新信息结合起来;我觉得不管有没有教师指导,我都在学习。[②]

(2)学习策略,是指为了促成学习过程的自我导向性,自我导向学习者所应该采用的各种策略,[③]具体包括:我参加小组讨论;我发现同伴互助训练很有效;我发现角色扮演法在复杂学习中很有用;我发现教与学互动比听课的效果更好;我发现模拟在教与学中很有用;我发现案例研究式学习很有用;我通过内在驱动在学习中不断发展与提高;我把难题当作挑战;我安排日常学习的方式是要形成自己的终身学习文化;我发现概念图是有效的学习方法;我发现现代教育互动技术提高了我的学习进程;我能决定自己的学习策略。[④]

(3)学习行为,是指为了促成学习过程的自我导向性,学习者应该积极采取的各种学习行为,[⑤]包括:我预习并复习新课;我在阅读文献时能识别重点;我把概念图作为理解大量信息的有用方法;我能有效使用信息技术;我注意力集中,当阅读复杂的研究材料时则更为集中;我对自己所有的观点、反思和新的学习进行注释和总结;在既定的课程目标之外,我喜欢探索更多信息;我能把知识与实践相结合;在教与学研讨中,我会提出相关问题;我能对新观点、新信息或任何学习经验进行分析和批判性反思;我总对别人的观点保持开放态度;我更喜欢在完成学习任

[①][②][③][④][⑤] Williams, S. N. Development of a Self-Rating Scale of Self-Directed Learning[J]. Nurse Researcher, 2007, 14(2): 70, 79–80, 70–71, 80, 71.

务的间隙进行休息。①

（4）评价，是指为了有效监控自己的学习行为，学习者应具备的特有属性，②包括：我在指导者反馈前先做自我评估；无论完成任何任务，我都能确定下一步发展领域；我能监控自己的学习进程；我能确定自己的强项与弱项；我欣赏同行对我工作的评估；我发现成功与失败都能激发我不断学习；我把批评作为改善自己学习的基础；无论是否达成学习目标我都在进行自我监控；我通过检查作业回顾自己的进步；我对自己的学习行为进行回顾和反思；我发现新的学习充满挑战；我会被他人的成功所鼓舞。③

（5）人际关系技能，这是学习者成为自我导向学习者的先决条件，④具体包括：我想多学学我经常接触的其他文化和语言；我能确定自己在一个小组中的角色；与别人的互动能帮助我形成进一步的学习计划；我会利用任何我所面对的机会；我需要与他人分享信息；我与他人保持良好的人际关系；我很容易与别人一起合作；我能成功进行口头交流；我确认不同学科间有相互联系的需要，以更好维护社会和谐；我能通过写作有效表达自己的想法；我能自由表达自己的观点；我发现在多元文化环境中学习是充满挑战的。⑤

（二）教师自我导向学习的6个维度

威廉姆森的SRSSDL量表，是对成人自我导向学习一般现象的测量，具有较为普遍的解释性。具体到此次研究，是专门针对教师群体的自我导向学习研究，需要体现本土教师群体的自我导向学习特点。为此，研究者经过预调研，结合教师的学习实践与需求，以及研究团队的充分讨论，对SRSSDL 5个维度的概念进行了重新提炼、解释和扩展，搭建了教师自我导向学习的六维度框架：

---

①②③④⑤ Williams, S. N. Development of a Self-Rating Scale of Self-Directed Learning [J]. Nurse Researcher, 2007, 14(2): 80—81, 71, 81, 71, 70—71, 82.

维度一：学习意识。是指教师对自己成为自我导向学习者的各种影响因素的理解。在SRSSDL中，具体涉及学习者对学习需求、学习方法、教师角色、学习资源、学习责任、自我激励、学习目标、学习时间等影响因素的理解，其重点仍在各种"影响因素"之上。本研究的重点是对学习影响因素的"主观理解"进行直接把握，而非"影响因素"本身。因此，本研究将这些主观理解进一步提炼为教师的学习态度、学习动机和学习意志三个领域。(1)学习态度是教师对学习较为持久的看法或行为倾向，具体包括认为学习是自己的事，还是外界强加的；喜欢/愿意学习，还是尽量逃避学习等问题；(2)学习动机是教师进行学习的内在驱动力，也就是为什么要去学习。具体到教师群体，就涉及是为了提升职务或职称、提升理论水平、提高实际能力，还是为了完成外界或自己安排的学习任务、帮助他人成长、增强自我幸福感等问题；(3)学习意志是指教师为完成学习任务而克服困难的能力，具体包括教师对待学习困难的方式、学习时间的长短等问题。这三者统称学习意识，也就是教师对学习的总体理解或认识。

维度二：学习内容。这是专门针对教师群体而新设置的维度，旨在了解教师比较关注的学习领域，也就是教师开展自我导向学习的具体领域。基于本研究的基本假设，对学习内容的界定不仅限定在学校、课堂、教学知识与技能等传统领域，还包括与教师实际生活相关的方方面面，具体包括：教育理论、教学技能、教学管理、人际交往、时事热点、历史文化、名著赏析、琴棋书画、花鸟鱼虫、运动养生、心理保健、网络冲浪、时尚娱乐、旅游资讯等。

维度三：学习策略。是指教师为了成为自我导向学习者，所应该采取的各种策略。在SRSSDL中，主要包括小组讨论、同伴互助、角色扮演、互动学习、模拟学习、案例探究、内在驱动、现代教育技术辅助等学习方法。其侧重点仍在具体的方法层面之上，"策略"的本质特征仍未能全部展现。一方面，根据学习策略本身的内涵，强调为达到学习目标更需要有长期而复杂的规划与安排，也就是"学习计划"；另一方面，在自我导向学习的各种经典定义中，"学习计划"也是经常出现的一个高频词。因此，在"学习策略"这个维度下，(1)本研究在"策略"层面增加了"学习计划"的内容，具体包括是否有学习计划、学习计划是长期还是短期，以及学习计划是自己制定还是在外界帮助下制定的等问题；(2)在"方法"层面，本研究也更强调教师对学习方法的策略性或整体性把握，包括教师是否有自成一体的整套学习方法，学习是有顺序安排的还是较随意的，遇到问题时能否有效启动一系列解决方案等。

维度四：学习行为。是指教师为了成为自我导向学习者，应该积极采取的各种学习行为。在SRSSDL中，主要包括预习法、复习法、重点阅读法、概念图法、信息技术法、注意力法、总结法、实践法、提问法、批判性反思法等具体的学习方式或手段。鉴于本研究的实际情况，又将"学习行为"扩展为计划执行、学习习惯和学习方式三方面内容：(1)计划执行。作为"维度三：学习策略"中"学习计划"的逻辑延伸，重点考察教师学习计划的执行力度，具体包括是否能落实并坚持已有的学习计划，是否能落实临时性的学习计划，学习计划是否受工学矛盾影响等问题；(2)学习习惯。指教师利用和控制学习时间的行为能力或行为风格，具体包括是善于利用碎片时间还是整块时间进行学习，其学习是平时积累型的还是解决问题型的，是否有随时总结随时反思的习惯，是否有围绕一个问题长期开展学习的习惯等；(3)学习方式。经过提前接触与了解，适合本土教师使用的学习方式或手段与SRSSDL也有所不同，具体包括：听讲座、读书、做课题、写文章、学历进修、听课评课、小组讨论、参观访问、在线学习等。

维度五：学习评价。是指教师为了有效监控自己的学习行为，应该具备的特有属性。在SRSSDL中，主要包括反馈前自我评估、进程自我监控、自我优劣评估、同行评估、自我激励、接受批评、作业回顾、自我反思、自我挑战、他者激励等。本研究对这些属性作进一步提炼，并主要聚焦到学习者自我评价的范围之内：第一，平时是否了解自己的学习能力与水平；第二，在学习过程中，能够进行自我控制、反思与调整；第三，在学习结束后，是否清楚自己学到了什么。

维度六：人际关系技能。是指教师通过获得他人帮助而促进自己学习的能力。在SRSSDL中，主要包括跨文化交流、跨学科交流、口头交流、书面交流、观点表达、把握机会、分享信息、保持人际关系、自我角色定位、与他人合作等能力。本研究根据教师的实际情况，以及互联网时代人际交往的新特点，把教师学习中的人际关系技能归纳为：(1)交往风格，具体包括是独立型的，还是依赖型的；是外向付出型的，还是内向接纳型的；是善于表达型的，还是倾向内敛型的；(2)求助对象，是指教师遇到学习困难时会找谁来获取帮助，具体包括百度、谷歌等大众搜索工具，中国知网等专业搜索工具，文献书籍，专家、同事或朋友等。

（三）教师自我导向学习的问卷编制

借用威廉姆森SRSSDL量表的理论框架，研究者对其中的重要概念进行了重新解释与拓展，形成了教师自我导向学习的6个维度：(1)学习意识，具体分为学习态度、学习目标与学习意志；(2)学习内容；(3)学习策略，具体分为学习计划与学习方法；(4)学习行为，具体分为计划执行力、学习习惯与学习方式；(5)学习评价；(6)人际关系技能，又分为交往类型与求助对象。以这6个维度为参照，自编了教师自我导向学习问卷（详见附录1），共计12个多选题，每题最多选3项。该问卷没有采用SRSSDL量表的5点计分法和数理统计分析法，而是希望对教师自我导向学习的现象进行较为直观的描述与分析。

第二节　教师自我导向学习的问卷调查

一、问卷调查对象的基本情况

该问卷有效回收1 836份,被调查教师的基本情况与第三章的有关内容相同,此处略。

二、教师自我导向学习的总体情况分析

(一)教师"学习意识"的现状分析

在"学习态度"方面,各选项所占比重依次为(见表4-2-1):(1)认为"学习是我自己的事,我能主动开展学习"的教师共1 378人,占被调查教师总数的75.1%;(2)认为"我始终知道自己要学习什么的"教师共785人,占42.8%;(3)认为"我喜欢学习,随时随地都能学进去"的教师共756人,占41.2%;(4)认为"我只有在有必要时,才会去学习"的占22.4%;(5)认为"学习更多是外界强加给我的"占12.6%;(6)认为"学习很辛苦,我宁愿做些轻松的事"的占6.2%。说明多数教师对学习有积极正面的认知、情感和行为倾向,能意识到开展自主学习的必要性和重要性。

在"学习动机"方面(见表4-2-1):(1)认为学习是为了"提高解决实际问题的能力"的教师共1 270人,占69.2%;(2)为了"提升自我修养,增强幸福感"的1 087人,占59.2%;(3)为了"提升理论水平"的640人,占34.9%;(4)为了"完成组织安排的学习计划"的占22.3%;(5)为了"完成自己个人的学习计划"的占20.9%;(6)为了"提升职位或职称"的占16.2%;(7)为了"帮助身边的人成长,尤其是青年人"的占11.5%。以

上数据反映了教师们维持自身学习行为的动力,主要来自提高能力、提升自我、增加幸福感等内在驱动力,而不仅仅是组织安排、提升职位或职称等外界原因。

在"学习意志"方面(见表4-2-1):(1)认为"学习遇到困难时,我会攻坚克难、坚持到底"的教师共938人,占51.1%;(2)认为"我对学习总是精益求精、力求不断完善"的604人,占32.9%;(3)认为"我能长时间进行自学,很少受外界影响"的543人,占29.6%;(4)认为"我的学习够用就行,不会去刻意钻研"的占24.5%;(5)认为"我的学习劲头取决于周围人的学习热情"的占19.7%;(6)认为"学习遇到困难时,我比较容易放弃"的占18.4%。可见,多数教师具备克服学习困难的品质与能力,但在长时间独立学习和学习钻研等方面仍有待加强。

表 4-2-1　被调查教师"学习意识"的总体状况统计表

问卷题目	问卷选项	人次	百分比
您对学习的看法（学习态度）	学习是我自己的事,我能主动开展学习	1 378	75.1%
	我始终知道自己要学习什么	785	42.8%
	我喜欢学习,随时随地都能学进去	756	41.2%
	我只有在有必要时,才会去学习	411	22.4%
	学习更多是外界强加给我的	232	12.6%
	学习很辛苦,我宁愿做些轻松的事	113	6.2%
您现在的学习主要是为了（学习动机）	提高解决实际问题的能力	1 270	69.2%
	提升自我修养,增强幸福感	1 087	59.2%
	提升理论水平	640	34.9%
	完成组织安排的学习计划	410	22.3%
	完成自己个人的学习计划	383	20.9%

(续表)

问卷题目	问卷选项	人次	百分比
您现在的学习主要是为了（学习动机）	提升职位或职称	298	16.2%
	帮助身边的人成长，尤其是青年人	211	11.5%
您的学习现状是（学习意志）	学习遇到困难时，我会攻坚克难、坚持到底	938	51.1%
	我对学习总是精益求精、力求不断完善	604	32.9%
	我能长时间进行自学，很少受外界影响	543	29.6%
	我的学习够用就行，不会去刻意钻研	450	24.5%
	我的学习劲头取决于周围人的学习热情	362	19.7%
	学习遇到困难时，我比较容易放弃	337	18.4%

（二）教师"学习内容"的现状分析

被调查教师关于学习内容的需求，按其比重依次为（见表4-2-2）：（1）要学习"教学技能"的1 174人，占63.9%；（2）要学习"教育理论"的582人，占31.7%；（3）要学习"心理保健"的519人，占28.3%；（4）要学习"运动养生"的482人，占26.3%；（5）要学习"教育管理"的404人，占22.0%；（6）要学习"时事热点"的占19.6%；（7）要学习"历史文化"的占17.8%；（8）要学习"人际交往"的占17.3%；（9）要学习"名著赏析"的占10.3%；（10）要学习"旅游资讯"的占9.5%；（11）要学习"琴棋书画"的占7.2%；（12）要学习"时尚娱乐"的占5.6%；（13）要学习"花鸟鱼虫"的占4.1%；（14）要学习"网络冲浪"的占2.3%。分析数据可知，教师们更青睐于对教学技能、教育理论等内容的学习。其中，又过于关注技能学习，对教育理论、社会生活等的学习则有所忽略，表现出较强的实用性和功利性倾向。

表 4-2-2 被调查教师"学习内容"的总体状况统计表

问卷题目	问卷选项	人次	百分比
您目前比较关注的领域有哪些（学习内容）	教学技能	1 174	63.9%
	教育理论	582	31.7%
	心理保健	519	28.3%
	运动养生	482	26.3%
	教育管理	404	22.0%
	时事热点	359	19.6%
	历史文化	326	17.8%
	人际交往	317	17.3%
	名著赏析	190	10.3%
	旅游资讯	174	9.5%
	琴棋书画	132	7.2%
	时尚娱乐	103	5.6%
	花鸟鱼虫	76	4.1%
	网络冲浪	43	2.3%
	其他	11	0.6%

（三）教师"学习策略"的现状分析

在"学习计划"方面（见表4-2-3）：(1) 选择"我独立制定了短期的学习计划"的635人，占34.6%；(2)"我没有明确的学习计划，但有奋斗目标"的580人，占31.6%；(3)"我在外界帮助下，制定了短期的学习计划"的387人，占21.1%；(4)"我独立制定了长期的学习计划"的占19.7%；(5)"我在外界帮助下，制定了长期的学习计划"的占16.7%；(6)"我没有学习计划，有点看不清前进的方向"的占7.5%。由此可见，教师学习的计划性并不十分明显，即使在占比较高的选项中，也以短期计划或没

表 4-2-3　被调查教师"学习策略"的总体状况统计表

问卷题目	问卷选项	人次	百分比
您在学习计划方面的现状是（学习计划）	我独立制定了短期的学习计划	635	34.6%
	我没有明确的学习计划,但有奋斗目标	580	31.6%
	我在外界帮助下,制定了短期的学习计划	387	21.1%
	我独立制定了长期的学习计划	362	19.7%
	我在外界帮助下,制定了长期的学习计划	306	16.7%
	我没有学习计划,有点看不清前进的方向	138	7.5%
您在学习方法方面的现状是（学习方法）	遇到问题时,我能很快找到资料进行学习	913	49.7%
	我的学习没有严格的先后顺序	651	35.5%
	我总是清楚要先学什么,后学什么	627	34.2%
	我有一套自学方法,风格独特、行之有效	498	27.1%
	我没有一套自学方法,仍处于摸索阶段	235	12.8%
	遇到问题时,我经常感到无从下手	74	4%

有计划为主,缺乏策略层面的长远学习规划。

在"学习方法"方面（见表4-2-3）：（1）选择"遇到问题时,我能很快找到资料进行学习"的913人,占49.7%；（2）选择"我的学习没有严格的先后顺序"的651人,占35.5%；（3）"我总是清楚要先学什么,后学什么"的627人,占34.2%；（4）"我有一套自学方法,风格独特、行之有效"的占27.1%；（5）"我没有一套自学方法,仍处于摸索阶段"的占12.8%；（6）"遇到问题时,我经常感到无从下手"的占4%。以上数据表明：许多教师在遇到一般问题时,都不会无所适从,能快速开展学习。但是其学习方法的精细化、科学化和有效化程度却不高。

（四）教师"学习行为"的现状分析

在"学习计划执行"方面（见表4-2-4）：（1）选择"我的工作、学习

表 4-2-4 被调查教师"学习行为"的总体状况统计表

问卷题目	问卷选项	人次	百分比
您的相关学习现状是 （学习计划执行）	我的工作、学习和生活相融合，较少冲突	761	41.4%
	我能落实现在的学习计划，并长期坚持	583	31.8%
	我没有学习计划，学习视需要而定	502	27.3%
	我能落实现在的学习计划，但很难坚持	394	21.5%
	我的学习经常受干扰，工学矛盾突出	304	16.6%
	我没有学习计划，也很少去学新东西	70	3.8%
您的学习习惯是 （学习习惯）	我善于利用各种碎片时间进行学习	786	42.8%
	我平时就有阅读、收集和整理资料的习惯	685	37.3%
	我有随时总结、反思、改进行为的习惯	612	33.3%
	当遇到问题时，我才会及时学习	478	26%
	我要有整块时间才能进行学习	329	17.9%
	我对一个问题能进行长期的观察与思考	193	10.5%
您经常采用或参与的学习有哪些 （学习方式）	读书	1 152	62.7%
	听课评课	1 122	61.1%
	听讲座	1 021	55.6%
	在线学习	499	27.2%
	小组讨论	261	14.2%
	写文章	174	9.5%
	参观访问	169	9.2%
	做课题	168	9.2%
	学历进修	119	6.5%
	其他	9	0.5%

和生活相融合,较少冲突"的761人,占41.4%;(2)"我能落实现在的学习计划,并长期坚持"的583人,占31.8%;(3)"我没有学习计划,学习视需要而定"的502人,占27.3%;(4)"我能落实现在的学习计划,但很难坚持"的占21.5%;(5)"我的学习经常受干扰,工学矛盾突出"的占16.6%;(6)"我没有学习计划,也很少去学新东西"的占3.8%。数据显示:大部分教师的工学矛盾并不突出。但是,教师学习计划的落实情况却并不理想,说明教师学习的行动力仍不够强劲。

在"学习习惯"方面(见表4-2-4):(1)选择"我善于利用各种碎片时间进行学习"的786人,占42.8%;(2)"我平时就有阅读、收集和整理材料的习惯"的685人,占37.3%;(3)"我有随时总结、反思、改进行为的习惯",612人,占33.3%;(4)"当遇到问题时,我才会及时学习",占26%;(5)"我要有整块时间才能进行学习",占17.9%;(6)"我对一个问题能进行长期的观察与思考",占10.5%。总体而言,有不少教师具备较好的学习习惯,而且以碎片时间、日常积累、资料整理、总结反思为主要特征。

在"学习方式"方面(见表4-2-4):(1)经常"读书"的1 152人,占62.7%;(2)"听课评课"的1 122人,占61.1%;(3)"听讲座"的1 021人,占55.6%;(4)"在线学习"的占27.2%;(5)"小组讨论"的占14.2%;(6)"写文章"的占9.5%;(7)"做课题"和"参观访问"的占9.2%;(8)"学历进修"的占6.5%。数据显示:教师的学习方式以读书、听课评课、听讲座为主,且所占比重很高。尤其听课评课直接有助于提高教学能力,这与教师最关注的学习内容相吻合。

(五)教师"学习评价"的现状分析

在"学习评价"方面(见表4-2-5):(1)认为"我很了解自己的学习能力与水平"的1 128人,占61.4%;(2)认为"我能够对学习过程进行控制、反思与调整"的714人,占38.9%;(3)认为"学习之后,我总是很清楚自己学到了什么"的712人,占38.8%;(4)认为"我不大控制自己的学习进程,学到哪算哪"的占13%;(5)认为"我不大了解自己的学习能力与水平"的占6.6%;(6)认为"学习过后,我总是说不出到底学到了什么"的占6%。数据显示:大多数教师具备有效监控自己学习行为的能力,但鉴于教师学习本身不够深入的现状,这种自我学习评价的真实能力和水平仍有待商榷。

表 4-2-5 被调查教师"学习评价"的总体状况统计表

问卷题目	问卷选项	人次	百分比
您对自己学习效果的评价（学习评价）	我很了解自己的学习能力与水平	1 128	61.4%
	我能够对学习过程进行控制、反思与调整	714	38.9%
	学习之后,我总是很清楚自己学到了什么	712	38.8%
	我不大控制自己的学习进程,学到哪算哪	238	13%
	我不大了解自己的学习能力与水平	121	6.6%
	学习过后,我总是说不出到底学到了什么	110	6%

（六）教师"人际关系技能"的现状分析

在"交往风格"方面（见表4-2-6）:(1)选择"我常与人交流,通过学习别人改变自己"的1 008人,占54.9%;(2)"我善于从别人那里获得很多支持与帮助"的880人,占47.9%;(3)"我不大喜欢热闹,经常独立思考并解决问题"的539人,占29.4%;(4)"我能清楚地向别人提出要求、谈出想法",占17.7%;(5)"我不大善于向别人提出要求、谈出想法",占10.9%;(6)"我经常作为专家对别人进行学习指导",占3.9%。问卷数据显示:教师在与人交往方面有独特的优势,能接触到更多的学习支持与帮助。但是,教师在获取外部学习资源的同时,却缺少对资源进一步精加工和有效使用的能力。

在"求助对象"方面（见表4-2-6）:(1)经常"使用百度、谷歌等大众搜索工具"的1 589人,占86.5%;(2)"找同事咨询"的1 058人,占

表 4-2-6　被调查教师"人际关系技能"的总体状况统计表

问卷题目	问卷选项	人次	百分比
您在学习中的人际交往情况（交往风格）	我常与人交流,通过学习别人改变自己	1 008	54.9%
	我善于从别人那里获得很多支持与帮助	880	47.9%
	我不大喜欢热闹,经常独立思考并解决问题	539	29.4%
	我能清楚地向别人提出要求、谈出想法	325	17.7%
	我不大善于向别人提出要求、谈出想法	201	10.9%
	我经常作为专家对别人进行学习指导	72	3.9%
您在工作、学习遇到难题时,经常到哪里寻求帮助（求助对象）	使用百度、谷歌等大众搜索工具	1 589	86.5%
	找同事咨询	1 058	57.6%
	查找文献书籍	591	32.2%
	找朋友咨询	296	16.1%
	使用中国知网等专业搜索工具	235	12.8%
	找专家咨询	221	12.0%
	其他	6	0.3%

57.6%;(3)"查找文献书籍"的591人,占32.2%;(4)"找朋友咨询"的占16.1%;(5)"使用中国知网等专业搜索工具"的占12.8%;(6)"找专家咨询"的占12%。调查数据反映出现代教师获取外界帮助的两大取向：一是传统的人际互动仍然很重要,二是大量利用互联网技术。同时,对专业人士和专业搜索工具的求助则略显不足,不利于开展更加精深的学习。

三、教师自我导向学习的个性化差异

经交叉比较,本研究分析了教师之间有显著差异的自我导向学习现象。

（一）不同性别教师的自我导向学习差异

1. 教师学习意识的性别差异。在学习动机方面，男教师的学习更多是为了提升理论水平（见表4-2-7）；女教师更倾向于提高解决实际问题的能力（见表4-2-8）。在学习意志方面，当学习遇到困难时，女教师更倾向于选择放弃（见表4-2-9）；男教师更容易开展长时间自学，更少受外界影响（见表4-2-10）。

表4-2-7　不同性别教师的自我导向学习差异统计表（1）

		您现在的学习主要是为了——提升理论水平		总　计
		未　选	已　选	
性别	男	203	138	341
		59.5%	40.5%	100.0%
	女	993	502	1 495
		66.4%	33.6%	100.0%
总　计		1 196	640	1 836
		65.1%	34.9%	100.0%

表4-2-8　不同性别教师的自我导向学习差异统计表（2）

		您现在的学习主要是为了——提高解决实际问题的能力		总　计
		未　选	已　选	
性别	男	123	218	341
		36.1%	63.9%	100.0%
	女	443	1 052	1 495
		29.6%	70.4%	100.0%
总　计		566	1 270	1 836
		30.8%	69.2%	100.0%

表 4-2-9　不同性别教师的自我导向学习差异统计表（3）

		您的学习现状是——学习遇到困难时，我比较容易放弃		总　计
		未　选	已　选	
性别	男	293	48	341
		85.9%	14.1%	100.0%
	女	1 206	289	1 495
		80.7%	19.3%	100.0%
总　计		1 499	337	1 836
		81.6%	18.4%	100.0%

表 4-2-10　不同性别教师的自我导向学习差异统计表（4）

		您的学习现状是——我能长时间进行自学，很少受外界影响		总　计
		未　选	已　选	
性别	男	208	133	341
		61.0%	39.0%	100.0%
	女	1 085	410	1 495
		72.6%	27.4%	100.0%
总　计		1 293	543	1 836
		70.4%	29.6%	100.0%

2. 教师学习内容的性别差异。男教师依次更倾向于学习教育理论、时事热点、历史文化、网络冲浪等内容（见表4-2-11、表4-2-12、表4-2-13、表4-2-16）；女教师依次更倾向于学习心理保健、名著赏析、时尚娱乐等内容（见表4-2-15、表4-2-14、表4-2-17）。

表 4-2-11　不同性别教师的自我导向学习差异统计表（5）

		您目前比较关注的领域有哪些——教育理论		总　计
		未　选	已　选	
性别	男	200	141	341
		58.7%	41.3%	100.0%
	女	1 054	441	1 495
		70.5%	29.5%	100.0%
总　计		1 254	582	1 836
		68.3%	31.7%	100.0%

表 4-2-12　不同性别教师的自我导向学习差异统计表（6）

		您目前比较关注的领域有哪些——时事热点		总　计
		未　选	已　选	
性别	男	261	80	341
		76.5%	23.5%	100.0%
	女	1 216	279	1 495
		81.3%	18.7%	100.0%
总　计		1 477	359	1 836
		80.4%	19.6%	100.0%

表 4-2-13　不同性别教师的自我导向学习差异统计表（7）

		您目前比较关注的领域有哪些——历史文化		总　计
		未　选	已　选	
性别	男	263	78	341
		77.1%	22.9%	100.0%
	女	1 247	248	1 495
		83.4%	16.6%	100.0%
总　计		1 510	326	1 836
		82.2%	17.8%	100.0%

表 4-2-14　不同性别教师的自我导向学习差异统计表（8）

		您目前比较关注的领域有哪些——名著赏析		总计
		未选	已选	
性别	男	319	22	341
		93.5%	6.5%	100.0%
	女	1 327	168	1 495
		88.8%	11.2%	100.0%
总计		1 646	190	1 836
		89.7%	10.3%	100.0%

表 4-2-15　不同性别教师的自我导向学习差异统计表（9）

		您目前比较关注的领域有哪些——心理保健		总计
		未选	已选	
性别	男	296	45	341
		86.8%	13.2%	100.0%
	女	1 021	474	1 495
		68.3%	31.7%	100.0%
总计		1 317	519	1 836
		71.7%	28.3%	100.0%

表 4-2-16　不同性别教师的自我导向学习差异统计表（10）

		您目前比较关注的领域有哪些——网络冲浪		总计
		未选	已选	
性别	男	327	14	341
		95.9%	4.1%	100.0%
	女	1 466	29	1 495
		98.1%	1.9%	100.0%
总计		1 793	43	1 836
		97.7%	2.3%	100.0%

表 4-2-17　不同性别教师的自我导向学习差异统计表（11）

		您目前比较关注的领域有哪些——时尚娱乐		总　计
		未　选	已　选	
性别	男	336	5	341
		98.5%	1.5%	100.0%
	女	1 397	98	1 495
		93.4%	6.6%	100.0%
总　计		1 733	103	1 836
		94.4%	5.6%	100.0%

3. 教师学习策略的性别差异。与女教师相比，有更多男教师能独立制定长期的学习计划（见表4-2-18）。

表 4-2-18　不同性别教师的自我导向学习差异统计表（12）

		您在学习计划方面的现状是——我独立制定了长期的学习计划		总　计
		未　选	已　选	
性别	男	259	82	341
		76.0%	24.0%	100.0%
	女	1 215	280	1 495
		81.3%	18.7%	100.0%
总　计		1 474	362	1 836
		80.3%	19.7%	100.0%

4. 教师学习行为的性别差异。在学习习惯方面，有更多男教师能针对一个问题开展长期的观察与思考（见表4-2-19）；在学习方式方面，女教师更倾向于选择听课评课的方式，男教师则更喜欢参观访问的方式（见表4-2-20、表4-2-21）。

表 4-2-19　不同性别教师的自我导向学习差异统计表（13）

		您的学习习惯是——我对一个问题能进行长期的观察与思考		总　计
		未　选	已　选	
性别	男	286	55	341
		83.9%	16.1%	100.0%
	女	1 357	138	1 495
		90.8%	9.2%	100.0%
总　计		1 643	193	1 836
		89.5%	10.5%	100.0%

表 4-2-20　不同性别教师的自我导向学习差异统计表（14）

		您经常采用或参与的学习有哪些——听课评课		总　计
		未　选	已　选	
性别	男	170	171	341
		49.9%	50.1%	100.0%
	女	544	951	1 495
		36.4%	63.6%	100.0%
总　计		714	1 122	1 836
		38.9%	61.1%	100.0%

表 4-2-21　不同性别教师的自我导向学习差异统计表（15）

		您经常采用或参与的学习有哪些——参观访问		总　计
		未　选	已　选	
性别	男	294	47	341
		86.2%	13.8%	100.0%
	女	1 373	122	1 495
		91.8%	8.2%	100.0%
总　计		1 667	169	1 836
		90.8%	9.2%	100.0%

5. 教师学习评价的性别差异。与女教师相比,男教师在学习过后,更清楚自己学到了什么,对学习成效有较明确的把握(见表4-2-22)。

表4-2-22　不同性别教师的自我导向学习差异统计表(16)

		您对自己学习效果的评价——学习之后,我总是很清楚自己学到了什么		总　计
		未　选	已　选	
性别	男	191 56.0%	150 44.0%	341 100.0%
	女	933 62.4%	562 37.6%	1 495 100.0%
总　计		1 124 61.2%	712 38.8%	1 836 100.0%

6. 教师人际关系技能的性别差异。在交往风格方面,男教师更倾向于独立思考并解决问题,不大喜欢热闹的学习环境(见表4-2-23),更经常性地作为专家对别人进行学习指导(见表4-2-24)。在求助对象方面,女教师更多使用大众搜索工具、找同事咨询(见表4-2-25、表4-2-28),男教师更倾向于查找文献书籍、使用专业搜索工具(见表4-2-27、表4-2-26)。

表4-2-23　不同性别教师的自我导向学习差异统计表(17)

		您在学习中的人际交往情况——我不大喜欢热闹,经常独立思考并解决问题		总　计
		未　选	已　选	
性别	男	223 65.4%	118 34.6%	341 100.0%
	女	1 074 71.8%	421 28.2%	1 495 100.0%
总　计		1 297 70.6%	539 29.4%	1 836 100.0%

表 4-2-24　不同性别教师的自我导向学习差异统计表（18）

		您在学习中的人际交往情况——我经常作为专家对别人进行学习指导		总　计
		未　选	已　选	
性别	男	317	24	341
		93.0%	7.0%	100.0%
	女	1 447	48	1 495
		96.8%	3.2%	100.0%
总　计		1 764	72	1 836
		96.1%	3.9%	100.0%

表 4-2-25　不同性别教师的自我导向学习差异统计表（19）

		您在工作、学习遇到难题时,经常到哪里寻求帮助——使用百度、谷歌等大众搜索工具		总　计
		未　选	已　选	
性别	男	60	281	341
		17.6%	82.4%	100.0%
	女	187	1 308	1 495
		12.5%	87.5%	100.0%
总　计		247	1 589	1 836
		13.5%	86.5%	100.0%

表 4-2-26　不同性别教师的自我导向学习差异统计表（20）

		您在工作、学习遇到难题时,经常到哪里寻求帮助——使用中国知网等专业搜索工具		总　计
		未　选	已　选	
性别	男	283	58	341
		83.0%	17.0%	100.0%
	女	1 318	177	1 495
		88.2%	11.8%	100.0%
总　计		1 601	235	1 836
		87.2%	12.8%	100.0%

表 4-2-27　不同性别教师的自我导向学习差异统计表（21）

		您在工作、学习遇到难题时，经常到哪里寻求帮助——查找文献书籍		总　计
		未　选	已　选	
性别	男	197	144	341
		57.8%	42.2%	100.0%
	女	1 048	447	1 495
		70.1%	29.9%	100.0%
总　计		1 245	591	1 836
		67.8%	32.2%	100.0%

表 4-2-28　不同性别教师的自我导向学习差异统计表（22）

		您在工作、学习遇到难题时，经常到哪里寻求帮助——找同事咨询		总　计
		未　选	已　选	
性别	男	189	152	341
		55.4%	44.6%	100.0%
	女	589	906	1 495
		39.4%	60.6%	100.0%
总　计		778	1 058	1 836
		42.4%	57.6%	100.0%

（二）不同学校教师的自我导向学习差异

1. 教师学习意识的差异。在学习态度方面，学校综合实力越强，其教师越喜欢学习，而且随时随地都能学进去（见表4-2-30）；学校综合实力越弱，其教师越认为学习是外界强加给自己的（见表4-2-29），越认为只有在有必要时，才会去学习（见表4-2-31）。在学习动机方面，学校实力越强，教师的学习动机越多是为了提高解决实际问题的能力，以及提升理论水平（见表4-2-33、表4-2-32）；实力中等和较弱学校的教师，其学习更多是为了完成组织安排的学习计划(见表4-2-34);实力较弱学校的教师,其学习更多是为了提升自我修养,增强幸福感,其次是实力较强和中等学校的教师(见表4-2-35)。在学习意志方面,实力越强学校

表 4-2-29　不同学校教师的自我导向学习差异统计表（1）

		您对学习的看法——学习更多是外界强加给我的		总　计
		未　选	已　选	
学校综合实力	较强	1 035	128	1 163
		89.0%	11.0%	100.0%
	中等	440	81	521
		84.5%	15.5%	100.0%
	较弱	129	23	152
		84.9%	15.1%	100.0%
总　计		1 604	232	1 836
		87.4%	12.6%	100.0%

表 4-2-30　不同学校教师的自我导向学习差异统计表（2）

		您对学习的看法——我喜欢学习,随时随地都能学进去		总　计
		未　选	已　选	
学校综合实力	较强	649	514	1 163
		55.8%	44.2%	100.0%
	中等	333	188	521
		63.9%	36.1%	100.0%
	较弱	98	54	152
		64.5%	35.5%	100.0%
总　计		1 080	756	1 836
		58.8%	41.2%	100.0%

的教师，越认为自己遇到学习困难时，会攻坚克难、坚持到底（见表4-2-36）；实力中等和较弱学校的教师，更倾向于认为学习够用就行，不会去刻意钻研（见表4-2-37）。

表4-2-31　不同学校教师的自我导向学习差异统计表（3）

		您对学习的看法——我只有在有必要时，才会去学习		总　　计
		未　选	已　选	
学校综合实力	较强	937	226	1 163
		80.6%	19.4%	100.0%
	中等	374	147	521
		71.8%	28.2%	100.0%
	较弱	114	38	152
		75.0%	25.0%	100.0%
总　　计		1 425	411	1 836
		77.6%	22.4%	100.0%

表4-2-32　不同学校教师的自我导向学习差异统计表（4）

		您现在的学习主要是为了——提升理论水平		总　　计
		未　选	已　选	
学校综合实力	较强	729	434	1 163
		62.7%	37.3%	100.0%
	中等	357	164	521
		68.5%	31.5%	100.0%
	较弱	110	42	152
		72.4%	27.6%	100.0%
总　　计		1 196	640	1 836
		65.1%	34.9%	100.0%

表 4-2-33　不同学校教师的自我导向学习差异统计表（5）

		您现在的学习主要是为了——提高解决实际问题的能力		总　计
		未　选	已　选	
学校综合实力	较强	328	835	1 163
		28.2%	71.8%	100.0%
	中等	186	335	521
		35.7%	64.3%	100.0%
	较弱	52	100	152
		34.2%	65.8%	100.0%
总　计		566	1 270	1 836
		30.8%	69.2%	100.0%

表 4-2-34　不同学校教师的自我导向学习差异统计表（6）

		您现在的学习主要是为了——完成组织安排的学习计划		总　计
		未　选	已　选	
学校综合实力	较强	936	227	1 163
		80.5%	19.5%	100.0%
	中等	372	149	521
		71.4%	28.6%	100.0%
	较弱	118	34	152
		77.6%	22.4%	100.0%
总　计		1 426	410	1 836
		77.7%	22.3%	100.0%

表 4-2-35 不同学校教师的自我导向学习差异统计表（7）

		您现在的学习主要是为了——提升自我修养，增强幸福感		总　计
		未　选	已　选	
学校综合实力	较强	476	687	1 163
		40.9%	59.1%	100.0%
	中等	228	293	521
		43.8%	56.2%	100.0%
	较弱	45	107	152
		29.6%	70.4%	100.0%
总　计		749	1 087	1 836
		40.8%	59.2%	100.0%

表 4-2-36 不同学校教师的自我导向学习差异统计表（8）

		您的学习现状是——学习遇到困难时，我会攻坚克难、坚持到底		总　计
		未　选	已　选	
学校综合实力	较强	537	626	1 163
		46.2%	53.8%	100.0%
	中等	279	242	521
		53.6%	46.4%	100.0%
	较弱	82	70	152
		53.9%	46.1%	100.0%
总　计		898	938	1 836
		48.9%	51.1%	100.0%

表 4-2-37　不同学校教师的自我导向学习差异统计表（9）

		您的学习现状是——我的学习够用就行，不会去刻意钻研		总　计
		未　选	已　选	
学校综合实力	较强	909	254	1 163
		78.2%	21.8%	100.0%
	中等	364	157	521
		69.9%	30.1%	100.0%
	较弱	113	39	152
		74.3%	25.7%	100.0%
总　计		1 386	450	1 836
		75.5%	24.5%	100.0%

2. 教师学习内容的差异。学校实力越强的教师，越倾向于学习教学技能、教育理论（见表4-2-39、表4-2-38）；学校实力中等和较弱的教师，越对历史文化、名著赏析感兴趣（见表4-2-40、表4-2-41）。

表 4-2-38　不同学校教师的自我导向学习差异统计表（10）

		您目前比较关注的领域有哪些——教育理论		总　计
		未　选	已　选	
学校综合实力	较强	759	404	1 163
		65.3%	34.7%	100.0%
	中等	384	137	521
		73.7%	26.3%	100.0%
	较弱	111	41	152
		73.0%	27.0%	100.0%
总　计		1 254	582	1 836
		68.3%	31.7%	100.0%

表 4-2-39　不同学校教师的自我导向学习差异统计表（11）

		您目前比较关注的领域有哪些——教学技能		总　计
		未　选	已　选	
学校综合实力	较强	381	782	1 163
		32.8%	67.2%	100.0%
	中等	217	304	521
		41.7%	58.3%	100.0%
	较弱	64	88	152
		42.1%	57.9%	100.0%
总　计		662	1 174	1 836
		36.1%	63.9%	100.0%

表 4-2-40　不同学校教师的自我导向学习差异统计表（12）

		您目前比较关注的领域有哪些——历史文化		总　计
		未　选	已　选	
学校综合实力	较强	981	182	1 163
		84.4%	15.6%	100.0%
	中等	404	117	521
		77.5%	22.5%	100.0%
	较弱	125	27	152
		82.2%	17.8%	100.0%
总　计		1 510	326	1 836
		82.2%	17.8%	100.0%

表 4-2-41　不同学校教师的自我导向学习差异统计表（13）

		您目前比较关注的领域有哪些——名著赏析		总　计
		未　选	已　选	
学校综合实力	较强	1 046	117	1 163
		89.9%	10.1%	100.0%
	中等	473	48	521
		90.8%	9.2%	100.0%
	较弱	127	25	152
		83.6%	16.4%	100.0%
总　计		1 646	190	1 836
		89.7%	10.3%	100.0%

3. 教师学习策略的差异。在学习计划方面，学校实力越强的教师，越能独立制定长期学习计划，或在外界帮助下制定长期学习计划（见表4-2-42、表4-2-43）；学校实力越弱的教师，越没有明确的学习计划，但有奋斗目标，或者越没有学习计划，并看不清前进的方向（见表4-2-44、表4-2-45）。在学习方法方面，学校实力越弱的教师，越没有严格的学习顺序（见表4-2-46）。

表 4-2-42　不同学校教师的自我导向学习差异统计表（14）

		您在学习计划方面的现状是——我独立制定了长期的学习计划		总　计
		未　选	已　选	
学校综合实力	较强	912	251	1 163
		78.4%	21.6%	100.0%

(续表)

学校综合实力		您在学习计划方面的现状是——我独立制定了长期的学习计划		总计
		未选	已选	
学校综合实力	中等	432	89	521
		82.9%	17.1%	100.0%
	较弱	130	22	152
		85.5%	14.5%	100.0%
总 计		1 474	362	1 836
		80.3%	19.7%	100.0%

表 4-2-43　不同学校教师的自我导向学习差异统计表（15）

学校综合实力		您在学习计划方面的现状是——我在外界帮助下,制定了长期的学习计划		总计
		未选	已选	
学校综合实力	较强	950	213	1 163
		81.7%	18.3%	100.0%
	中等	441	80	521
		84.6%	15.4%	100.0%
	较弱	139	13	152
		91.4%	8.6%	100.0%
总 计		1 530	306	1 836
		83.3%	16.7%	100.0%

表 4-2-44　不同学校教师的自我导向学习差异统计表（16）

		您在学习计划方面的现状是——我没有明确的学习计划，但有奋斗目标		总　计
		未　选	已　选	
学校综合实力	较强	821	342	1 163
		70.6%	29.4%	100.0%
	中等	341	180	521
		65.5%	34.5%	100.0%
	较弱	94	58	152
		61.8%	38.2%	100.0%
总　计		1 256	580	1 836
		68.4%	31.6%	100.0%

表 4-2-45　不同学校教师的自我导向学习差异统计表（17）

		您在学习计划方面的现状是——我没有学习计划，有点看不清前进的方向		总　计
		未　选	已　选	
学校综合实力	较强	1 094	69	1 163
		94.1%	5.9%	100.0%
	中等	469	52	521
		90.0%	10.0%	100.0%
	较弱	135	17	152
		88.8%	11.2%	100.0%
总　计		1 698	138	1 836
		92.5%	7.5%	100.0%

表 4-2-46　不同学校教师的自我导向学习差异统计表（18）

		您在学习方法方面的现状是——我的学习没有严格的先后顺序		总　　计
		未　选	已　选	
学校综合实力	较强	775	388	1 163
		66.6%	33.4%	100.0%
	中等	322	199	521
		61.8%	38.2%	100.0%
	较弱	88	64	152
		57.9%	42.1%	100.0%
总　　计		1 185	651	1 836
		64.5%	35.5%	100.0%

4. 教师学习行为的差异。在学习计划执行方面，学校实力越强的教师，越是能落实现在的学习计划，并长期坚持（见表4-2-47）；学校实力越弱的教师，越没有学习计划，学习视需要而定，或认为自己的学习经常受干扰，工学矛盾突出（表4-2-48、表4-2-49）。在学习习惯方面，学校实力越强的教师，越善于利用各种碎片时间进行学习（见表4-2-50）。在学习方式方面，学校实力越强，教师越倾向于采用参观访问式学习（见表4-2-51）；学校实力越弱，教师越倾向于在线学习（见表4-2-52）。

表 4-2-47　不同学校教师的自我导向学习差异统计表（19）

		您的相关学习现状是——我能落实现在的学习计划，并长期坚持		总　　计
		未　选	已　选	
学校综合实力	较强	752	411	1 163
		64.7%	35.3%	100.0%

(续表)

学校综合实力		您的相关学习现状是——我能落实现在的学习计划，并长期坚持		总计
		未选	已选	
学校综合实力	中等	383	138	521
		73.5%	26.5%	100.0%
	较弱	118	34	152
		77.6%	22.4%	100.0%
总计		1 253	583	1 836
		68.2%	31.8%	100.0%

表 4-2-48　不同学校教师的自我导向学习差异统计表（20）

		您的相关学习现状是——我没有学习计划，学习视需要而定		总计
		未选	已选	
学校综合实力	较强	876	287	1 163
		75.3%	24.7%	100.0%
	中等	359	162	521
		68.9%	31.1%	100.0%
	较弱	99	53	152
		65.1%	34.9%	100.0%
总计		1 334	502	1 836
		72.7%	27.3%	100.0%

表 4-2-49　不同学校教师的自我导向学习差异统计表（21）

		您的相关学习现状是——我的学习经常受干扰，工学矛盾突		总计
		未选	已选	
学校综合实力	较强	991	172	1 163
		85.2%	14.8%	100.0%

(续表)

		您的相关学习现状是——我的学习经常受干扰，工学矛盾突		总　计
		未　选	已　选	
学校综合实力	中等	420	101	521
		80.6%	19.4%	100.0%
	较弱	121	31	152
		79.6%	20.4%	100.0%
总　计		1 532	304	1 836
		83.4%	16.6%	100.0%

表 4-2-50　不同学校教师的自我导向学习差异统计表（22）

		您的学习习惯是——我善于利用各种碎片时间进行学习		总　计
		未　选	已　选	
学校综合实力	较强	624	539	1 163
		53.7%	46.3%	100.0%
	中等	324	197	521
		62.2%	37.8%	100.0%
	较弱	102	50	152
		67.1%	32.9%	100.0%
总　计		1 050	786	1 836
		57.2%	42.8%	100.0%

表 4-2-51　不同学校教师的自我导向学习差异统计表（23）

		您经常采用或参与的学习有哪些——参观访问		总　计
		未　选	已　选	
学校综合实力	较强	1 042	121	1 163
		89.6%	10.4%	100.0%

(续表)

学校综合实力		您经常采用或参与的学习有哪些——参观访问		总　计
		未　选	已　选	
学校综合实力	中等	478	43	521
		91.7%	8.3%	100.0%
	较弱	147	5	152
		96.7%	3.3%	100.0%
总　计		1 667	169	1 836
		90.8%	9.2%	100.0%

表 4-2-52　不同学校教师的自我导向学习差异统计表（24）

学校综合实力		您经常采用或参与的学习有哪些——在线学习		总　计
		未　选	已　选	
学校综合实力	较强	880	283	1 163
		75.7%	24.3%	100.0%
	中等	360	161	521
		69.1%	30.9%	100.0%
	较弱	97	55	152
		63.8%	36.2%	100.0%
总　计		1 337	499	1 836
		72.8%	27.2%	100.0%

5. 教师学习评价的差异。学校实力越弱的学校，越认为学习过后，总是说不出到底学到了什么（见表4-2-53）。

表 4-2-53　不同学校教师的自我导向学习差异统计表（25）

		您对自己学习效果的评价——学习过后，我总是说不出到底学到了什么		总　计
		未　选	已　选	
学校综合实力	较强	1 108	55	1 163
		95.3%	4.7%	100.0%
	中等	480	41	521
		92.1%	7.9%	100.0%
	较弱	138	14	152
		90.8%	9.2%	100.0%
总　计		1 726	110	1 836
		94.0%	6.0%	100.0%

6. 教师人际关系技能的差异。在交往风格方面，学校实力较强或较弱的教师，越倾向于经常与人交流，并通过学习别人改变自己（见表4-2-54）；学校实力越弱的学校，教师越认为不善于向别人提出要求、谈出想法（见表4-2-55）。在求助对象方面，学校实力越强的教师，越倾向于找专家寻求咨询（见表4-2-56）。

表 4-2-54　不同学校教师的自我导向学习差异统计表（26）

		您在学习中的人际交往情况——我常与人交流，通过学习别人改变自己		总　计
		未　选	已　选	
学校综合实力	较强	494	669	1 163
		42.5%	57.5%	100.0%
	中等	263	258	521
		50.5%	49.5%	100.0%
	较弱	71	81	152
		46.7%	53.3%	100.0%
总　计		828	1 008	1 836
		45.1%	54.9%	100.0%

表 4-2-55　不同学校教师的自我导向学习差异统计表（27）

		您在学习中的人际交往情况——我不大善于向别人提出要求、谈出想法		总　计
		未　选	已　选	
学校综合实力	较强	1 055	108	1 163
		90.7%	9.3%	100.0%
	中等	449	72	521
		86.2%	13.8%	100.0%
	较弱	131	21	152
		86.2%	13.8%	100.0%
总　计		1 635	201	1 836
		89.1%	10.9%	100.0%

表 4-2-56　不同学校教师的自我导向学习差异统计表（28）

		您在工作、学习遇到难题时，经常到哪里寻求帮助——找专家咨询		总　计
		未　选	已　选	
学校综合实力	较强	1 002	161	1 163
		86.2%	13.8%	100.0%
	中等	471	50	521
		90.4%	9.6%	100.0%
	较弱	142	10	152
		93.4%	6.6%	100.0%
总　计		1 615	221	1 836
		88.0%	12.0%	100.0%

（三）不同年龄教师的自我导向学习差异

1. 教师学习意识的年龄差异。在学习态度方面，随着年龄增长，教师越倾向于认为学习是外界强加给自己的（见表4-2-57）；中年教师更多认为只有在有必要时才会去学习（见表4-2-58）。在学习动机方面，年龄越轻的教师，越是为了提升理论水平、提升职位或职称而学习（见表4-2-60、表4-2-59）；年龄越大的教师，其学习越是为了完成组织安排的学习计划（见表4-2-61），或为了帮助身边的人成长，尤其是青年人（见表4-2-62）。在学习意志方面，年龄越轻的教师，在遇到学习困难时越是能攻坚克难、坚持到底（见表4-2-63）；年龄越大的教师，越会认为学习够用就行，不会去刻意钻研（见表4-2-64）。

表4-2-57　不同年龄教师的自我导向学习差异统计表（1）

		您对学习的看法——学习更多是外界强加给我的		总　计
		未　选	已　选	
教师年龄	青年	529	54	583
		90.7%	9.3%	100.0%
	中年	995	161	1 156
		86.1%	13.9%	100.0%
	老年	80	17	97
		82.5%	17.5%	100.0%
总　计		1 604	232	1 836
		87.4%	12.6%	100.0%

表 4-2-58　不同年龄教师的自我导向学习差异统计表（2）

		您对学习的看法——我只有在有必要时，才会去学习		总　计
		未　选	已　选	
教师年龄	青年	475	108	583
		81.5%	18.5%	100.0%
	中年	871	285	1 156
		75.3%	24.7%	100.0%
	老年	79	18	97
		81.4%	18.6%	100.0%
总　计		1 425	411	1 836
		77.6%	22.4%	100.0%

表 4-2-59　不同年龄教师的自我导向学习差异统计表（3）

		您现在的学习主要是为了——提升职位或职称		总　计
		未　选	已　选	
教师年龄	青年	403	180	583
		69.1%	30.9%	100.0%
	中年	1 043	113	1 156
		90.2%	9.8%	100.0%
	老年	92	5	97
		94.8%	5.2%	100.0%
总　计		1 538	298	1 836
		83.8%	16.2%	100.0%

表 4-2-60　不同年龄教师的自我导向学习差异统计表（4）

教师年龄		您现在的学习主要是为了——提升理论水平		总　计
		未　选	已　选	
教师年龄	青年	352	231	583
		60.4%	39.6%	100.0%
	中年	769	387	1 156
		66.5%	33.5%	100.0%
	老年	75	22	97
		77.3%	22.7%	100.0%
总　计		1 196	640	1 836
		65.1%	34.9%	100.0%

表 4-2-61　不同年龄教师的自我导向学习差异统计表（5）

教师年龄		您现在的学习主要是为了——完成组织安排的学习计划		总　计
		未　选	已　选	
教师年龄	青年	483	100	583
		82.8%	17.2%	100.0%
	中年	867	289	1 156
		75.0%	25.0%	100.0%
	老年	76	21	97
		78.4%	21.6%	100.0%
总　计		1 426	410	1 836
		77.7%	22.3%	100.0%

表 4-2-62　不同年龄教师的自我导向学习差异统计表（6）

		您现在的学习主要是为了——帮助身边的人成长，尤其是青年人		总　计
		未　选	已　选	
教师年龄	青年	544	39	583
		93.3%	6.7%	100.0%
	中年	999	157	1 156
		86.4%	13.6%	100.0%
	老年	82	15	97
		84.5%	15.5%	100.0%
总　计		1 625	211	1 836
		88.5%	11.5%	100.0%

表 4-2-63　不同年龄教师的自我导向学习差异统计表（7）

		您的学习现状是——学习遇到困难时，我会攻坚克难、坚持到底		总　计
		未　选	已　选	
教师年龄	青年	218	365	583
		37.4%	62.6%	100.0%
	中年	620	536	1 156
		53.6%	46.4%	100.0%
	老年	60	37	97
		61.9%	38.1%	100.0%
总　计		898	938	1 836
		48.9%	51.1%	100.0%

表 4-2-64　不同年龄教师的自我导向学习差异统计表（8）

		您的学习现状是——我的学习够用就行，不会去刻意钻研		总　计
		未　选	已　选	
教师年龄	青年	485　83.2%	98　16.8%	583　100.0%
	中年	837　72.4%	319　27.6%	1 156　100.0%
	老年	64　66.0%	33　34.0%	97　100.0%
总　计		1 386　75.5%	450　24.5%	1 836　100.0%

2. 教师学习内容的年龄差异。年龄越轻的教师，越关注教学技能、教育管理、人际交往、琴棋书画、旅游资讯等内容的学习（见表4-2-65、表4-2-66、表4-2-67、表4-2-71、表4-2-74）；年龄越大的教师，越对运动养生、心理保健、时事热点、历史文化、名著赏析等内容感兴趣（见表4-2-72、表4-2-68、表4-2-69、表4-2-70、表4-2-73）。

表 4-2-65　不同年龄教师的自我导向学习差异统计表（9）

		您目前比较关注的领域有哪些——教学技能		总　计
		未　选	已　选	
教师年龄	青年	186　31.9%	397　68.1%	583　100.0%
	中年	433　37.5%	723　62.5%	1 156　100.0%
	老年	43　44.3%	54　55.7%	97　100.0%

(续表)

		您目前比较关注的领域有哪些——教学技能		总　计
		未　选	已　选	
总　计		662	1 174	1 836
		36.1%	63.9%	100.0%

表 4-2-66　不同年龄教师的自我导向学习差异统计表（10）

		您目前比较关注的领域有哪些——教育管理		总　计
		未　选	已　选	
教师年龄	青年	406	177	583
		69.6%	30.4%	100.0%
	中年	950	206	1 156
		82.2%	17.8%	100.0%
	老年	76	21	97
		78.4%	21.6%	100.0%
总　计		1 432	404	1 836
		78.0%	22.0%	100.0%

表 4-2-67　不同年龄教师的自我导向学习差异统计表（11）

		您目前比较关注的领域有哪些——人际交往		总　计
		未　选	已　选	
教师年龄	青年	464	119	583
		79.6%	20.4%	100.0%
	中年	968	188	1 156
		83.7%	16.3%	100.0%
	老年	87	10	97
		89.7%	10.3%	100.0%
总　计		1 519	317	1 836
		82.7%	17.3%	100.0%

表 4-2-68　不同年龄教师的自我导向学习差异统计表（12）

		您目前比较关注的领域有哪些——时事热点		总　计
		未　选	已　选	
教师年龄	青年	493	90	583
		84.6%	15.4%	100.0%
	中年	909	247	1 156
		78.6%	21.4%	100.0%
	老年	75	22	97
		77.3%	22.7%	100.0%
总　计		1 477	359	1 836
		80.4%	19.6%	100.0%

表 4-2-69　不同年龄教师的自我导向学习差异统计表（13）

		您目前比较关注的领域有哪些——历史文化		总　计
		未　选	已　选	
教师年龄	青年	505	78	583
		86.6%	13.4%	100.0%
	中年	927	229	1 156
		80.2%	19.8%	100.0%
	老年	78	19	97
		80.4%	19.6%	100.0%
总　计		1 510	326	1 836
		82.2%	17.8%	100.0%

表 4-2-70　不同年龄教师的自我导向学习差异统计表（14）

		您目前比较关注的领域有哪些——名著赏析		总　计
		未　选	已　选	
教师年龄	青年	543	40	583
		93.1%	6.9%	100.0%
	中年	1 017	139	1 156
		88.0%	12.0%	100.0%
	老年	86	11	97
		88.7%	11.3%	100.0%
总　计		1 646	190	1 836
		89.7%	10.3%	100.0%

表 4-2-71　不同年龄教师的自我导向学习差异统计表（15）

		您目前比较关注的领域有哪些——琴棋书画		总　计
		未　选	已　选	
教师年龄	青年	532	51	583
		91.3%	8.7%	100.0%
	中年	1 077	79	1 156
		93.2%	6.8%	100.0%
	老年	95	2	97
		97.9%	2.1%	100.0%
总　计		1 704	132	1 836
		92.8%	7.2%	100.0%

表 4-2-72　不同年龄教师的自我导向学习差异统计表（16）

		您目前比较关注的领域有哪些——运动养生		总计
		未 选	已 选	
教师年龄	青年	471	112	583
		80.8%	19.2%	100.0%
	中年	814	342	1 156
		70.4%	29.6%	100.0%
	老年	69	28	97
		71.1%	28.9%	100.0%
总　　计		1 354	482	1 836
		73.7%	26.3%	100.0%

表 4-2-73　不同年龄教师的自我导向学习差异统计表（17）

		您目前比较关注的领域有哪些——心理保健		总计
		未 选	已 选	
教师年龄	青年	450	133	583
		77.2%	22.8%	100.0%
	中年	798	358	1 156
		69.0%	31.0%	100.0%
	老年	69	28	97
		71.1%	28.9%	100.0%
总　　计		1 317	519	1 836
		71.7%	28.3%	100.0%

表 4-2-74 不同年龄教师的自我导向学习差异统计表（18）

		您目前比较关注的领域有哪些——旅游资讯		总 计
		未 选	已 选	
教师年龄	青年	516	67	583
		88.5%	11.5%	100.0%
	中年	1 052	104	1 156
		91.0%	9.0%	100.0%
	老年	94	3	97
		96.9%	3.1%	100.0%
总 计		1 662	174	1 836
		90.5%	9.5%	100.0%

3. 教师学习策略的年龄差异。在学习计划方面，年龄越轻的教师，越倾向于在外界帮助下制定短期或长期的学习计划（见表4-2-76、表4-2-75）；年龄越大的教师，越更多认为自己没有明确的学习计划，但是仍有奋斗目标（见表4-2-77）。在学习方法方面，年龄越轻的教师，表示越没有形成一套自学方法，仍处于摸索阶段（见表4-2-78）；年龄越大的教师，在遇到问题时，越能快速找到资料进行学习（见表4-2-79）。

表 4-2-75 不同年龄教师的自我导向学习差异统计表（19）

		您在学习计划方面的现状是——我在外界帮助下，制定了长期的学习计划		总 计
		未 选	已 选	
教师年龄	青年	467	116	583
		80.1%	19.9%	100.0%
	中年	976	180	1 156
		84.4%	15.6%	100.0%

(续表)

		您在学习计划方面的现状是——我在外界帮助下,制定了长期的学习计划		总计
		未选	已选	
教师年龄	老年	87	10	97
		89.7%	10.3%	100.0%
总计		1 530	306	1 836
		83.3%	16.7%	100.0%

表 4-2-76　不同年龄教师的自我导向学习差异统计表（20）

		您在学习计划方面的现状是——我在外界帮助下,制定了短期的学习计划		总计
		未选	已选	
教师年龄	青年	466	117	583
		79.9%	20.1%	100.0%
	中年	897	259	1 156
		77.6%	22.4%	100.0%
	老年	86	11	97
		88.7%	11.3%	100.0%
总计		1 449	387	1 836
		78.9%	21.1%	100.0%

表 4-2-77　不同年龄教师的自我导向学习差异统计表（21）

		您在学习计划方面的现状是——我没有明确的学习计划,但有奋斗目标		总计
		未选	已选	
教师年龄	青年	426	157	583
		73.1%	26.9%	100.0%

(续表)

		您在学习计划方面的现状是——我没有明确的学习计划,但有奋斗目标		总 计
		未 选	已 选	
教师年龄	中年	774	382	1 156
		67.0%	33.0%	100.0%
	老年	56	41	97
		57.7%	42.3%	100.0%
总 计		1 256	580	1 836
		68.4%	31.6%	100.0%

表 4-2-78　不同年龄教师的自我导向学习差异统计表（22）

		您在学习方法方面的现状是——我没有一套自学方法,仍处于摸索阶段		总 计
		未 选	已 选	
教师年龄	青年	459	124	583
		78.7%	21.3%	100.0%
	中年	1 048	108	1 156
		90.7%	9.3%	100.0%
	老年	94	3	97
		96.9%	3.1%	100.0%
总 计		1 601	235	1 836
		87.2%	12.8%	100.0%

表 4-2-79　不同年龄教师的自我导向学习差异统计表（23）

		您在学习方法方面的现状是——遇到问题时,我能很快找到资料进行学习		总 计
		未 选	已 选	
教师年龄	青年	344	239	583
		59.0%	41.0%	100.0%

(续表)

教师年龄		您在学习方法方面的现状是——遇到问题时,我能很快找到资料进行学习		总计
		未选	已选	
教师年龄	中年	537	619	1 156
		46.5%	53.5%	100.0%
	老年	42	55	97
		43.3%	56.7%	100.0%
总计		923	913	1 836
		50.3%	49.7%	100.0%

4. 教师学习行为的年龄差异。在学习计划执行方面,年龄越轻的教师,越能落实现在的学习计划,但很难坚持下去(见表4-2-80);年龄越大的教师,其工作、学习和生活越融合,越没有工学矛盾(见表4-2-82);同时也更加没有学习计划,学习要视需要而定(见表4-2-81)。在学习习惯方面,越年轻的教师,越要有整块时间才能学习(见表4-2-83);年龄越大的教师,越具备随时总结、反思和改进行为的习惯(见表4-2-84)。在学习方式方面,年龄越轻的教师,越倾向于听课评课、听讲座、小组讨论(见表4-2-86、表4-2-85、表4-2-87);年龄越大的教师,越倾向于在线学习(见表4-2-88)。

表4-2-80 不同年龄教师的自我导向学习差异统计表(24)

教师年龄		您的相关学习现状是——我能落实现在的学习计划,但很难坚持		总计
		未选	已选	
教师年龄	青年	434	149	583
		74.4%	25.6%	100.0%
	中年	923	233	1 156
		79.8%	20.2%	100.0%

（续表）

		您的相关学习现状是——我能落实现在的学习计划，但很难坚持		总 计
		未 选	已 选	
教师年龄	老年	85	12	97
		87.6%	12.4%	100.0%
总 计		1 442	394	1 836
		78.5%	21.5%	100.0%

表 4-2-81 不同年龄教师的自我导向学习差异统计表（25）

		您的相关学习现状是——我没有学习计划，学习视需要而定		总 计
		未 选	已 选	
教师年龄	青年	444	139	583
		76.2%	23.8%	100.0%
	中年	825	331	1 156
		71.4%	28.6%	100.0%
	老年	65	32	97
		67.0%	33.0%	100.0%
总 计		1 334	502	1 836
		72.7%	27.3%	100.0%

表 4-2-82 不同年龄教师的自我导向学习差异统计表（26）

		您的相关学习现状是——我的工作、学习和生活相融合，较少冲突		总 计
		未 选	已 选	
教师年龄	青年	388	195	583
		66.6%	33.4%	100.0%
	中年	641	515	1 156
		55.4%	44.6%	100.0%

(续表)

		您的相关学习现状是——我的工作、学习和生活相融合，较少冲突		总 计
		未 选	已 选	
教师年龄	老年	46	51	97
		47.4%	52.6%	100.0%
总 计		1 075	761	1 836
		58.6%	41.4%	100.0%

表 4-2-83　不同年龄教师的自我导向学习差异统计表（27）

		您的学习习惯是——我要有整块时间才能进行学习		总 计
		未 选	已 选	
教师年龄	青年	435	148	583
		74.6%	25.4%	100.0%
	中年	983	173	1 156
		85.0%	15.0%	100.0%
	老年	89	8	97
		91.8%	8.2%	100.0%
总 计		1 507	329	1 836
		82.1%	17.9%	100.0%

表 4-2-84　不同年龄教师的自我导向学习差异统计表（28）

		您的学习习惯是——我有随时总结、反思、改进行为的习惯		总 计
		未 选	已 选	
教师年龄	青年	420	163	583
		72.0%	28.0%	100.0%
	中年	744	412	1 156
		64.4%	35.6%	100.0%

(续表)

		您的学习习惯是——我有随时总结、反思、改进行为的习惯		总　计
		未　选	已　选	
教师年龄	老年	60	37	97
		61.9%	38.1%	100.0%
总　计		1 224	612	1 836
		66.7%	33.3%	100.0%

表 4-2-85　不同年龄教师的自我导向学习差异统计表（29）

		您经常采用或参与的学习有哪些——听讲座		总　计
		未　选	已　选	
教师年龄	青年	233	350	583
		40.0%	60.0%	100.0%
	中年	532	624	1 156
		46.0%	54.0%	100.0%
	老年	50	47	97
		51.5%	48.5%	100.0%
总　计		815	1 021	1 836
		44.4%	55.6%	100.0%

表 4-2-86　不同年龄教师的自我导向学习差异统计表（30）

		您经常采用或参与的学习有哪些——听课评课		总　计
		未　选	已　选	
教师年龄	青年	191	392	583
		32.8%	67.2%	100.0%
	中年	473	683	1 156
		40.9%	59.1%	100.0%
	老年	50	47	97
		51.5%	48.5%	100.0%

（续表）

总计		您经常采用或参与的学习有哪些——听课评课		总计
		未选	已选	
总计		714	1 122	1 836
		38.9%	61.1%	100.0%

表 4-2-87　不同年龄教师的自我导向学习差异统计表（31）

		您经常采用或参与的学习有哪些——小组讨论		总计
		未选	已选	
教师年龄	青年	482	101	583
		82.7%	17.3%	100.0%
	中年	1 007	149	1 156
		87.1%	12.9%	100.0%
	老年	86	11	97
		88.7%	11.3%	100.0%
总计		1 575	261	1 836
		85.8%	14.2%	100.0%

表 4-2-88　不同年龄教师的自我导向学习差异统计表（32）

		您经常采用或参与的学习有哪些——在线学习		总计
		未选	已选	
教师年龄	青年	460	123	583
		78.9%	21.1%	100.0%
	中年	814	342	1 156
		70.4%	29.6%	100.0%
	老年	63	34	97
		64.9%	35.1%	100.0%
总计		1 337	499	1 836
		72.8%	27.2%	100.0%

5. 教师学习评价的年龄差异。年龄越大的教师，对自己的学习能力与水平也更为了解（见表4-2-89）；在学习之后，也更清楚自己学到了什么（见表4-2-92）。年纪越轻的教师，越感觉不大能控制学习进程，更倾向于学到哪算哪（见表4-2-91），也越难以准确了解自己的学习能力与水平（见表4-2-90）。

表4-2-89　不同年龄教师的自我导向学习差异统计表（33）

		您对自己学习效果的评价——我很了解自己的学习能力与水平		总　计
		未　选	已　选	
教师年龄	青年	262	321	583
		44.9%	55.1%	100.0%
	中年	412	744	1 156
		35.6%	64.4%	100.0%
	老年	34	63	97
		35.1%	64.9%	100.0%
总　计		708	1 128	1 836
		38.6%	61.4%	100.0%

表4-2-90　不同年龄教师的自我导向学习差异统计表（34）

		您对自己学习效果的评价——我不大了解自己的学习能力与水平		总　计
		未　选	已　选	
教师年龄	青年	525	58	583
		90.1%	9.9%	100.0%
	中年	1 096	60	1 156
		94.8%	5.2%	100.0%
	老年	94	3	97
		96.9%	3.1%	100.0%
总　计		1 715	121	1 836
		93.4%	6.6%	100.0%

表 4-2-91　不同年龄教师的自我导向学习差异统计表（35）

教师年龄		您对自己学习效果的评价——我不大控制自己的学习进程，学到哪算哪		总　计
		未　选	已　选	
教师年龄	青年	496	87	583
		85.1%	14.9%	100.0%
	中年	1 010	146	1 156
		87.4%	12.6%	100.0%
	老年	92	5	97
		94.8%	5.2%	100.0%
总　计		1 598	238	1 836
		87.0%	13.0%	100.0%

表 4-2-92　不同年龄教师的自我导向学习差异统计表（36）

教师年龄		您对自己学习效果的评价——学习之后，我总是很清楚自己学到了什么		总　计
		未　选	已　选	
教师年龄	青年	382	201	583
		65.5%	34.5%	100.0%
	中年	688	468	1 156
		59.5%	40.5%	100.0%
	老年	54	43	97
		55.7%	44.3%	100.0%
总　计		1 124	712	1 836
		61.2%	38.8%	100.0%

6. 教师人际关系技能的年龄差异。在交往风格方面，年龄越大的教师，越不喜欢热闹，越会经常独立思考并解决问题（见表4-2-93）；年龄越轻的教师，越经常与人交流，愿意通过别人改变自己（见表4-2-94）。在求助对象方面，年龄越大的教师，越喜欢通过查找文献书籍来解决难

题(见表4-2-96);年龄越轻的教师,越更多找同事咨询或使用专业搜索工具来解决难题(见表4-2-97、表4-2-95)。

表4-2-93 不同年龄教师的自我导向学习差异统计表(37)

		您在学习中的人际交往情况——我不大喜欢热闹,经常独立思考并解决问题		总 计
		未 选	已 选	
教师年龄	青年	422	161	583
		72.4%	27.6%	100.0%
	中年	817	339	1 156
		70.7%	29.3%	100.0%
	老年	58	39	97
		59.8%	40.2%	100.0%
总 计		1 297	539	1 836
		70.6%	29.4%	100.0%

表4-2-94 不同年龄教师的自我导向学习差异统计表(38)

		您在学习中的人际交往情况——我常与人交流,通过学习别人改变自己		总 计
		未 选	已 选	
教师年龄	青年	240	343	583
		41.2%	58.8%	100.0%
	中年	533	623	1 156
		46.1%	53.9%	100.0%
	老年	55	42	97
		56.7%	43.3%	100.0%
总 计		828	1 008	1 836
		45.1%	54.9%	100.0%

表 4-2-95　不同年龄教师的自我导向学习差异统计表（39）

		您在工作、学习遇到难题时，经常到哪里寻求帮助——使用中国知网等专业搜索工具		总　计
		未　选	已　选	
教师年龄	青年	481	102	583
		82.5%	17.5%	100.0%
	中年	1 032	124	1 156
		89.3%	10.7%	100.0%
	老年	88	9	97
		90.7%	9.3%	100.0%
总　计		1 601	235	1 836
		87.2%	12.8%	100.0%

表 4-2-96　不同年龄教师的自我导向学习差异统计表（40）

		您在工作、学习遇到难题时，经常到哪里寻求帮助——查找文献书籍		总　计
		未　选	已　选	
教师年龄	青年	413	170	583
		70.8%	29.2%	100.0%
	中年	777	379	1 156
		67.2%	32.8%	100.0%
	老年	55	42	97
		56.7%	43.3%	100.0%
总　计		1 245	591	1 836
		67.8%	32.2%	100.0%

表 4-2-97　不同年龄教师的自我导向学习差异统计表（41）

		您在工作、学习遇到难题时，经常到哪里寻求帮助——找同事咨询		总　计
		未　选	已　选	
教师年龄	青年	203	380	583
		34.8%	65.2%	100.0%
	中年	518	638	1 156
		44.8%	55.2%	100.0%
	老年	57	40	97
		58.8%	41.2%	100.0%
总　计		778	1 058	1 836
		42.4%	57.6%	100.0%

（四）不同教龄教师的自我导向学习差异

1. 教师学习意识的教龄差异。在学习态度方面，教龄越长的教师，越认为只有在必要时才会去学习（见表4-2-99），越认为学习很辛苦，宁愿做些轻松的事（见表4-2-98）。在学习动机方面，教龄越长的教师，越是为了完成组织安排的学习计划而去学习（见表4-2-102）；教龄越短的教师，更多是为了提升理论水平、提升职位或职称而学习（见表4-2-101、表4-2-100）。在学习意志方面，教龄越长的教师，越认为学习够用就行，不会去刻意钻研（见表4-2-105），学习遇到困难时也越容易放弃（见表4-2-104）。教龄越短的教师，遇到学习困难时越会攻坚克难、坚持到底（见表4-2-103）。

表 4-2-98　不同教龄教师的自我导向学习差异统计表（1）

		您对学习的看法——学习很辛苦,我宁愿做些轻松的事		总　计
		未　　选	已　　选	
教师教龄	职初期	169	6	175
		96.6%	3.4%	100.0%
	成长期	855	49	904
		94.6%	5.4%	100.0%
	成熟期	699	58	757
		92.3%	7.7%	100.0%
总　　计		1 723	113	1 836
		93.8%	6.2%	100.0%

表 4-2-99　不同教龄教师的自我导向学习差异统计表（2）

		您对学习的看法——我只有在有必要时,才会去学习		总　计
		未　　选	已　　选	
教师教龄	职初期	150	25	175
		85.7%	14.3%	100.0%
	成长期	702	202	904
		77.7%	22.3%	100.0%
	成熟期	573	184	757
		75.7%	24.3%	100.0%
总　　计		1 425	411	1 836
		77.6%	22.4%	100.0%

表 4-2-100　不同教龄教师的自我导向学习差异统计表（3）

		您现在的学习主要是为了——提升职位或职称		总　计
		未　选	已　选	
教师教龄	职初期	118	57	175
		67.4%	32.6%	100.0%
	成长期	707	197	904
		78.2%	21.8%	100.0%
	成熟期	713	44	757
		94.2%	5.8%	100.0%
总　计		1 538	298	1 836
		83.8%	16.2%	100.0%

表 4-2-101　不同教龄教师的自我导向学习差异统计表（4）

		您现在的学习主要是为了——提升理论水平		总　计
		未　选	已　选	
教师教龄	职初期	93	82	175
		53.1%	46.9%	100.0%
	成长期	588	316	904
		65.0%	35.0%	100.0%
	成熟期	515	242	757
		68.0%	32.0%	100.0%
总　计		1 196	640	1 836
		65.1%	34.9%	100.0%

表 4-2-102　不同教龄教师的自我导向学习差异统计表（5）

		您现在的学习主要是为了——完成组织安排的学习计划		总　计
		未　选	已　选	
教师教龄	职初期	148 84.6%	27 15.4%	175 100.0%
	成长期	721 79.8%	183 20.2%	904 100.0%
	成熟期	557 73.6%	200 26.4%	757 100.0%
总　计		1 426 77.7%	410 22.3%	1 836 100.0%

表 4-2-103　不同教龄教师的自我导向学习差异统计表（6）

		您的学习现状是——学习遇到困难时，我会攻坚克难、坚持到底		总　计
		未　选	已　选	
教师教龄	职初期	41 23.4%	134 76.6%	175 100.0%
	成长期	413 45.7%	491 54.3%	904 100.0%
	成熟期	444 58.7%	313 41.3%	757 100.0%
总　计		898 48.9%	938 51.1%	1 836 100.0%

表 4-2-104　不同教龄教师的自我导向学习差异统计表（7）

		您的学习现状是——学习遇到困难时，我比较容易放弃		总　计
		未　选	已　选	
教师教龄	职初期	166	9	175
		94.9%	5.1%	100.0%
	成长期	733	171	904
		81.1%	18.9%	100.0%
	成熟期	600	157	757
		79.3%	20.7%	100.0%
总　计		1 499	337	1 836
		81.6%	18.4%	100.0%

表 4-2-105　不同教龄教师的自我导向学习差异统计表（8）

		您的学习现状是——我的学习够用就行，不会去刻意钻研		总　计
		未　选	已　选	
教师教龄	职初期	155	20	175
		88.6%	11.4%	100.0%
	成长期	709	195	904
		78.4%	21.6%	100.0%
	成熟期	522	235	757
		69.0%	31.0%	100.0%
总　计		1 386	450	1 836
		75.5%	24.5%	100.0%

2. 教师学习内容的教龄差异。教龄越长的教师,越对心理保健、运动养生、时事热点、历史文化、名著赏析等内容感兴趣(见表4-2-113、表4-2-112、表4-2-109、表4-2-110、表4-2-111);教龄越短的教师,对教学技能、教育管理、人际交往等内容越感兴趣(见表4-2-106、表4-2-107、表4-2-108)。

表4-2-106　不同教龄教师的自我导向学习差异统计表(9)

		您目前比较关注的领域有哪些——教学技能		总　计
		未　选	已　选	
教师教龄	职初期	38	137	175
		21.7%	78.3%	100.0%
	成长期	323	581	904
		35.7%	64.3%	100.0%
	成熟期	301	456	757
		39.8%	60.2%	100.0%
总　计		662	1 174	1 836
		36.1%	63.9%	100.0%

表4-2-107　不同教龄教师的自我导向学习差异统计表(10)

		您目前比较关注的领域有哪些——教育管理		总　计
		未　选	已　选	
教师教龄	职初期	96	79	175
		54.9%	45.1%	100.0%
	成长期	708	196	904
		78.3%	21.7%	100.0%
	成熟期	628	129	757
		83.0%	17.0%	100.0%

(续表)

		您目前比较关注的领域有哪些——教育管理		总 计
		未 选	已 选	
总 计		1 432	404	1 836
		78.0%	22.0%	100.0%

表 4-2-108 不同教龄教师的自我导向学习差异统计表（11）

		您目前比较关注的领域有哪些——人际交往		总 计
		未 选	已 选	
教师教龄	职初期	130	45	175
		74.3%	25.7%	100.0%
	成长期	750	154	904
		83.0%	17.0%	100.0%
	成熟期	639	118	757
		84.4%	15.6%	100.0%
总 计		1 519	317	1 836
		82.7%	17.3%	100.0%

表 4-2-109 不同教龄教师的自我导向学习差异统计表（12）

		您目前比较关注的领域有哪些——时事热点		总 计
		未 选	已 选	
教师教龄	职初期	153	22	175
		87.4%	12.6%	100.0%
	成长期	744	160	904
		82.3%	17.7%	100.0%
	成熟期	580	177	757
		76.6%	23.4%	100.0%
总 计		1 477	359	1 836
		80.4%	19.6%	100.0%

表 4-2-110　不同教龄教师的自我导向学习差异统计表（13）

		您目前比较关注的领域有哪些——历史文化		总　计
		未　选	已　选	
教师教龄	职初期	156	19	175
		89.1%	10.9%	100.0%
	成长期	754	150	904
		83.4%	16.6%	100.0%
	成熟期	600	157	757
		79.3%	20.7%	100.0%
总　计		1 510	326	1 836
		82.2%	17.8%	100.0%

表 4-2-111　不同教龄教师的自我导向学习差异统计表（14）

		您目前比较关注的领域有哪些——名著赏析		总　计
		未　选	已　选	
教师教龄	职初期	168	7	175
		96.0%	4.0%	100.0%
	成长期	810	94	904
		89.6%	10.4%	100.0%
	成熟期	668	89	757
		88.2%	11.8%	100.0%
总　计		1 646	190	1 836
		89.7%	10.3%	100.0%

表 4-2-112　不同教龄教师的自我导向学习差异统计表（15）

		您目前比较关注的领域有哪些——运动养生		总　计
		未　选	已　选	
教师教龄	职初期	145	30	175
		82.9%	17.1%	100.0%
	成长期	682	222	904
		75.4%	24.6%	100.0%
	成熟期	527	230	757
		69.6%	30.4%	100.0%
总　计		1 354	482	1 836
		73.7%	26.3%	100.0%

表 4-2-113　不同教龄教师的自我导向学习差异统计表（16）

		您目前比较关注的领域有哪些——心理保健		总　计
		未　选	已　选	
教师教龄	职初期	138	37	175
		78.9%	21.1%	100.0%
	成长期	662	242	904
		73.2%	26.8%	100.0%
	成熟期	517	240	757
		68.3%	31.7%	100.0%
总　计		1 317	519	1 836
		71.7%	28.3%	100.0%

3. 教师学习策略的教龄差异。在学习计划方面，教龄越长的教师，越认为没有明确的学习计划（见表4-2-115）；教龄越短的教师，越倾向于在外界帮助下制定长期的学习计划（见表4-2-114）。在学习方法方

面,教龄越长的教师,在遇到问题时越能快速找到资料进行学习(见表4-2-118),同时也越认为自己的学习没有严格的先后顺序(见表4-2-117);教龄越短的教师,越感觉自己没有一套自学方法,仍处于摸索阶段(见表4-2-116)。

表4-2-114 不同教龄教师的自我导向学习差异统计表(17)

		您在学习计划方面的现状是——我在外界帮助下,制定了长期的学习计划		总 计
		未 选	已 选	
教师教龄	职初期	125 71.4%	50 28.6%	175 100.0%
	成长期	754 83.4%	150 16.6%	904 100.0%
	成熟期	651 86.0%	106 14.0%	757 100.0%
总 计		1 530 83.3%	306 16.7%	1 836 100.0%

表4-2-115 不同教龄教师的自我导向学习差异统计表(18)

		您在学习计划方面的现状是——我没有明确的学习计划,但有奋斗目标		总 计
		未 选	已 选	
教师教龄	职初期	137 78.3%	38 21.7%	175 100.0%
	成长期	628 69.5%	276 30.5%	904 100.0%
	成熟期	491 64.9%	266 35.1%	757 100.0%
总 计		1 256 68.4%	580 31.6%	1 836 100.0%

表 4-2-116　不同教龄教师的自我导向学习差异统计表（19）

		您在学习方法方面的现状是——我没有一套自学方法，仍处于摸索阶段		总　计
		未　选	已　选	
教师教龄	职初期	131	44	175
		74.9%	25.1%	100.0%
	成长期	771	133	904
		85.3%	14.7%	100.0%
	成熟期	699	58	757
		92.3%	7.7%	100.0%
总　计		1 601	235	1 836
		87.2%	12.8%	100.0%

表 4-2-117　不同教龄教师的自我导向学习差异统计表（20）

		您在学习方法方面的现状是——我的学习没有严格的先后顺序		总　计
		未　选	已　选	
教师教龄	职初期	133	42	175
		76.0%	24.0%	100.0%
	成长期	577	327	904
		63.8%	36.2%	100.0%
	成熟期	475	282	757
		62.7%	37.3%	100.0%
总　计		1 185	651	1 836
		64.5%	35.5%	100.0%

表 4-2-118　不同教龄教师的自我导向学习差异统计表（21）

		您在学习方法方面的现状是——遇到问题时，我能很快找到资料进行学习		总　　计
		未　　选	已　　选	
教师教龄	职初期	96 54.9%	79 45.1%	175 100.0%
	成长期	478 52.9%	426 47.1%	904 100.0%
	成熟期	349 46.1%	408 53.9%	757 100.0%
总　　计		923 50.3%	913 49.7%	1 836 100.0%

4. 教师学习行为的教龄差异。在学习计划执行方面，教龄越长的教师，在工作、学习和生活之间越少冲突（见表4-2-121），同时也越认为自己没有学习计划，学习要视需要而定（见表4-2-120）；教龄越短的教师，越能落实现在的学习计划，并长期坚持（见表4-2-119）。在学习习惯方面，教龄越长的教师，越有随时总结、反思和改进行为的习惯（见表4-2-124），越倾向于遇到问题时再及时学习（见表4-2-123）；教龄越短的教师，越需要整块时间进行学习（见表4-2-122）。在学习方式方面，教龄越长的教师，越倾向于在线学习的方式（见表4-2-127）。教龄越短的教师，越喜欢听课评课、小组讨论的学习方式（见表4-2-125、表4-2-126）。

表 4-2-119　不同教龄教师的自我导向学习差异统计表（22）

		您的相关学习现状是——我能落实现在的学习计划，并长期坚持		总　　计
		未　　选	已　　选	
教师教龄	职初期	94 53.7%	81 46.3%	175 100.0%

(续表)

		您的相关学习现状是——我能落实现在的学习计划,并长期坚持		总计
		未选	已选	
教师教龄	成长期	626	278	904
		69.2%	30.8%	100.0%
	成熟期	533	224	757
		70.4%	29.6%	100.0%
总计		1 253	583	1 836
		68.2%	31.8%	100.0%

表4-2-120　不同教龄教师的自我导向学习差异统计表（23）

		您的相关学习现状是——我没有学习计划,学习视需要而定		总计
		未选	已选	
教师教龄	职初期	138	37	175
		78.9%	21.1%	100.0%
	成长期	670	234	904
		74.1%	25.9%	100.0%
	成熟期	526	231	757
		69.5%	30.5%	100.0%
总计		1 334	502	1 836
		72.7%	27.3%	100.0%

表4-2-121　不同教龄教师的自我导向学习差异统计表（24）

		您的相关学习现状是——我的工作、学习和生活相融合,较少冲突		总计
		未选	已选	
教师教龄	职初期	119	56	175
		68.0%	32.0%	100.0%

		您的相关学习现状是——我的工作、学习和生活相融合，较少冲突		总 计
		未 选	已 选	
教师教龄	成长期	570	334	904
		63.1%	36.9%	100.0%
	成熟期	386	371	757
		51.0%	49.0%	100.0%
总 计		1 075	761	1 836
		58.6%	41.4%	100.0%

表 4-2-122　不同教龄教师的自我导向学习差异统计表（25）

		您的学习习惯是——我要有整块时间才能进行学习		总 计
		未 选	已 选	
教师教龄	职初期	123	52	175
		70.3%	29.7%	100.0%
	成长期	712	192	904
		78.8%	21.2%	100.0%
	成熟期	672	85	757
		88.8%	11.2%	100.0%
总 计		1 507	329	1 836
		82.1%	17.9%	100.0%

表 4-2-123　不同教龄教师的自我导向学习差异统计表（26）

		您的学习习惯是——当遇到问题时，我才会及时学习		总 计
		未 选	已 选	
教师教龄	职初期	145	30	175
		82.9%	17.1%	100.0%
	成长期	657	247	904
		72.7%	27.3%	100.0%

(续表)

		您的学习习惯是——当遇到问题时,我才会及时学习		总计
		未 选	已 选	
教师教龄	成熟期	556	201	757
		73.4%	26.6%	100.0%
总 计		1 358	478	1 836
		74.0%	26.0%	100.0%

表 4-2-124　不同教龄教师的自我导向学习差异统计表（27）

		您的学习习惯是——我有随时总结、反思、改进行为的习惯		总计
		未 选	已 选	
教师教龄	职初期	118	57	175
		67.4%	32.6%	100.0%
	成长期	632	272	904
		69.9%	30.1%	100.0%
	成熟期	474	283	757
		62.6%	37.4%	100.0%
总 计		1 224	612	1 836
		66.7%	33.3%	100.0%

表 4-2-125　不同教龄教师的自我导向学习差异统计表（28）

		您经常采用或参与的学习有哪些——听课评课		总计
		未 选	已 选	
教师教龄	职初期	48	127	175
		27.4%	72.6%	100.0%
	成长期	342	562	904
		37.8%	62.2%	100.0%
	成熟期	324	433	757
		42.8%	57.2%	100.0%

(续表)

		您经常采用或参与的学习有哪些——听课评课		总计
		未选	已选	
总 计		714	1 122	1 836
		38.9%	61.1%	100.0%

表 4-2-126　不同教龄教师的自我导向学习差异统计表（29）

		您经常采用或参与的学习有哪些——小组讨论		总计
		未选	已选	
教师教龄	职初期	140	35	175
		80.0%	20.0%	100.0%
	成长期	758	146	904
		83.8%	16.2%	100.0%
	成熟期	677	80	757
		89.4%	10.6%	100.0%
总 计		1 575	261	1 836
		85.8%	14.2%	100.0%

表 4-2-127　不同教龄教师的自我导向学习差异统计表（30）

		您经常采用或参与的学习有哪些——在线学习		总计
		未选	已选	
教师教龄	职初期	147	28	175
		84.0%	16.0%	100.0%
	成长期	664	240	904
		73.5%	26.5%	100.0%
	成熟期	526	231	757
		69.5%	30.5%	100.0%
总 计		1 337	499	1 836
		72.8%	27.2%	100.0%

5. 教师学习评价的教龄差异。教龄越长的教师,对自己的学习能力与水平越是了解(见表4-2-128)。

表 4-2-128　不同教龄教师的自我导向学习差异统计表(31)

		您对自己学习效果的评价——我很了解自己的学习能力与水平		总　计
		未　选	已　选	
教师教龄	职初期	70	105	175
		40.0%	60.0%	100.0%
	成长期	393	511	904
		43.5%	56.5%	100.0%
	成熟期	245	512	757
		32.4%	67.6%	100.0%
总　计		708	1 128	1 836
		38.6%	61.4%	100.0%

6. 教师人际关系技能的教龄差异。在交往风格方面,教龄越短的教师,越喜欢与人交流,并通过学习别人改变自己(见表4-2-129)。在求助对象方面,教龄越短的教师,越喜欢找同事咨询、使用专业搜索工具来解决学习难题(见表4-2-131、表4-2-130)。

表 4-2-129　不同教龄教师的自我导向学习差异统计表(32)

		您在学习中的人际交往情况——我常与人交流,通过学习别人改变自己		总　计
		未　选	已　选	
教师教龄	职初期	67	108	175
		38.3%	61.7%	100.0%
	成长期	393	511	904

（续表）

		您在学习中的人际交往情况——我常与人交流，通过学习别人改变自己		总　计
		未　选	已　选	
教师教龄	成长期	43.5%	56.5%	100.0%
	成熟期	368	389	757
		48.6%	51.4%	100.0%
总　计		828	1 008	1 836
		45.1%	54.9%	100.0%

表 4-2-130　不同教龄教师的自我导向学习差异统计表（33）

		您在工作、学习遇到难题时，经常到哪里寻求帮助——使用中国知网等专业搜索工具		总　计
		未　选	已　选	
教师教龄	职初期	136	39	175
		77.7%	22.3%	100.0%
	成长期	779	125	904
		86.2%	13.8%	100.0%
	成熟期	686	71	757
		90.6%	9.4%	100.0%
总　计		1 601	235	1 836
		87.2%	12.8%	100.0%

表 4-2-131　不同教龄教师的自我导向学习差异统计表（34）

		您在工作、学习遇到难题时，经常到哪里寻求帮助——找同事咨询		总　计
		未　选	已　选	
教师教龄	职初期	52	123	175
		29.7%	70.3%	100.0%

(续表)

		您在工作、学习遇到难题时，经常到哪里寻求帮助——找同事咨询		总计
		未 选	已 选	
教师教龄	成长期	378	526	904
		41.8%	58.2%	100.0%
	成熟期	348	409	757
		46.0%	54.0%	100.0%
总 计		778	1 058	1 836
		42.4%	57.6%	100.0%

（五）不同受教育程度教师的自我导向学习差异

1. 教师学习意识的差异。在学习态度方面，学历越高的教师，越认为学习是自己的事，越能主动开展学习（见表4-2-132）；学历越低的教师，越知道自己要学什么（见表4-2-133）。在学习动机方面，学历越高的教师，越是为了提高职位或职称而学习（见表4-2-134）；学历越低的教师，越是为了完成组织或自己安排的学习计划而学习（见表4-2-136、表4-2-135）。在学习意志方面，学历越高的教师，在遇到学习困难时，越会攻坚克难、坚持到底（见表4-2-137）；越能长时间进行自学，越少受到外界影响（见表4-2-138）。

表 4-2-132　不同受教育程度教师的自我导向学习差异统计表（1）

		您对学习的看法——学习是我自己的事，我能主动开展学习		总计
		未 选	已 选	
受教育程度	大专	47	117	164
		28.7%	71.3%	100.0%
	本科	399	1 189	1 588
		25.1%	74.9%	100.0%

(续表)

		您对学习的看法——学习是我自己的事，我能主动开展学习		总计
		未选	已选	
受教育程度	研究生	12	72	84
		14.3%	85.7%	100.0%
总计		458	1 378	1 836
		24.9%	75.1%	100.0%

表 4-2-133 不同受教育程度教师的自我导向学习差异统计表（2）

		您对学习的看法——我始终知道自己要学习什么		总计
		未选	已选	
受教育程度	大专	81	83	164
		49.4%	50.6%	100.0%
	本科	914	674	1 588
		57.6%	42.4%	100.0%
	研究生	56	28	84
		66.7%	33.3%	100.0%
总计		1 051	785	1 836
		57.2%	42.8%	100.0%

表 4-2-134 不同受教育程度教师的自我导向学习差异统计表（3）

		您现在的学习主要是为了——提升职位或职称		总计
		未选	已选	
受教育程度	大专	159	5	164
		97.0%	3.0%	100.0%
	本科	1 320	268	1 588
		83.1%	16.9%	100.0%
	研究生	59	25	84
		70.2%	29.8%	100.0%

（续表）

		您现在的学习主要是为了——提升职位或职称		总 计
		未 选	已 选	
总	计	1 538	298	1 836
		83.8%	16.2%	100.0%

表 4-2-135 不同受教育程度教师的自我导向学习差异统计表（4）

		您现在的学习主要是为了——完成自己个人的学习计划		总 计
		未 选	已 选	
受教育程度	大专	118	46	164
		72.0%	28.0%	100.0%
	本科	1 265	323	1 588
		79.7%	20.3%	100.0%
	研究生	70	14	84
		83.3%	16.7%	100.0%
总	计	1 453	383	1 836
		79.1%	20.9%	100.0%

表 4-2-136 不同受教育程度教师的自我导向学习差异统计表（5）

		您现在的学习主要是为了——完成组织安排的学习计划		总 计
		未 选	已 选	
受教育程度	大专	115	49	164
		70.1%	29.9%	100.0%
	本科	1 237	351	1 588
		77.9%	22.1%	100.0%
	研究生	74	10	84
		88.1%	11.9%	100.0%
总	计	1 426	410	1 836
		77.7%	22.3%	100.0%

表 4-2-137　不同受教育程度教师的自我导向学习差异统计表（6）

		您的学习现状是——学习遇到困难时，我会攻坚克难、坚持到底		总　计
		未　选	已　选	
受教育程度	大专	95	69	164
		57.9%	42.1%	100.0%
	本科	768	820	1 588
		48.4%	51.6%	100.0%
	研究生	35	49	84
		41.7%	58.3%	100.0%
总　计		898	938	1 836
		48.9%	51.1%	100.0%

表 4-2-138　不同受教育程度教师的自我导向学习差异统计表（7）

		您的学习现状是——我能长时间进行自学，很少受外界影响		总　计
		未　选	已　选	
受教育程度	大专	120	44	164
		73.2%	26.8%	100.0%
	本科	1 124	464	1 588
		70.8%	29.2%	100.0%
	研究生	49	35	84
		58.3%	41.7%	100.0%
总　计		1 293	543	1 836
		70.4%	29.6%	100.0%

2. 教师学习内容的差异。高学历教师，更喜欢学习教育管理（见表4-2-139）；学历越低的教师，越对心理保健感兴趣（见表4-2-140）。

表 4-2-139　不同受教育程度教师的自我导向学习差异统计表（8）

		您目前比较关注的领域有哪些——教育管理		总　计
		未　选	已　选	
受教育程度	大专	136	28	164
		82.9%	17.1%	100.0%
	本科	1 247	341	1 588
		78.5%	21.5%	100.0%
	研究生	49	35	84
		58.3%	41.7%	100.0%
总　计		1 432	404	1 836
		78.0%	22.0%	100.0%

表 4-2-140　不同受教育程度教师的自我导向学习差异统计表（9）

		您目前比较关注的领域有哪些——心理保健		总　计
		未　选	已　选	
受教育程度	大专	102	62	164
		62.2%	37.8%	100.0%
	本科	1 143	445	1 588
		72.0%	28.0%	100.0%
	研究生	72	12	84
		85.7%	14.3%	100.0%
总　计		1 317	519	1 836
		71.7%	28.3%	100.0%

3. 教师学习策略的差异。在学习计划方面，学历越低的教师，越倾向于在外界帮助下制定短期的学习计划（见表4-2-141）。在学习方法方面，学历越高的教师，越感觉自己没有形成一套自学方法，仍处于摸索阶段（见表4-2-142）。

表 4-2-141　不同受教育程度教师的自我导向学习差异统计表（10）

		您在学习计划方面的现状是——我在外界帮助下，制定了短期的学习计划		总　计
		未　选	已　选	
受教育程度	大专	134	30	164
		81.7%	18.3%	100.0%
	本科	1 239	349	1 588
		78.0%	22.0%	100.0%
	研究生	76	8	84
		90.5%	9.5%	100.0%
总　计		1 449	387	1 836
		78.9%	21.1%	100.0%

表 4-2-142　不同受教育程度教师的自我导向学习差异统计表（11）

		您在学习方法方面的现状是——我没有一套自学方法，仍处于摸索阶段		总　计
		未　选	已　选	
受教育程度	大专	149	15	164
		90.9%	9.1%	100.0%
	本科	1 388	200	1 588
		87.4%	12.6%	100.0%
	研究生	64	20	84
		76.2%	23.8%	100.0%
总　计		1 601	235	1 836
		87.2%	12.8%	100.0%

4. 教师学习行为的差异。在学习计划执行方面，学历越高的教师，越能落实学习计划，但也越难坚持（见表4-2-143）；学历越低的教师，在工作、学习和生活之间的冲突也越少（见表4-2-144）。在学习习惯方面，

学历越低的教师,越善于利用各种碎片时间进行学习(见表4-2-145)。在学习方式方面,学历越高的教师,越倾向于做课题、写文章的学习方式(见表4-2-146、表4-2-147);学历越低的教师,越多采用在线学习的学习方式(见表4-2-148)。

表4-2-143 不同受教育程度教师的自我导向学习差异统计表(12)

		您的相关学习现状是——我能落实现在的学习计划,但很难坚持		总　计
		未　选	已　选	
受教育程度	大专	139	25	164
		84.8%	15.2%	100.0%
	本科	1 243	345	1 588
		78.3%	21.7%	100.0%
	研究生	60	24	84
		71.4%	28.6%	100.0%
总　计		1 442	394	1 836
		78.5%	21.5%	100.0%

表4-2-144 不同受教育程度教师的自我导向学习差异统计表(13)

		您的相关学习现状是——我的工作、学习和生活相融合,较少冲突		总　计
		未　选	已　选	
受教育程度	大专	78	86	164
		47.6%	52.4%	100.0%
	本科	939	649	1 588
		59.1%	40.9%	100.0%
	研究生	58	26	84
		69.0%	31.0%	100.0%
总　计		1 075	761	1 836
		58.6%	41.4%	100.0%

表 4-2-145　不同受教育程度教师的自我导向学习差异统计表（14）

		您的学习习惯是——我善于利用各种碎片时间进行学习		总　计
		未　选	已　选	
受教育程度	大专	74	90	164
		45.1%	54.9%	100.0%
	本科	924	664	1 588
		58.2%	41.8%	100.0%
	研究生	52	32	84
		61.9%	38.1%	100.0%
总　计		1 050	786	1 836
		57.2%	42.8%	100.0%

表 4-2-146　不同受教育程度教师的自我导向学习差异统计表（15）

		您经常采用或参与的学习有哪些——做课题		总　计
		未　选	已　选	
受教育程度	大专	161	3	164
		98.2%	1.8%	100.0%
	本科	1 444	144	1 588
		90.9%	9.1%	100.0%
	研究生	63	21	84
		75.0%	25.0%	100.0%
总　计		1 668	168	1 836
		90.8%	9.2%	100.0%

表 4-2-147　不同受教育程度教师的自我导向学习差异统计表（16）

		您经常采用或参与的学习有哪些——写文章		总　计
		未　选	已　选	
受教育程度	大专	154	10	164
		93.9%	6.1%	100.0%
	本科	1 440	148	1 588
		90.7%	9.3%	100.0%
	研究生	68	16	84
		81.0%	19.0%	100.0%
总　计		1 662	174	1 836
		90.5%	9.5%	100.0%

表 4-2-148　不同受教育程度教师的自我导向学习差异统计表（17）

		您经常采用或参与的学习有哪些——在线学习		总　计
		未　选	已　选	
受教育程度	大专	109	55	164
		66.5%	33.5%	100.0%
	本科	1 157	431	1 588
		72.9%	27.1%	100.0%
	研究生	71	13	84
		84.5%	15.5%	100.0%
总　计		1 337	499	1 836
		72.8%	27.2%	100.0%

5. 教师学习评价的差异。不同学历教师在该内容上没有显著差异。

6. 教师人际关系技能的差异。在求助对象方面，研究生学历的教师，更多使用中国知网等专业搜索工具来解决学习难题（见表4-2-

150);学历越低的教师,越经常使用百度、谷歌等大众搜索工具来解决难题(见表4-2-149)。

表4-2-149　不同受教育程度教师的自我导向学习差异统计表(18)

		您在工作、学习遇到难题时,经常到哪里寻求帮助——使用百度、谷歌等大众搜索工具		总　　计
		未　选	已　选	
受教育程度	大专	18	146	164
		11.0%	89.0%	100.0%
	本科	204	1 384	1 588
		12.8%	87.2%	100.0%
	研究生	25	59	84
		29.8%	70.2%	100.0%
总　　计		247	1 589	1 836
		13.5%	86.5%	100.0%

表4-2-150　不同受教育程度教师的自我导向学习差异统计表(19)

		您在工作、学习遇到难题时,经常到哪里寻求帮助——使用中国知网等专业搜索工具		总　　计
		未　选	已　选	
受教育程度	大专	146	18	164
		89.0%	11.0%	100.0%
	本科	1 406	182	1 588
		88.5%	11.5%	100.0%
	研究生	49	35	84
		58.3%	41.7%	100.0%
总　　计		1 601	235	1 836
		87.2%	12.8%	100.0%

（六）不同职称教师的自我导向学习差异

1. 教师学习意识的差异。在学习态度方面，中级职称教师，更多认为学习是外界强加给自己的（见表4-2-151），认为只有在有必要时，才会去学习（见表4-2-152）。在学习动机方面，职称越高的教师，越倾向于帮助身边的人成长，尤其是年轻人（见表4-2-155）；职称越低的教师，越是为了提升职位或职称而学习（见表4-2-153）；中级职称教师，尤其是为了完成组织安排的学习计划而学习（见表4-2-154）。在学习意志方面，职称越高的教师，越认为学习够用就行，不会去刻意钻研（见表4-2-159）；高级职称教师，其学习劲头更加不易受周围人学习热情的影响（见表4-2-158），更能进行长时间自学，较少受外界影响（见表4-2-157）；中级职称教师较难进行长时间自学，更容易受外界影响（见表4-2-157）。职称越低的教师，遇到学习困难时，越会攻坚克难、坚持到底（见表4-2-156）。

表 4-2-151　不同职称教师的自我导向学习差异统计表（1）

		您对学习的看法——学习更多是外界强加给我的		总　计
		未　选	已　选	
职称	其他或无	84	5	89
		94.4%	5.6%	100.0%
	初级	481	60	541
		88.9%	11.1%	100.0%
	中级	839	146	985
		85.2%	14.8%	100.0%
	高级	200	21	221
		90.5%	9.5%	100.0%
总　计		1 604	232	1 836
		87.4%	12.6%	100.0%

表 4-2-152　不同职称教师的自我导向学习差异统计表（2）

		您对学习的看法——我只有在有必要时，才会去学习		总　计
		未　选	已　选	
职称	其他或无	77 86.5%	12 13.5%	89 100.0%
	初级	435 80.4%	106 19.6%	541 100.0%
	中级	737 74.8%	248 25.2%	985 100.0%
	高级	176 79.6%	45 20.4%	221 100.0%
总　计		1 425 77.6%	411 22.4%	1 836 100.0%

表 4-2-153　不同职称教师的自我导向学习差异统计表（3）

		您现在的学习主要是为了——提升职位或职称		总　计
		未　选	已　选	
职称	其他或无	65 73.0%	24 27.0%	89 100.0%
	初级	401 74.1%	140 25.9%	541 100.0%
	中级	863 87.6%	122 12.4%	985 100.0%
	高级	209 94.6%	12 5.4%	221 100.0%
总　计		1 538 83.8%	298 16.2%	1 836 100.0%

表 4-2-154　不同职称教师的自我导向学习差异统计表（4）

		您现在的学习主要是为了——完成组织安排的学习计划		总　计
		未　选	已　选	
职称	其他或无	74	15	89
		83.1%	16.9%	100.0%
	初级	436	105	541
		80.6%	19.4%	100.0%
	中级	739	246	985
		75.0%	25.0%	100.0%
	高级	177	44	221
		80.1%	19.9%	100.0%
总　计		1 426	410	1 836
		77.7%	22.3%	100.0%

表 4-2-155　不同职称教师的自我导向学习差异统计表（5）

		您现在的学习主要是为了——帮助身边的人成长，尤其是青年人		总　计
		未　选	已　选	
职称	其他或无	83	6	89
		93.3%	6.7%	100.0%
	初级	497	44	541
		91.9%	8.1%	100.0%
	中级	875	110	985
		88.8%	11.2%	100.0%
	高级	170	51	221
		76.9%	23.1%	100.0%
总　计		1 625	211	1 836
		88.5%	11.5%	100.0%

表 4-2-156　不同职称教师的自我导向学习差异统计表（6）

		您的学习现状是——学习遇到困难时,我会攻坚克难、坚持到底		总　计
		未　选	已　选	
职称	其他或无	23	66	89
		25.8%	74.2%	100.0%
	初级	229	312	541
		42.3%	57.7%	100.0%
	中级	529	456	985
		53.7%	46.3%	100.0%
	高级	117	104	221
		52.9%	47.1%	100.0%
总　计		898	938	1 836
		48.9%	51.1%	100.0%

表 4-2-157　不同职称教师的自我导向学习差异统计表（7）

		您的学习现状是——我能长时间进行自学,很少受外界影响		总　计
		未　选	已　选	
职称	其他或无	60	29	89
		67.4%	32.6%	100.0%
	初级	380	161	541
		70.2%	29.8%	100.0%
	中级	714	271	985
		72.5%	27.5%	100.0%
	高级	139	82	221
		62.9%	37.1%	100.0%
总　计		1 293	543	1 836
		70.4%	29.6%	100.0%

表 4-2-158　不同职称教师的自我导向学习差异统计表（8）

		您的学习现状是——我的学习劲头取决于周围人的学习热情		总 计
		未　选	已　选	
职称	其他或无	72	17	89
		80.9%	19.1%	100.0%
	初级	418	123	541
		77.3%	22.7%	100.0%
	中级	793	192	985
		80.5%	19.5%	100.0%
	高级	191	30	221
		86.4%	13.6%	100.0%
总　计		1 474	362	1 836
		80.3%	19.7%	100.0%

表 4-2-159　不同职称教师的自我导向学习差异统计表（9）

		您的学习现状是——我的学习够用就行，不会去刻意钻研		总 计
		未　选	已　选	
职称	其他或无	77	12	89
		86.5%	13.5%	100.0%
	初级	437	104	541
		80.8%	19.2%	100.0%
	中级	710	275	985
		72.1%	27.9%	100.0%
	高级	162	59	221
		73.3%	26.7%	100.0%
总　计		1 386	450	1 836
		75.5%	24.5%	100.0%

2. 教师学习内容的差异。教师的职称越高，越倾向于学习运动养生、历史文化、名著赏析等内容（见表4-2-166、表4-2-164、表4-2-165）；教师的职称越低，对教学技能、教育管理、人际交往越感兴趣（见表4-2-161、表4-2-162、表4-2-163）；高级职称教师，更需要学习教育理论（见表4-2-160）；初级和中级职称教师，对旅游资讯更感兴趣（见表4-2-167）。

表4-2-160　不同职称教师的自我导向学习差异统计表（10）

		您目前比较关注的领域有哪些——教育理论		总　计
		未　选	已　选	
职称	其他或无	63	26	89
		70.8%	29.2%	100.0%
	初级	363	178	541
		67.1%	32.9%	100.0%
	中级	693	292	985
		70.4%	29.6%	100.0%
	高级	135	86	221
		61.1%	38.9%	100.0%
总　计		1 254	582	1 836
		68.3%	31.7%	100.0%

表4-2-161　不同职称教师的自我导向学习差异统计表（11）

		您目前比较关注的领域有哪些——教学技能		总　计
		未　选	已　选	
职称	其他或无	20	69	89
		22.5%	77.5%	100.0%

(续表)

		您目前比较关注的领域有哪些——教学技能		总　计
		未　选	已　选	
职称	初级	179	362	541
		33.1%	66.9%	100.0%
	中级	372	613	985
		37.8%	62.2%	100.0%
	高级	91	130	221
		41.2%	58.8%	100.0%
总　计		662	1 174	1 836
		36.1%	63.9%	100.0%

表 4-2-162　不同职称教师的自我导向学习差异统计表（12）

		您目前比较关注的领域有哪些——教育管理		总　计
		未　选	已　选	
职称	其他或无	47	42	89
		52.8%	47.2%	100.0%
	初级	404	137	541
		74.7%	25.3%	100.0%
	中级	808	177	985
		82.0%	18.0%	100.0%
	高级	173	48	221
		78.3%	21.7%	100.0%
总　计		1 432	404	1 836
		78.0%	22.0%	100.0%

表 4-2-163　不同职称教师的自我导向学习差异统计表（13）

职称		您目前比较关注的领域有哪些——人际交往		总　计
		未　选	已　选	
职称	其他或无	64	25	89
		71.9%	28.1%	100.0%
	初级	436	105	541
		80.6%	19.4%	100.0%
	中级	822	163	985
		83.5%	16.5%	100.0%
	高级	197	24	221
		89.1%	10.9%	100.0%
总　计		1 519	317	1 836
		82.7%	17.3%	100.0%

表 4-2-164　不同职称教师的自我导向学习差异统计表（14）

职称		您目前比较关注的领域有哪些——历史文化		总　计
		未　选	已　选	
职称	其他或无	79	10	89
		88.8%	11.2%	100.0%
	初级	465	76	541
		86.0%	14.0%	100.0%
	中级	803	182	985
		81.5%	18.5%	100.0%
	高级	163	58	221
		73.8%	26.2%	100.0%
总　计		1 510	326	1 836
		82.2%	17.8%	100.0%

表 4-2-165　不同职称教师的自我导向学习差异统计表（15）

		您目前比较关注的领域有哪些——名著赏析		总计
		未选	已选	
职称	其他或无	86	3	89
		96.6%	3.4%	100.0%
	初级	495	46	541
		91.5%	8.5%	100.0%
	中级	872	113	985
		88.5%	11.5%	100.0%
	高级	193	28	221
		87.3%	12.7%	100.0%
总计		1 646	190	1 836
		89.7%	10.3%	100.0%

表 4-2-166　不同职称教师的自我导向学习差异统计表（16）

		您目前比较关注的领域有哪些——运动养生		总计
		未选	已选	
职称	其他或无	74	15	89
		83.1%	16.9%	100.0%
	初级	425	116	541
		78.6%	21.4%	100.0%
	中级	705	280	985
		71.6%	28.4%	100.0%
	高级	150	71	221
		67.9%	32.1%	100.0%
总计		1 354	482	1 836
		73.7%	26.3%	100.0%

表 4-2-167　不同职称教师的自我导向学习差异统计表（17）

		您目前比较关注的领域有哪些——旅游资讯		总　计
		未　选	已　选	
职称	其他或无	84	5	89
		94.4%	5.6%	100.0%
	初级	483	58	541
		89.3%	10.7%	100.0%
	中级	885	100	985
		89.8%	10.2%	100.0%
	高级	210	11	221
		95.0%	5.0%	100.0%
总　计		1 662	174	1 836
		90.5%	9.5%	100.0%

3. 教师学习策略的差异。在学习计划方面，职称越高的教师，越没有明确的学习计划（见表4-2-170）；职称越低的教师，越能独立或在外界帮助下制定长期的学习计划（见表4-2-168、表4-2-169）。在学习方法方面，职称越高的教师，在遇到问题时，越能快速找到资料进行学习（见表4-2-173）；同时，其学习也越没有严格的先后顺序（见表4-2-172）；职称越低的教师，越缺少一套自学方法，越处于探索阶段（见表4-2-171）。

表 4-2-168　不同职称教师的自我导向学习差异统计表（18）

		您在学习计划方面的现状是——我独立制定了长期的学习计划		总　计
		未　选	已　选	
职称	其他或无	64	25	89
		71.9%	28.1%	100.0%

（续表）

		您在学习计划方面的现状是——我独立制定了长期的学习计划		总　计
		未　选	已　选	
职称	初级	413	128	541
		76.3%	23.7%	100.0%
	中级	812	173	985
		82.4%	17.6%	100.0%
	高级	185	36	221
		83.7%	16.3%	100.0%
总　计		1 474	362	1 836
		80.3%	19.7%	100.0%

表 4-2-169　不同职称教师的自我导向学习差异统计表（19）

		您在学习计划方面的现状是——我在外界帮助下，制定了长期的学习计划		总　计
		未　选	已　选	
职称	其他或无	63	26	89
		70.8%	29.2%	100.0%
	初级	438	103	541
		81.0%	19.0%	100.0%
	中级	839	146	985
		85.2%	14.8%	100.0%
	高级	190	31	221
		86.0%	14.0%	100.0%
总　计		1 530	306	1 836
		83.3%	16.7%	100.0%

表 4-2-170　不同职称教师的自我导向学习差异统计表（20）

		您在学习计划方面的现状是——我没有明确的学习计划,但有奋斗目标		总　计
		未　选	已　选	
职称	其他或无	71	18	89
		79.8%	20.2%	100.0%
	初级	391	150	541
		72.3%	27.7%	100.0%
	中级	652	333	985
		66.2%	33.8%	100.0%
	高级	142	79	221
		64.3%	35.7%	100.0%
总　计		1 256	580	1 836
		68.4%	31.6%	100.0%

表 4-2-171　不同职称教师的自我导向学习差异统计表（21）

		您在学习方法方面的现状是——我没有一套自学方法,仍处于摸索阶段		总　计
		未　选	已　选	
职称	其他或无	68	21	89
		76.4%	23.6%	100.0%
	初级	449	92	541
		83.0%	17.0%	100.0%
	中级	875	110	985
		88.8%	11.2%	100.0%
	高级	209	12	221
		94.6%	5.4%	100.0%
总　计		1 601	235	1 836
		87.2%	12.8%	100.0%

表 4-2-172　不同职称教师的自我导向学习差异统计表（22）

		您在学习方法方面的现状是——我的学习没有严格的先后顺序		总计
		未选	已选	
职称	其他或无	64	25	89
		71.9%	28.1%	100.0%
	初级	379	162	541
		70.1%	29.9%	100.0%
	中级	608	377	985
		61.7%	38.3%	100.0%
	高级	134	87	221
		60.6%	39.4%	100.0%
总计		1 185	651	1 836
		64.5%	35.5%	100.0%

表 4-2-173　不同职称教师的自我导向学习差异统计表（23）

		您在学习方法方面的现状是——遇到问题时，我能很快找到资料进行学习		总计
		未选	已选	
职称	其他或无	50	39	89
		56.2%	43.8%	100.0%
	初级	314	227	541
		58.0%	42.0%	100.0%
	中级	466	519	985
		47.3%	52.7%	100.0%
	高级	93	128	221
		42.1%	57.9%	100.0%
总计		923	913	1 836
		50.3%	49.7%	100.0%

4. 教师学习行为的差异。在学习计划执行方面，职称越高的教师，其工作、学习与生活之间的冲突越少（见表4-2-175）；职称越低的教师，越能落实现在的学习计划，并长期坚持（见表4-2-174）。在学习习惯方面，职称越高的教师，越具备随时总结、反思和改进行为的习惯（见表4-2-177）；职称越低的教师，越需要整块时间进行学习（见表4-2-176）。在学习方式方面，初级职称的教师，更经常采用听讲座的学习方式（见表4-2-178）；高级职称的教师，更倾向于做课题的学习方式（见表4-2-179）；职称越低的教师，越常采用听课评课的学习方式（见表4-2-180）。

表4-2-174　不同职称教师的自我导向学习差异统计表（24）

		您的相关学习现状是——我能落实现在的学习计划，并长期坚持		总计
		未选	已选	
职称	其他或无	46	43	89
		51.7%	48.3%	100.0%
	初级	358	183	541
		66.2%	33.8%	100.0%
	中级	689	296	985
		69.9%	30.1%	100.0%
	高级	160	61	221
		72.4%	27.6%	100.0%
总计		1 253	583	1 836
		68.2%	31.8%	100.0%

表 4-2-175　不同职称教师的自我导向学习差异统计表（25）

		您的相关学习现状是——我的工作、学习和生活相融合，较少冲突		总　计
		未　选	已　选	
职称	其他或无	54	35	89
		60.7%	39.3%	100.0%
	初级	357	184	541
		66.0%	34.0%	100.0%
	中级	536	449	985
		54.4%	45.6%	100.0%
	高级	128	93	221
		57.9%	42.1%	100.0%
总　计		1 075	761	1 836
		58.6%	41.4%	100.0%

表 4-2-176　不同职称教师的自我导向学习差异统计表（26）

		您的学习习惯是——我要有整块时间才能进行学习		总　计
		未　选	已　选	
职称	其他或无	65	24	89
		73.0%	27.0%	100.0%
	初级	414	127	541
		76.5%	23.5%	100.0%
	中级	831	154	985
		84.4%	15.6%	100.0%
	高级	197	24	221
		89.1%	10.9%	100.0%
总　计		1 507	329	1 836
		82.1%	17.9%	100.0%

表 4-2-177 不同职称教师的自我导向学习差异统计表（27）

		您的学习习惯是——我有随时总结、反思、改进行为的习惯		总计
		未选	已选	
职称	其他或无	63	26	89
		70.8%	29.2%	100.0%
	初级	389	152	541
		71.9%	28.1%	100.0%
	中级	638	347	985
		64.8%	35.2%	100.0%
	高级	134	87	221
		60.6%	39.4%	100.0%
总计		1 224	612	1 836
		66.7%	33.3%	100.0%

表 4-2-178 不同职称教师的自我导向学习差异统计表（28）

		您经常采用或参与的学习有哪些——听讲座		总计
		未选	已选	
职称	其他或无	41	48	89
		46.1%	53.9%	100.0%
	初级	208	333	541
		38.4%	61.6%	100.0%
	中级	457	528	985
		46.4%	53.6%	100.0%
	高级	109	112	221
		49.3%	50.7%	100.0%
总计		815	1 021	1 836
		44.4%	55.6%	100.0%

表 4-2-179　不同职称教师的自我导向学习差异统计表（29）

		您经常采用或参与的学习有哪些——做课题		总　计
		未　选	已　选	
职称	其他或无	82	7	89
		92.1%	7.9%	100.0%
	初级	513	28	541
		94.8%	5.2%	100.0%
	中级	899	86	985
		91.3%	8.7%	100.0%
	高级	174	47	221
		78.7%	21.3%	100.0%
总　计		1 668	168	1 836
		90.8%	9.2%	100.0%

表 4-2-180　不同职称教师的自我导向学习差异统计表（30）

		您经常采用或参与的学习有哪些——听课评课		总　计
		未　选	已　选	
职称	其他或无	26	63	89
		29.2%	70.8%	100.0%
	初级	185	356	541
		34.2%	65.8%	100.0%
	中级	389	596	985
		39.5%	60.5%	100.0%
	高级	114	107	221
		51.6%	48.4%	100.0%
总　计		714	1 122	1 836
		38.9%	61.1%	100.0%

5. 教师学习评价的差异。职称越高的教师，在学习之后，越是清楚自己学到了什么（见表4-2-181）。

表4-2-181 不同职称教师的自我导向学习差异统计表（31）

		您对自己学习效果的评价——学习之后，我总是很清楚自己学到了什么		总　计
		未　选	已　选	
职称	其他或无	53	36	89
		59.6%	40.4%	100.0%
	初级	361	180	541
		66.7%	33.3%	100.0%
	中级	592	393	985
		60.1%	39.9%	100.0%
	高级	118	103	221
		53.4%	46.6%	100.0%
总　计		1 124	712	1 836
		61.2%	38.8%	100.0%

6. 教师人际关系技能的差异。在交往风格方面，职称越低的教师，越经常与人交流，喜欢通过学习别人改变自己（见表4-2-182）；高级职称教师，更常作为专家对别人进行学习指导（见表4-2-183）；中级职称教师，更加不善于向别人提出要求、谈出想法（见表4-2-184）。在求助对象方面，高级职称教师，更多通过查找文献书籍、找专家咨询来解决难题（见表4-2-185、表4-2-186）；职称越低的教师，越喜欢找同事来探讨问题（见表4-2-187）。

表 4-2-182　不同职称教师的自我导向学习差异统计表（32）

		您在学习中的人际交往情况——我常与人交流,通过学习别人改变自己		总　计
		未　选	已　选	
职称	其他或无	36	53	89
		40.4%	59.6%	100.0%
	初级	215	326	541
		39.7%	60.3%	100.0%
	中级	468	517	985
		47.5%	52.5%	100.0%
	高级	109	112	221
		49.3%	50.7%	100.0%
总　计		828	1 008	1 836
		45.1%	54.9%	100.0%

表 4-2-183　不同职称教师的自我导向学习差异统计表（33）

		您在学习中的人际交往情况——我经常作为专家对别人进行学习指导		总　计
		未　选	已　选	
职称	其他或无	86	3	89
		96.6%	3.4%	100.0%
	初级	525	16	541
		97.0%	3.0%	100.0%
	中级	951	34	985
		96.5%	3.5%	100.0%
	高级	202	19	221
		91.4%	8.6%	100.0%
总　计		1 764	72	1 836
		96.1%	3.9%	100.0%

表 4-2-184　不同职称教师的自我导向学习差异统计表（34）

		您在学习中的人际交往情况——我不大善于向别人提出要求、谈出想法		总计
		未选	已选	
职称	其他或无	82	7	89
		92.1%	7.9%	100.0%
	初级	494	47	541
		91.3%	8.7%	100.0%
	中级	857	128	985
		87.0%	13.0%	100.0%
	高级	202	19	221
		91.4%	8.6%	100.0%
总　计		1 635	201	1 836
		89.1%	10.9%	100.0%

表 4-2-185　不同职称教师的自我导向学习差异统计表（35）

		您在工作、学习遇到难题时，经常到哪里寻求帮助——查找文献书籍		总计
		未选	已选	
职称	其他或无	59	30	89
		66.3%	33.7%	100.0%
	初级	388	153	541
		71.7%	28.3%	100.0%
	中级	672	313	985
		68.2%	31.8%	100.0%
	高级	126	95	221
		57.0%	43.0%	100.0%
总　计		1 245	591	1 836
		67.8%	32.2%	100.0%

表 4-2-186　不同职称教师的自我导向学习差异统计表（36）

		您在工作、学习遇到难题时，经常到哪里寻求帮助——找专家咨询		总　计
		未　选	已　选	
职称	其他或无	83	6	89
		93.3%	6.7%	100.0%
	初级	479	62	541
		88.5%	11.5%	100.0%
	中级	874	111	985
		88.7%	11.3%	100.0%
	高级	179	42	221
		81.0%	19.0%	100.0%
总　计		1 615	221	1 836
		88.0%	12.0%	100.0%

表 4-2-187　不同职称教师的自我导向学习差异统计表（37）

		您在工作、学习遇到难题时，经常到哪里寻求帮助——找同事咨询		总　计
		未　选	已　选	
职称	其他或无	27	62	89
		30.3%	69.7%	100.0%
	初级	199	342	541
		36.8%	63.2%	100.0%
	中级	420	565	985
		42.6%	57.4%	100.0%
	高级	132	89	221
		59.7%	40.3%	100.0%
总　计		778	1 058	1 836
		42.4%	57.6%	100.0%

（七）不同职务教师的自我导向学习差异

1. 教师学习意识的差异。在学习态度方面，与普通教师相比，干部教师更认为学习是自己的事，更能主动开展学习（见表4-2-188）。在学习动机方面，普通教师的学习更多是为了提升职位或职称（见表4-2-189）；干部教师的学习更多是为了提高解决实际问题的能力，以及帮助身边的人成长（见表4-2-190、表4-2-191）。在学习意志方面，干部教师对待学习更加精益求精、力求不断完善（见表4-2-192）。

表 4-2-188　不同职务教师的自我导向学习差异统计表（1）

		您对学习的看法——学习是我自己的事，我能主动开展学习		总　计
		未　选	已　选	
职务分类	普通教师	319	873	1 192
		26.8%	73.2%	100.0%
	干部教师	139	505	644
		21.6%	78.4%	100.0%
总　计		458	1 378	1 836
		24.9%	75.1%	100.0%

表 4-2-189　不同职务教师的自我导向学习差异统计表（2）

		您现在的学习主要是为了——提升职位或职称		总　计
		未　选	已　选	
职务分类	普通教师	970	222	1 192
		81.4%	18.6%	100.0%
	干部教师	568	76	644
		88.2%	11.8%	100.0%
总　计		1 538	298	1 836
		83.8%	16.2%	100.0%

表 4-2-190　不同职务教师的自我导向学习差异统计表（3）

		您现在的学习主要是为了——提高解决实际问题的能力		总　计
		未　选	已　选	
职务分类	普通教师	401	791	1 192
		33.6%	66.4%	100.0%
	干部教师	165	479	644
		25.6%	74.4%	100.0%
总　计		566	1 270	1 836
		30.8%	69.2%	100.0%

表 4-2-191　不同职务教师的自我导向学习差异统计表（4）

		您现在的学习主要是为了——帮助身边的人成长，尤其是青年人		总　计
		未　选	已　选	
职务分类	普通教师	1 092	100	1 192
		91.6%	8.4%	100.0%
	干部教师	533	111	644
		82.8%	17.2%	100.0%
总　计		1 625	211	1 836
		88.5%	11.5%	100.0%

表 4-2-192　不同职务教师的自我导向学习差异统计表（5）

		您的学习现状是——我对学习总是精益求精、力求不断完善		总　计
		未　选	已　选	
职务分类	普通教师	826	366	1 192
		69.3%	30.7%	100.0%

（续表）

		您的学习现状是——我对学习总是精益求精、力求不断完善		总 计
		未 选	已 选	
职务分类	干部教师	406	238	644
		63.0%	37.0%	100.0%
总 计		1 232	604	1 836
		67.1%	32.9%	100.0%

2. 教师学习内容的差异。与普通教师相比，干部教师对教育管理更感兴趣（见表4-2-193）。

表4-2-193　不同职务教师的自我导向学习差异统计表（6）

		您目前比较关注的领域有哪些——教育管理		总 计
		未 选	已 选	
职务分类	普通教师	947	245	1 192
		79.4%	20.6%	100.0%
	干部教师	485	159	644
		75.3%	24.7%	100.0%
总 计		1 432	404	1 836
		78.0%	22.0%	100.0%

3. 教师学习策略的差异。在学习计划方面，干部教师更倾向于独立制定短期的学习计划（见表4-2-194）。在学习方法方面，更多的普通教师表示还没有一套自学方法，仍处于摸索阶段（见表4-2-195），遇到问题时，也更容易感到无从下手（见表4-2-197）；有更多干部教师在遇到问题时，能快速找到资料进行学习（见表4-2-196）。

表 4-2-194　不同职务教师的自我导向学习差异统计表（7）

		您在学习计划方面的现状是——我独立制定了短期的学习计划		总　计
		未　选	已　选	
职务分类	普通教师	805	387	1 192
		67.5%	32.5%	100.0%
	干部教师	396	248	644
		61.5%	38.5%	100.0%
总　计		1 201	635	1 836
		65.4%	34.6%	100.0%

表 4-2-195　不同职务教师的自我导向学习差异统计表（8）

		您在学习方法方面的现状是——我没有一套自学方法，仍处于摸索阶段		总　计
		未　选	已　选	
职务分类	普通教师	1 022	170	1 192
		85.7%	14.3%	100.0%
	干部教师	579	65	644
		89.9%	10.1%	100.0%
总　计		1 601	235	1 836
		87.2%	12.8%	100.0%

表 4-2-196　不同职务教师的自我导向学习差异统计表（9）

		您在学习方法方面的现状是——遇到问题时，我能很快找到资料进行学习		总　计
		未　选	已　选	
职务分类	普通教师	634	558	1 192
		53.2%	46.8%	100.0%

(续表)

		您在学习方法方面的现状是——遇到问题时,我能很快找到资料进行学习		总 计
		未 选	已 选	
职务分类	干部教师	289	355	644
		44.9%	55.1%	100.0%
总 计		923	913	1 836
		50.3%	49.7%	100.0%

表 4-2-197 不同职务教师的自我导向学习差异统计表(10)

		您在学习方法方面的现状是——遇到问题时,我经常感到无从下手		总 计
		未 选	已 选	
职务分类	普通教师	1 130	62	1 192
		94.8%	5.2%	100.0%
	干部教师	632	12	644
		98.1%	1.9%	100.0%
总 计		1 762	74	1 836
		96.0%	4.0%	100.0%

4. 教师学习行为的差异。在学习计划执行方面,更多干部教师认为在工作、学习和生活之间较少形成冲突(见表4-2-198)。在学习习惯方面,干部教师更善于利用碎片时间进行学习(见表4-2-199),更具备随时总结、反思与改进行为的习惯(见表4-2-201);普通教师更需要整块时间才能进行学习(见表4-2-200)。在学习方式方面,干部教师更倾向于做课题、写文章的学习方式(见表4-2-202、表4-2-203);普通教师更倾向于在线学习的方式(见表4-2-204)。

表 4-2-198　不同职务教师的自我导向学习差异统计表（11）

		您的相关学习现状是——我的工作、学习和生活相融合，较少冲突		总　计
		未　选	已　选	
职务分类	普通教师	719	473	1 192
		60.3%	39.7%	100.0%
	干部教师	356	288	644
		55.3%	44.7%	100.0%
总　计		1 075	761	1 836
		58.6%	41.4%	100.0%

表 4-2-199　不同职务教师的自我导向学习差异统计表（12）

		您的学习习惯是——我善于利用各种碎片时间进行学习		总　计
		未　选	已　选	
职务分类	普通教师	706	486	1 192
		59.2%	40.8%	100.0%
	干部教师	344	300	644
		53.4%	46.6%	100.0%
总　计		1 050	786	1 836
		57.2%	42.8%	100.0%

表 4-2-200　不同职务教师的自我导向学习差异统计表（13）

		您的学习习惯是——我要有整块时间才能进行学习		总　计
		未　选	已　选	
职务分类	普通教师	950	242	1 192
		79.7%	20.3%	100.0%

（续表）

		您的学习习惯是——我要有整块时间才能进行学习		总计
		未选	已选	
职务分类	干部教师	557	87	644
		86.5%	13.5%	100.0%
总计		1 507	329	1 836
		82.1%	17.9%	100.0%

表 4-2-201　不同职务教师的自我导向学习差异统计表（14）

		您的学习习惯是——我有随时总结、反思、改进行为的习惯		总计
		未选	已选	
职务分类	普通教师	820	372	1 192
		68.8%	31.2%	100.0%
	干部教师	404	240	644
		62.7%	37.3%	100.0%
总计		1 224	612	1 836
		66.7%	33.3%	100.0%

表 4-2-202　不同职务教师的自我导向学习差异统计表（15）

		您经常采用或参与的学习有哪些——做课题		总计
		未选	已选	
职务分类	普通教师	1 123	69	1 192
		94.2%	5.8%	100.0%
	干部教师	545	99	644
		84.6%	15.4%	100.0%
总计		1 668	168	1 836
		90.8%	9.2%	100.0%

表 4-2-203　不同职务教师的自我导向学习差异统计表（16）

		您经常采用或参与的学习有哪些——写文章		总　计
		未　选	已　选	
职务分类	普通教师	1 092	100	1 192
		91.6%	8.4%	100.0%
	干部教师	570	74	644
		88.5%	11.5%	100.0%
总　计		1 662	174	1 836
		90.5%	9.5%	100.0%

表 4-2-204　不同职务教师的自我导向学习差异统计表（17）

		您经常采用或参与的学习有哪些——在线学习		总　计
		未　选	已　选	
职务分类	普通教师	847	345	1 192
		71.1%	28.9%	100.0%
	干部教师	490	154	644
		76.1%	23.9%	100.0%
总　计		1 337	499	1 836
		72.8%	27.2%	100.0%

5. 教师学习评价的差异。干部教师更加了解自己的学习能力与水平（见表4-2-205）；同时，在学习之后也更清楚自己学到了什么（见表4-2-206）。

表 4-2-205　不同职务教师的自我导向学习差异统计表（18）

职务分类		您对自己学习效果的评价——我很了解自己的学习能力与水平		总　计
		未　选	已　选	
职务分类	普通教师	502	690	1 192
		42.1%	57.9%	100.0%
	干部教师	206	438	644
		32.0%	68.0%	100.0%
总　计		708	1 128	1 836
		38.6%	61.4%	100.0%

表 4-2-206　不同职务教师的自我导向学习差异统计表（19）

职务分类		您对自己学习效果的评价——学习之后，我总是很清楚自己学到了什么		总　计
		未　选	已　选	
职务分类	普通教师	754	438	1 192
		63.3%	36.7%	100.0%
	干部教师	370	274	644
		57.5%	42.5%	100.0%
总　计		1 124	712	1 836
		61.2%	38.8%	100.0%

6. 教师人际关系技能的差异。在交往风格方面，干部教师更善于从别人那里获得支持与帮助（见表4-2-207），同时，也经常作为专家对别人进行学习指导（见表4-2-208）。在求助对象方面，干部教师更愿意查

找文献书籍、找专家咨询(见表4-2-209、表4-2-210);普通教师更愿意找同事探讨问题(见表4-2-211)。

表 4-2-207 不同职务教师的自我导向学习差异统计表(20)

		您在学习中的人际交往情况——我经常作为专家对别人进行学习指导		总 计
		未 选	已 选	
职务分类	普通教师	1 156	36	1 192
		97.0%	3.0%	100.0%
	干部教师	608	36	644
		94.4%	5.6%	100.0%
总 计		1 764	72	1 836
		96.1%	3.9%	100.0%

表 4-2-208 不同职务教师的自我导向学习差异统计表(21)

		您在学习中的人际交往情况——我善于从别人那里获得很多支持与帮助		总 计
		未 选	已 选	
职务分类	普通教师	643	549	1 192
		53.9%	46.1%	100.0%
	干部教师	313	331	644
		48.6%	51.4%	100.0%
总 计		956	880	1 836
		52.1%	47.9%	100.0%

表 4-2-209　不同职务教师的自我导向学习差异统计表（22）

<table>
<tr><th colspan="2" rowspan="2"></th><th colspan="2">您在工作、学习遇到难题时，经常到哪里寻求帮助——查找文献书籍</th><th rowspan="2">总　计</th></tr>
<tr><th>未　选</th><th>已　选</th></tr>
<tr><td rowspan="4">职务分类</td><td rowspan="2">普通教师</td><td>833</td><td>359</td><td>1 192</td></tr>
<tr><td>69.9%</td><td>30.1%</td><td>100.0%</td></tr>
<tr><td rowspan="2">干部教师</td><td>412</td><td>232</td><td>644</td></tr>
<tr><td>64.0%</td><td>36.0%</td><td>100.0%</td></tr>
<tr><td colspan="2" rowspan="2">总　计</td><td>1 245</td><td>591</td><td>1 836</td></tr>
<tr><td>67.8%</td><td>32.2%</td><td>100.0%</td></tr>
</table>

表 4-2-210　不同职务教师的自我导向学习差异统计表（23）

<table>
<tr><th colspan="2" rowspan="2"></th><th colspan="2">您在工作、学习遇到难题时，经常到哪里寻求帮助——找专家咨询</th><th rowspan="2">总　计</th></tr>
<tr><th>未　选</th><th>已　选</th></tr>
<tr><td rowspan="4">职务分类</td><td rowspan="2">普通教师</td><td>1 099</td><td>93</td><td>1 192</td></tr>
<tr><td>92.2%</td><td>7.8%</td><td>100.0%</td></tr>
<tr><td rowspan="2">干部教师</td><td>516</td><td>128</td><td>644</td></tr>
<tr><td>80.1%</td><td>19.9%</td><td>100.0%</td></tr>
<tr><td colspan="2" rowspan="2">总　计</td><td>1 615</td><td>221</td><td>1 836</td></tr>
<tr><td>88.0%</td><td>12.0%</td><td>100.0%</td></tr>
</table>

表 4-2-211　不同职务教师的自我导向学习差异统计表（24）

<table>
<tr><th colspan="2" rowspan="2"></th><th colspan="2">您在工作、学习遇到难题时，经常到哪里寻求帮助——找同事咨询</th><th rowspan="2">总　计</th></tr>
<tr><th>未　选</th><th>已　选</th></tr>
<tr><td rowspan="2">职务分类</td><td rowspan="2">普通教师</td><td>485</td><td>707</td><td>1 192</td></tr>
<tr><td>40.7%</td><td>59.3%</td><td>100.0%</td></tr>
</table>

(续表)

		您在工作、学习遇到难题时，经常到哪里寻求帮助——找同事咨询		总　计
		未　选	已　选	
职务分类	干部教师	293	351	644
		45.5%	54.5%	100.0%
总　计		778	1 058	1 836
		42.4%	57.6%	100.0%

（八）不同收入水平教师的自我导向学习差异

1. 教师学习意识的差异。在学习态度方面，收入越高的教师，越认为学习是自己的事，学习也越主动（见表4-2-212）。在学习动机方面，收入越高的教师，越是为了提高解决问题的能力而学习，为了帮助身边的人成长而学习（见表4-2-214、表4-2-216）；收入越低的教师，越是为了提升职位或职称、为了完成个人学习计划而学习（见表4-2-213、表4-2-215）。在学习意志方面，收入越高的教师，越认为学习够用就行，越不会去刻意钻研（见表4-2-217）。

表4-2-212　不同收入水平教师的自我导向学习差异统计表（1）

		您对学习的看法——学习是我自己的事，我能主动开展学习		总　计
		未　选	已　选	
收入分类	较低	106	251	357
		29.7%	70.3%	100.0%
	中等	239	733	972
		24.6%	75.4%	100.0%
	较高	113	394	507
		22.3%	77.7%	100.0%

（续表）

	您对学习的看法——学习是我自己的事，我能主动开展学习		总　计
	未　选	已　选	
总　　计	458	1 378	1 836
	24.9%	75.1%	100.0%

表 4-2-213　不同收入水平教师的自我导向学习差异统计表（2）

		您现在的学习主要是为了——提升职位或职称		总　计
		未　选	已　选	
收入分类	较低	287	70	357
		80.4%	19.6%	100.0%
	中等	806	166	972
		82.9%	17.1%	100.0%
	较高	445	62	507
		87.8%	12.2%	100.0%
总　　计		1 538	298	1 836
		83.8%	16.2%	100.0%

表 4-2-214　不同收入水平教师的自我导向学习差异统计表（3）

		您现在的学习主要是为了——提高解决实际问题的能力		总　计
		未　选	已　选	
收入分类	较低	133	224	357
		37.3%	62.7%	100.0%
	中等	306	666	972
		31.5%	68.5%	100.0%

(续表)

		您现在的学习主要是为了——提高解决实际问题的能力		总 计
		未 选	已 选	
收入分类	较高	127	380	507
		25.0%	75.0%	100.0%
总 计		566	1 270	1 836
		30.8%	69.2%	100.0%

表 4-2-215 不同收入水平教师的自我导向学习差异统计表（4）

		您现在的学习主要是为了——完成自己个人的学习计划		总 计
		未 选	已 选	
收入分类	较低	266	91	357
		74.5%	25.5%	100.0%
	中等	772	200	972
		79.4%	20.6%	100.0%
	较高	415	92	507
		81.9%	18.1%	100.0%
总 计		1 453	383	1 836
		79.1%	20.9%	100.0%

表 4-2-216 不同收入水平教师的自我导向学习差异统计表（5）

		您现在的学习主要是为了——帮助身边的人成长，尤其是青年人		总 计
		未 选	已 选	
收入分类	较低	329	28	357
		92.2%	7.8%	100.0%

(续表)

		您现在的学习主要是为了——帮助身边的人成长，尤其是青年人		总 计
		未 选	已 选	
收入分类	中等	868	104	972
		89.3%	10.7%	100.0%
	较高	428	79	507
		84.4%	15.6%	100.0%
总 计		1 625	211	1 836
		88.5%	11.5%	100.0%

表 4-2-217　不同收入水平教师的自我导向学习差异统计表（6）

		您的学习现状是——我的学习够用就行，不会去刻意钻研		总 计
		未 选	已 选	
收入分类	较低	283	74	357
		79.3%	20.7%	100.0%
	中等	739	233	972
		76.0%	24.0%	100.0%
	较高	364	143	507
		71.8%	28.2%	100.0%
总 计		1 386	450	1 836
		75.5%	24.5%	100.0%

2. 教师学习内容的差异。较高收入的教师，对历史文化最感兴趣（见表4-2-219）；中等收入的教师，对教育管理最不感兴趣（见表4-2-218），但是更愿意学习心理保健（见表4-2-220）。

表 4-2-218　不同收入水平教师的自我导向学习差异统计表（7）

		您目前比较关注的领域有哪些——教育管理		总计
		未选	已选	
收入分类	较低	265	92	357
		74.2%	25.8%	100.0%
	中等	785	187	972
		80.8%	19.2%	100.0%
	较高	382	125	507
		75.3%	24.7%	100.0%
总计		1 432	404	1 836
		78.0%	22.0%	100.0%

表 4-2-219　不同收入水平教师的自我导向学习差异统计表（8）

		您目前比较关注的领域有哪些——历史文化		总计
		未选	已选	
收入分类	较低	309	48	357
		86.6%	13.4%	100.0%
	中等	812	160	972
		83.5%	16.5%	100.0%
	较高	389	118	507
		76.7%	23.3%	100.0%
总计		1 510	326	1 836
		82.2%	17.8%	100.0%

表 4-2-220　不同收入水平教师的自我导向学习差异统计表（9）

收入分类		您目前比较关注的领域有哪些——心理保健		总计
		未选	已选	
收入分类	较低	279	78	357
		78.2%	21.8%	100.0%
	中等	667	305	972
		68.6%	31.4%	100.0%
	较高	371	136	507
		73.2%	26.8%	100.0%
总计		1 317	519	1 836
		71.7%	28.3%	100.0%

3. 教师学习策略的差异。在学习计划方面，较低收入的教师，最不认同自己没有学习计划、看不清前进方向（见表4-2-221）。在学习方法方面，收入越高的教师，在遇到问题时越能快速找到资料进行学习（见表4-2-224），同时其学习也越没有严格的先后顺序（见表4-2-223）；收入越低的教师，越缺少一套自学方法，并处于摸索阶段（见表4-2-222）。较高收入的教师，在遇到问题时，最不会感到无从下手（见表4-2-225）。

表 4-2-221　不同收入水平教师的自我导向学习差异统计表（10）

收入分类		您在学习计划方面的现状是——我没有学习计划，有点看不清前进的方向		总计
		未选	已选	
收入分类	较低	341	16	357
		95.5%	4.5%	100.0%
	中等	890	82	972
		91.6%	8.4%	100.0%

（续表）

		您在学习计划方面的现状是——我没有学习计划,有点看不清前进的方向		总　计
		未　选	已　选	
收入分类	较高	467	40	507
		92.1%	7.9%	100.0%
总　　计		1 698	138	1 836
		92.5%	7.5%	100.0%

表 4-2-222　不同收入水平教师的自我导向学习差异统计表（11）

		您在学习方法方面的现状是——我没有一套自学方法,仍处于摸索阶段		总　计
		未　选	已　选	
收入分类	较低	297	60	357
		83.2%	16.8%	100.0%
	中等	841	131	972
		86.5%	13.5%	100.0%
	较高	463	44	507
		91.3%	8.7%	100.0%
总　　计		1 601	235	1 836
		87.2%	12.8%	100.0%

表 4-2-223　不同收入水平教师的自我导向学习差异统计表（12）

		您在学习方法方面的现状是——我的学习没有严格的先后顺序		总　计
		未　选	已　选	
收入分类	较低	252	105	357
		70.6%	29.4%	100.0%

（续表）

收入分类		您在学习方法方面的现状是——我的学习没有严格的先后顺序		总 计
		未 选	已 选	
收入分类	中等	629	343	972
		64.7%	35.3%	100.0%
	较高	304	203	507
		60.0%	40.0%	100.0%
总 计		1 185	651	1 836
		64.5%	35.5%	100.0%

表 4-2-224　不同收入水平教师的自我导向学习差异统计表（13）

收入分类		您在学习方法方面的现状是——遇到问题时,我能很快找到资料进行学习		总 计
		未 选	已 选	
收入分类	较低	195	162	357
		54.6%	45.4%	100.0%
	中等	502	470	972
		51.6%	48.4%	100.0%
	较高	226	281	507
		44.6%	55.4%	100.0%
总 计		923	913	1 836
		50.3%	49.7%	100.0%

表 4-2-225　不同收入水平教师的自我导向学习差异统计表（14）

		您在学习方法方面的现状是——遇到问题时,我经常感到无从下手		总　计
		未　选	已　选	
收入分类	较低	340	17	357
		95.2%	4.8%	100.0%
	中等	925	47	972
		95.2%	4.8%	100.0%
	较高	497	10	507
		98.0%	2.0%	100.0%
总　计		1 762	74	1 836
		96.0%	4.0%	100.0%

4. 教师学习行为的差异。在学习习惯方面,收入越高的教师,越具备随时总结、反思和改进行为的习惯(见表4-2-228),同时,越是在遇到问题时才去学习(见表4-2-227);收入越低的教师,越需要整块时间才能学习(见表4-2-226)。在学习方式方面,较高收入的教师,最多采用听课评课、做课题、参观访问、小组讨论(见表4-2-230、表4-2-229、表4-2-232、表4-2-231)。

表 4-2-226　不同收入水平教师的自我导向学习差异统计表（15）

		您的学习习惯是——我要有整块时间才能进行学习		总　计
		未　选	已　选	
收入分类	较低	280	77	357
		78.4%	21.6%	100.0%
	中等	788	184	972
		81.1%	18.9%	100.0%

(续表)

		您的学习习惯是——我要有整块时间才能进行学习		总　计
		未　选	已　选	
收入分类	较高	439	68	507
		86.6%	13.4%	100.0%
总　　计		1 507	329	1 836
		82.1%	17.9%	100.0%

表 4-2-227　不同收入水平教师的自我导向学习差异统计表（16）

		您的学习习惯是——当遇到问题时,我才会及时学习		总　计
		未　选	已　选	
收入分类	较低	282	75	357
		79.0%	21.0%	100.0%
	中等	716	256	972
		73.7%	26.3%	100.0%
	较高	360	147	507
		71.0%	29.0%	100.0%
总　　计		1 358	478	1 836
		74.0%	26.0%	100.0%

表 4-2-228　不同收入水平教师的自我导向学习差异统计表（17）

		您的学习习惯是——我有随时总结、反思、改进行为的习惯		总　计
		未　选	已　选	
收入分类	较低	248	109	357
		69.5%	30.5%	100.0%
	中等	666	306	972

(续表)

		您的学习习惯是——我有随时总结、反思、改进行为的习惯		总计
		未选	已选	
收入分类	中等	68.5%	31.5%	100.0%
	较高	310	197	507
		61.1%	38.9%	100.0%
总计		1 224	612	1 836
		66.7%	33.3%	100.0%

表 4-2-229　不同收入水平教师的自我导向学习差异统计表（18）

		您经常采用或参与的学习有哪些——做课题		总计
		未选	已选	
收入分类	较低	333	24	357
		93.3%	6.7%	100.0%
	中等	900	72	972
		92.6%	7.4%	100.0%
	较高	435	72	507
		85.8%	14.2%	100.0%
总计		1 668	168	1 836
		90.8%	9.2%	100.0%

表 4-2-230　不同收入水平教师的自我导向学习差异统计表（19）

		您经常采用或参与的学习有哪些——听课评课		总计
		未选	已选	
收入分类	较低	136	221	357
		38.1%	61.9%	100.0%

(续表)

		您经常采用或参与的学习有哪些——听课评课		总计
		未选	已选	
收入分类	中等	356	616	972
		36.6%	63.4%	100.0%
	较高	222	285	507
		43.8%	56.2%	100.0%
总计		714	1 122	1 836
		38.9%	61.1%	100.0%

表 4-2-231　不同收入水平教师的自我导向学习差异统计表（20）

		您经常采用或参与的学习有哪些——小组讨论		总计
		未选	已选	
收入分类	较低	307	50	357
		86.0%	14.0%	100.0%
	中等	815	157	972
		83.8%	16.2%	100.0%
	较高	453	54	507
		89.3%	10.7%	100.0%
总计		1 575	261	1 836
		85.8%	14.2%	100.0%

表 4-2-232　不同收入水平教师的自我导向学习差异统计表（21）

		您经常采用或参与的学习有哪些——参观访问		总计
		未选	已选	
收入分类	较低	334	23	357
		93.6%	6.4%	100.0%

(续表)

收入分类		您经常采用或参与的学习有哪些——参观访问		总计
		未选	已选	
收入分类	中等	888	84	972
		91.4%	8.6%	100.0%
	较高	445	62	507
		87.8%	12.2%	100.0%
总计		1 667	169	1 836
		90.8%	9.2%	100.0%

5. 教师学习评价的差异。收入越低的教师，越倾向于在学习过后，说不出到底学到了什么（见表4-2-233）。

表4-2-233　不同收入水平教师的自我导向学习差异统计表（22）

收入分类		您对自己学习效果的评价——学习过后，我总是说不出到底学到了什么		总计
		未选	已选	
收入分类	较低	324	33	357
		90.8%	9.2%	100.0%
	中等	919	53	972
		94.5%	5.5%	100.0%
	较高	483	24	507
		95.3%	4.7%	100.0%
总计		1 726	110	1 836
		94.0%	6.0%	100.0%

6. 教师人际关系技能的差异。在交往风格方面，较高收入的教师，更经常作为专家对别人进行学习指导（见表4-2-234）。在求助对象方面，收入越高的教师，越倾向于找专家咨询来解决问题（见表4-2-237）；中等收入的教师，较多使用大众搜索工具（见表4-2-235）；较高收入教师，最多查找文献书籍解决问题（见表4-2-236），中等收入教师则最少利用文献书籍（见表4-2-236）。

表4-2-234 不同收入水平教师的自我导向学习差异统计表（23）

		您在学习中的人际交往情况——我经常作为专家对别人进行学习指导		总 计
		未 选	已 选	
收入分类	较低	349	8	357
		97.8%	2.2%	100.0%
	中等	938	34	972
		96.5%	3.5%	100.0%
收入分类	较高	477	30	507
		94.1%	5.9%	100.0%
总 计		1 764	72	1 836
		96.1%	3.9%	100.0%

表4-2-235 不同收入水平教师的自我导向学习差异统计表（24）

		您在工作、学习遇到难题时，经常到哪里寻求帮助——使用百度、谷歌等大众搜索工具		总 计
		未 选	已 选	
收入分类	较低	57	300	357
		16.0%	84.0%	100.0%
	中等	111	861	972
		11.4%	88.6%	100.0%

（续表）

		您在工作、学习遇到难题时，经常到哪里寻求帮助——使用百度、谷歌等大众搜索工具		总　计
		未　选	已　选	
收入分类	较高	79	428	507
		15.6%	84.4%	100.0%
总　计		247	1 589	1 836
		13.5%	86.5%	100.0%

表 4-2-236　不同收入水平教师的自我导向学习差异统计表（25）

		您在工作、学习遇到难题时，经常到哪里寻求帮助——查找文献书籍		总　计
		未　选	已　选	
收入分类	较低	235	122	357
		65.8%	34.2%	100.0%
	中等	697	275	972
		71.7%	28.3%	100.0%
	较高	313	194	507
		61.7%	38.3%	100.0%
总　计		1 245	591	1 836
		67.8%	32.2%	100.0%

表 4-2-237　不同收入水平教师的自我导向学习差异统计表（26）

		您在工作、学习遇到难题时，经常到哪里寻求帮助——找专家咨询		总　计
		未　选	已　选	
收入分类	较低	332	25	357
		93.0%	7.0%	100.0%

（续表）

		您在工作、学习遇到难题时，经常到哪里寻求帮助——找专家咨询		总　计
		未　选	已　选	
收入分类	中等	865	107	972
		89.0%	11.0%	100.0%
	较高	418	89	507
		82.4%	17.6%	100.0%
总　计		1 615	221	1 836
		88.0%	12.0%	100.0%

第五章
教师职业与学习的影响因素分析

在此次针对 1 836 名中小学教师的问卷调查中，还有第四个重要组成部分，即对教师职业发展与学习的综合影响因素进行调查与分析。

第一节 影响因素的总体情况分析

一、问卷问题的说明

随着研究的不断深入，很容易出现偏离航向的情况。因此，在研究进展的每一阶段，研究团队都要重复回到"教师是完整的人"这一基本假设之上。从这个假设出发，教师应该是一个更加生活化、更接地气的人物形象。他们在扮演职业角色的同时，还有更多家庭、社区和社会中的身份角色；即使在职业生活之内，教师们在教育教学的专业领域之余，还有很多交往的、情感的发展领域。与之相对应，教师的学习也是生活化的、多样化的，不能仅限于学校和讲台。从这个角度来看，教师在职业发展中的问题，比如进入职业高原期，在学习中遇到的问题，比如学习懈怠等，往往并不是职业或学习本身造成的，而是其生活本身有了问题、遇到了麻烦。比如一名被访谈教师，在外人看来她是十分上进且优秀的教师，但她却说自己进入了职业高原期，其真实原因是家人生了重病，而且需要长期治疗；还有一名青年男教师，他正面临巨大的买房和结婚压力，但暂时又看不到教书能为自己的生活带来多少变化，始终难以全身心投入其中；等等。

基于这样的视野和思路，研究团队经过充分讨论，形成了关于综合影响因素的一道问卷题目："您目前最关心（或最受困扰）的问题是什么"（最多选3项），其中包含了12个影响因素，如身体健康、个性心理、经济收入、社会地位、工作负荷、工作成绩、同事关系、婚姻状况、子女教育、父母养老、生活趣味等。这些因素涉及教师日常生活的方方面面，虽然看似与其职业或学习不直接相关，但却是教师职业发展的底色，是导致教师相关问题产生的最实质原因。

二、问卷数据的分析

调查结果显示（见表5-1-1），在12项"影响因素"中，位列前三的分别是："经济收入不大满意"的1 127人，占61.4%；"身体健康状况不好"的941人，占51.3%；"工作总超负荷运转"的787人，占42.9%。从其所占比重来看，也是教师最看重的三个因素。其次才是"个性心理需要改善"，占19.3%；"社会地位不大满意"，占14.5%；"子女教育让人操心"，占14.5%；"工作成绩难以突破"，占12.9%；"生活单调缺少调剂"，占9.4%；"父母养老压力很大"，占8.9%；"结婚对象较难确定"，占2.2%；"同事关系处理不好"，占0.8%；"婚姻关系存在危机"，占0.5%。

从职业的角度来看，在12个选项中，"工作成绩难以突破"与教师职业发展的相关性最大，但仅位列第七；从其所占比重"12.9%"来看，即平均每10名教师中，只有约1人最关心教学工作的成效问题，这从另一个侧面反映出：第一，教育教学并不是教师生活的全部；第二，教育教学也不是教师生活的重点，教师目前最受困的是"经济收入""身体健康"和"工作负荷"。也就是说，教师这份职业能为教师提供的条件或保障，还

表 5-1-1　被调查教师职业与学习的影响因素统计表

问卷题目	问卷选项	人次	百分比
您目前最关心（或最受困扰）的问题是什么？	经济收入不大满意	1 127	61.4%
	身体健康状况不好	941	51.3%
	工作总超负荷运转	787	42.9%
	个性心理需要改善	355	19.3%
	社会地位不大满意	267	14.5%
	子女教育让人操心	268	14.5%
	工作成绩难以突破	237	12.9%
	生活单调缺少调剂	173	9.4%
	父母养老压力很大	163	8.9%
	结婚对象较难确定	40	2.2%
	同事关系处理不好	14	0.8%
	其他	14	0.8%
	婚姻关系存在危机	9	0.5%

不足以让教师将其放在全部生活的中心位置。再讲直白些，一个不是我们最关心的事情，即使它停滞不前、没有变化了，又能怎么办呢？

从学习的角度看，如第三章第一节的分析所示：很多教师往往有较好的自我导向学习的准备度，学习态度好、学习动机强、学习意志坚，但为什么在现实中却仍存在学习停滞的问题？正因为学习的停滞，才直接导致教师职业发展稳步不前，进入职业高原期。根据学习动机理论，学习动机及其行为的产生，需要两个条件：一是有内部驱动力；二是有外部诱因。从目前的分析结论看，教师学习动力不强的重点不在前者，而是后者，即外部诱因，如"经济收入""身体健康""工作负荷"等外部条件的现状，还不足以促使教师把学习内部驱力转变为学习行动。又讲直白些，这份付出，值得吗？

第二节　影响因素的差异化分析

一、不同性别教师的职业与学习影响因素分析

经交叉分析,呈显著差异的因素为:与男性教师相比,女性教师受身体健康状况的困扰更多,高达53.8%(见表5-2-1);男性教师更不满足于自己的社会地位,占24%(见表5-2-2)。

表5-2-1　不同性别教师的职业与学习影响因素差异统计表(1)

		您目前最关心(或最受困扰)的问题是——身体健康状况不好		总　计
		未　选	已　选	
性别	男	204	137	341
		59.8%	40.2%	100.0%
	女	691	804	1 495
		46.2%	53.8%	100.0%
总　计		895	941	1 836
		48.7%	51.3%	100.0%

表5-2-2　不同性别教师的职业与学习影响因素差异统计表(2)

		您目前最关心(或最受困扰)的问题是——社会地位不大满意		总　计
		未　选	已　选	
性别	男	259	82	341
		76.0%	24.0%	100.0%
	女	1 310	185	1 495

（续表）

		您目前最关心（或最受困扰）的问题是——社会地位不大满意		总　计
		未　选	已　选	
性别	女	87.6%	12.4%	100.0%
总　计		1 569	267	1 836
		85.5%	14.5%	100.0%

二、不同年龄教师的职业与学习影响因素分析

数据显示：年龄越轻的教师，工作压力越大，越感觉工作总超负荷运转，其中，中年教师的工作量最大，占43.7%（见表5-2-3）；年龄越轻的教师，对择偶和结婚问题越是关注，占5.8%（见表5-2-4）；年龄越轻的教师，越关注子女教育的问题，中年教师的关注度最高，占17.4%（见表5-2-5）。

表 5-2-3　不同年龄教师的职业与学习影响因素差异统计表（1）

		您目前最关心（或最受困扰）的问题是——工作总超负荷运转		总　计
		未　选	已　选	
教师年龄	青年	330	253	583
		56.6%	43.4%	100.0%
	中年	651	505	1 156
		56.3%	43.7%	100.0%
	老年	68	29	97
		70.1%	29.9%	100.0%
总　计		1 049	787	1 836
		57.1%	42.9%	100.0%

表 5-2-4　不同年龄教师的职业与学习影响因素差异统计表（2）

		您目前最关心（或最受困扰）的问题是——结婚对象较难确定		总　计
		未　选	已　选	
教师年龄	青年	549	34	583
		94.2%	5.8%	100.0%
	中年	1 150	6	1 156
		99.5%	0.5%	100.0%
	老年	97	0	97
		100.0%	0.0%	100.0%
总　计		1 796	40	1 836
		97.8%	2.2%	100.0%

表 5-2-5　不同年龄教师的职业与学习影响因素差异统计表（3）

		您目前最关心（或最受困扰）的问题是——子女教育让人操心		总　计
		未　选	已　选	
教师年龄	青年	520	63	583
		89.2%	10.8%	100.0%
	中年	955	201	1 156
		82.6%	17.4%	100.0%
	老年	93	4	97
		95.9%	4.1%	100.0%
总　计		1 568	268	1 836
		85.4%	14.6%	100.0%

三、不同教龄教师的职业与学习影响因素分析

数据显示：教龄越短的教师，对择偶和结婚问题越是关注，占10.9%（见表5-2-6）；教龄越长的教师，越倾向于关注子女教育问题，其中处于成长期的教师关注度最高，占18.5%（见表5-2-7）；教龄越长的教师，越要面临父母养老的压力（表5-2-8）；教龄越短的教师，越倾向于关注生活单调的问题，其中，处于职初期的教师关注度最高，占17.7%，成长期的教师对其关注度最低，占7.3%（见表5-2-9）。

表5-2-6 不同教龄教师的职业与学习影响因素差异统计表（1）

		您目前最关心（或最受困扰）的问题是——结婚对象较难确定		总 计
		未 选	已 选	
教师教龄	职初期	156	19	175
		89.1%	10.9%	100.0%
	成长期	885	19	904
		97.9%	2.1%	100.0%
	成熟期	755	2	757
		99.7%	0.3%	100.0%
总 计		1 796	40	1 836
		97.8%	2.2%	100.0%

表5-2-7 不同教龄教师的职业与学习影响因素差异统计表（2）

		您目前最关心（或最受困扰）的问题是——子女教育让人操心		总 计
		未 选	已 选	
教师教龄	职初期	171	4	175
		97.7%	2.3%	100.0%

（续表）

教师教龄		您目前最关心（或最受困扰）的问题是——子女教育让人操心		总 计
		未 选	已 选	
教师教龄	成长期	737	167	904
		81.5%	18.5%	100.0%
	成熟期	660	97	757
		87.2%	12.8%	100.0%
总 计		1 568	268	1 836
		85.4%	14.6%	100.0%

表 5-2-8　不同教龄教师的职业与学习影响因素差异统计表（3）

教师教龄		您目前最关心（或最受困扰）的问题是——父母养老压力很大		总 计
		未 选	已 选	
教师教龄	职初期	171	4	175
		97.7%	2.3%	100.0%
	成长期	822	82	904
		90.9%	9.1%	100.0%
	成熟期	680	77	757
		89.8%	10.2%	100.0%
总 计		1 673	163	1 836
		91.1%	8.9%	100.0%

表 5-2-9　不同教龄教师的职业与学习影响因素差异统计表（4）

教师教龄		您目前最关心（或最受困扰）的问题是——生活单调缺少调剂		总 计
		未 选	已 选	
教师教龄	职初期	144	31	175
		82.3%	17.7%	100.0%

(续表)

		您目前最关心（或最受困扰）的问题是——生活单调缺少调剂		总 计
		未 选	已 选	
教师教龄	成长期	838	66	904
		92.7%	7.3%	100.0%
	成熟期	681	76	757
		90.0%	10.0%	100.0%
总 计		1 663	173	1 836
		90.6%	9.4%	100.0%

四、不同受教育程度教师的职业与学习影响因素分析

数据显示：大专和本科学历的教师，认为自己身体健康状况不好的人较多，分别占51.8%和51.9%，研究生学历的教师认为健康状况不好的人最少，占38.1%，与前两者均呈显著差异（见表5-2-10）。

表5-2-10 不同受教育程度教师的职业与学习影响因素差异统计表

		您目前最关心（或最受困扰）的问题是——身体健康状况不好		总 计
		未 选	已 选	
受教育程度	大专	79	85	164
		48.2%	51.8%	100.0%
	本科	764	824	1 588
		48.1%	51.9%	100.0%
	研究生	52	32	84
		61.9%	38.1%	100.0%
总 计		895	941	1 836
		48.7%	51.3%	100.0%

五、不同职称教师的职业与学习影响因素分析

数据显示：职称越低的教师，越对自己的经济收入不满意，其中初级职称教师占比64.7%（见表5-2-11）；职称越低的教师，越受困于择偶和结婚问题（见表5-2-12）；职称越高的教师，越关注子女教育问题，中级职称教师的关注度最高，占17.3%（见表5-2-13）；职称越高的教师，越关注父母养老压力的问题（见表5-2-14）。

表 5-2-11　不同职称教师的职业与学习影响因素差异统计表（1）

		您目前最关心（或最受困扰）的问题是——经济收入不大满意		总　计
		未　选	已　选	
职称	其他或无	41	48	89
		46.1%	53.9%	100.0%
	初级	191	350	541
		35.3%	64.7%	100.0%
	中级	373	612	985
		37.9%	62.1%	100.0%
	高级	104	117	221
		47.1%	52.9%	100.0%
总　计		709	1 127	1 836
		38.6%	61.4%	100.0%

表 5-2-12　不同职称教师的职业与学习影响因素差异统计表（2）

		您目前最关心（或最受困扰）的问题是——结婚对象较难确定		总　计
		未　选	已　选	
职称	其他或无	79	10	89
		88.8%	11.2%	100.0%

（续表）

		您目前最关心（或最受困扰）的问题是——结婚对象较难确定		总　计
		未　选	已　选	
职称	初级	519	22	541
		95.9%	4.1%	100.0%
	中级	978	7	985
		99.3%	0.7%	100.0%
	高级	220	1	221
		99.5%	0.5%	100.0%
总　计		1 796	40	1 836
		97.8%	2.2%	100.0%

表 5-2-13　不同职称教师的职业与学习影响因素差异统计表（3）

		您目前最关心（或最受困扰）的问题是——子女教育让人操心		总　计
		未　选	已　选	
职称	其他或无	87	2	89
		97.8%	2.2%	100.0%
	初级	483	58	541
		89.3%	10.7%	100.0%
	中级	815	170	985
		82.7%	17.3%	100.0%
	高级	183	38	221
		82.8%	17.2%	100.0%
总　计		1 568	268	1 836
		85.4%	14.6%	100.0%

表 5-2-14　不同职称教师的职业与学习影响因素差异统计表（4）

		您目前最关心（或最受困扰）的问题是——父母养老压力很大		总计
		未选	已选	
职称	其他或无	86	3	89
		96.6%	3.4%	100.0%
	初级	499	42	541
		92.2%	7.8%	100.0%
	中级	897	88	985
		91.1%	8.9%	100.0%
	高级	191	30	221
		86.4%	13.6%	100.0%
总计		1 673	163	1 836
		91.1%	8.9%	100.0%

六、不同职务教师的职业与学习影响因素分析

数据显示：与干部教师相比，普通教师对经济收入更不满意，两者差异显著（见表5-2-15）；与普通教师相比，干部教师的工作压力更大，更超负荷运转（见表5-2-16），对子女教育问题也更加关注（见表5-2-17）。

表 5-2-15　不同职务教师的职业与学习影响因素差异统计表（1）

		您目前最关心（或最受困扰）的问题是——经济收入不大满意		总计
		未选	已选	
职务分类	普通教师	429	763	1 192
		36.0%	64.0%	100.0%
	干部教师	280	364	644
		43.5%	56.5%	100.0%
总计		709	1 127	1 836
		38.6%	61.4%	100.0%

表 5-2-16　不同职务教师的职业与学习影响因素差异统计表（2）

职务分类		您目前最关心（或最受困扰）的问题是——工作总超负荷运转		总　计
		未　选	已　选	
职务分类	普通教师	718	474	1 192
		60.2%	39.8%	100.0%
	干部教师	331	313	644
		51.4%	48.6%	100.0%
总　计		1 049	787	1 836
		57.1%	42.9%	100.0%

表 5-2-17　不同职务教师的职业与学习影响因素差异统计表（3）

职务分类		您目前最关心（或最受困扰）的问题是——子女教育让人操心		总　计
		未　选	已　选	
职务分类	普通教师	1 041	151	1 192
		87.3%	12.7%	100.0%
	干部教师	527	117	644
		81.8%	18.2%	100.0%
总　计		1 568	268	1 836
		85.4%	14.6%	100.0%

七、不同收入教师的职业与学习影响因素分析

数据显示：收入越低的教师，对经济收入状况越不满意（见表5-2-18），越受困于择偶结婚问题（见表5-2-20）；收入越高的教师，越关心自己子女的教育问题（见表5-2-21）；较高收入的教师，其工作负荷也最大，占48.5%（见表5-2-19）。

表 5-2-18　不同收入教师的职业与学习影响因素差异统计表（1）

		您目前最关心（或最受困扰）的问题是——经济收入不大满意		总计
		未选	已选	
收入分类	较低	123	234	357
		34.5%	65.5%	100.0%
	中等	355	617	972
		36.5%	63.5%	100.0%
	较高	231	276	507
		45.6%	54.4%	100.0%
总计		709	1 127	1 836
		38.6%	61.4%	100.0%

表 5-2-19　不同收入教师的职业与学习影响因素差异统计表（2）

		您目前最关心（或最受困扰）的问题是——工作总超负荷运转		总计
		未选	已选	
收入分类	较低	214	143	357
		59.9%	40.1%	100.0%
	中等	574	398	972
		59.1%	40.9%	100.0%
	较高	261	246	507
		51.5%	48.5%	100.0%
总计		1 049	787	1 836
		57.1%	42.9%	100.0%

表 5-2-20　不同收入教师的职业与学习影响因素差异统计表（3）

		您目前最关心（或最受困扰）的问题是——结婚对象较难确定		总　计
		未　选	已　选	
收入分类	较低	344	13	357
		96.4%	3.6%	100.0%
	中等	950	22	972
		97.7%	2.3%	100.0%
	较高	502	5	507
		99.0%	1.0%	100.0%
总　计		1 796	40	1 836
		97.8%	2.2%	100.0%

表 5-2-21　不同收入教师的职业与学习影响因素差异统计表（4）

		您目前最关心（或最受困扰）的问题是——子女教育让人操心		总　计
		未　选	已　选	
收入分类	较低	325	32	357
		91.0%	9.0%	100.0%
	中等	817	155	972
		84.1%	15.9%	100.0%
	较高	426	81	507
		84.0%	16.0%	100.0%
总　计		1 568	268	1 836
		85.4%	14.6%	100.0%

第六章
研究结论的总结与分析

第一节 教师职业高原与自我导向学习的总体分析

本节主要综合第三章第一节、第四章第一节、第五章第一节的研究成果,对教师职业高原和自我导向学习的总体情况进行总结和比较,力求对其中表现出的特征与关系进行挖掘和整理。

一、教师真正关心的职业高原是什么?

(一)层级高原程度最重,但并不为教师所看重

根据第三章的研究结论,在教师六大职业高原中,层级高原的程度最重,占填写问卷题项总人次的78.86%(见表3-2-25)。这说明职位无法升迁或职称难以晋升,是教师进入职业高原的主要表征,也是教师职业发展中面临的最主要瓶颈。再结合第四章的研究结论,单从学习动机的角度看(见表4-2-1):大部分教师认为自己的学习是为了提高解决实际问题的能力(69.2%),提升自我修养、增强幸福感(59.2%),其中,为了提升职位或职称而学习的教师仅占16.2%。综合这几组数据可以看出:层级高原虽然客观存在,并看似是教师职业发展的最大瓶颈,但从教师主观感受的角度来看,职位或职称是否提升并非他们最关心的领域。

（二）内容高原程度最轻，却是教师关注的重点

根据第三章的结论，教师内容高原的程度最轻，占填写问卷题项总人次的39.56%（见表3-2-25）。这从反面说明：教师虽然认为自己进一步提升职务或职称的可能性最小，但是在持续提升专业知识或技能方面的可能性却最大。关于这一点，从第四章的相关研究结论中就可以得到印证，如：在学习动机中，以提高解决实际问题的能力为主，占69.2%（见表4-2-1）；在学习内容中，教学技能（63.9%）和教育理论（31.7%）排在前面（见表4-2-2）；在学习方式中，听课评课位列第二（61.1%）（见表4-2-4）；等等。以上数据均表明：教学知识与技能是教师最为关心、投入最多，也最不甘落后的领域，也是教师职业发展和学习的核心领域。

（三）教学知识与技能，仍然是教师难以突破的领域

如第三章所述，教师内容高原的程度虽然最轻，但其绩效高原的程度却位列第三，占填写问卷题项总人次的61.14%（见表3-2-25）。也就是说，教师对自己工作成绩的认可度较小，认为工作成绩获得新突破的可能性较小。根据刚才的讨论结果，这里的工作成绩主要指教师教学工作的效果。这里就出现一个悖论：一方面，教师认为自己在教学知识与技能方面获得突破的可能性最大，对教学工作的投入最大，对教学知识和技能的学习也最为关注；但是另一方面，教师的实际投入产出比却并不高，还有高达61.14%的人对教学成绩或效果不大满意。这是为什么？首先，可以排除层级高原的影响，因为教师们并不十分在意；其次，也可以排除情感高原的影响，因为情感高原在六大高原中的程度位列第五，占填写相关题项总人数的48.65%（见表3-2-25），大多数教师仍十分热爱教师职业，对教育教学工作仍有足够强的热情和积极性。关于这个问题，我们不妨从教师学习的特征与规律上来找原因。

二、教师的自我导向学习什么样？

（一）教师学习意识的特征分析

根据第四章的研究数据可知（见表4-2-1）：一方面，大多数教师有较积极正面的学习态度，有75.1%的人认为学习是自己的事，并能主动开展学习；大多数教师的学习动力更多来自内部驱动力，比如提高教学能力、提升自我修养水平和增强幸福感，而不是为了提升职位或职称、完成组织安排的任务等外部驱动力；有51.1%的教师认为自己有较强的学习意志，在遇到学习困难时会攻坚克难、坚持到底。

另一方面，教师学习动机以技能提升为主，为了提升理论水平的仅占34.9%，其学习的出发点显得过于实用；在学习意志中，能精益求精开展学习的教师为32.9%，能不受外界影响开展长时间自学的教师占29.6%。总体来看，大多数教师与学习态度和学习动机相比，教师的学习意志，尤其是开展精深学习和长期学习的意志力还略显薄弱。

（二）教师学习内容的特征分析

根据第四章的研究数据（见表4-2-2）：一方面，教师们最关注的学习领域为教学技能（63.9%）和教育理论（31.7%），这也印证了教师作为成人学习者的典型特征，即以职业生活为中心，为解决实际问题而学习。

另一方面，与教育理论相比，教师又过于关注教学技能的学习，表现出较强的实用性和功利性倾向。同时，对社会生活、历史文化、闲暇娱乐、身心修养等与职业发展不直接相关的内容，其关注度又过低。这种现象表明：教师在学习的"养"与"用"、"博"与"专"之间仍存在较明显的不平衡问题，存在为了教学而教学、为了技能而技能的状态。更进一步讲，为了单纯获得教学技能的提升，教师学习在一段时间内、在一定程度上会表现出较强劲的自我导向性。但是，如果教师学习总停留在技能层面,缺少理论积淀的支撑,缺乏生活情趣和人文素养的滋润,那么将为其学习的创造性和可持续性带来不利影响。

(三) 教师学习策略的特征分析

根据第四章的研究数据(见表4-2-3):一方面,综合教师关于学习计划的统计数据,有学习计划的教师(包括独立制定和在外界帮助下制定的学习计划、长期和短期的学习计划)累计1 690人次,没有学习计划的累计718人次。在有学习计划的教师中,独立制定学习计划的(包括长期和短期计划)累计997人次,在外界帮助下制定学习计划的(包括长期和短期计划)累计693人次,制定长期学习计划的(包括独立制定和外界帮助下制定的长期计划)累计668人次,制定短期学习计划的(包括独立制定和外界帮助下制定的短期计划)累计1 022人次。由此可见,教师制定学习计划的特点是:有计划的多,无计划的少;独立制定计划的多,在外界帮助下制定计划的少;以短期学习计划为主,长期学习计划次之。教师在制定学习计划方面表现出一定的自主性。在学习方法方面,有49.7%的教师在遇到问题时能很快找到资料进行学习,说明近一半的教师都能掌握一般的学习方法,具备处理一般问题的基本能力。

另一方面,教师制定学习计划的特点从另一个侧面反映出:许多教师仍以短期的、阶段性和片段式学习为主,学到哪儿算哪儿,缺乏围绕若干目标或主题长期开展学习研究的打算。也就是说,仍难以在策略层面开展学习,导致教师的自我导向学习缺乏全面性和长期性的准备。在学习方法方面,没有学习顺序的教师占35.5%,有学习先后顺序的占34.2%,有一套行之有效的自学方法的占27.1%,没有形成自学方法的占12.8%,说明教师们虽然能掌握一般的学习方法,但在更为精细化、科学化的学习方法方面还有所欠缺,这将影响教师开展更精深学习的效果和解决更复杂问题的效率。换言之,教师们在学习方法层面已经有一定的自我导向性,但是其质量还有待提高。

（四）教师学习行为的特征分析

根据第四章的研究数据（见表4-2-4）：一方面，关于学习计划的执行情况，认为在工作、学习和生活之间较少冲突的教师占41.4%，认为工学矛盾突出的占16.6%，说明许多教师不存在严重的工学矛盾，有较充裕的时间和精力开展学习；没有学习计划且从不学习的仅占3.8%，从侧面反映出大多数教师都有一定的学习行动力。在学习习惯方面，不少教师具有善于利用碎片时间（42.8%）、善于平时积累（37.3%）、善于总结反思（33.3%）等学习习惯，这些习惯的养成往往需要较好的自主性、主动性和自觉性，从而表现出一定的学习自我导向性。在学习方式方面，大多数教师以读书（62.7%）、听课评课（61.1%）、听讲座（55.6%）等传统学习方式为主，且所占比重很高。说明对传统或保守型学习方式的偏好，是教师学习的一大特点。其中，听课评课与提高教学能力直接相关，以教学为核心也是教师学习的一大特点。

另一方面，仅有三分之一的教师（31.8%）表示能落实并坚持自己的学习计划，还有近三分之一教师（27.3%）的学习行为没有计划性，这说明无论有没有学习计划，教师学习的执行力和行动力仍不够强劲，这也是教师学习意志较为薄弱的一个佐证。在学习习惯方面，认为能"对一个问题进行长期的观察与思考"的教师仅占10.5%，认为能围绕问题学习的教师占26%。教育教学是一门复杂的艺术或学问，尤其需要教师具备长期钻研和解决根本问题的"大习惯"。这样对比来看，教师的碎片时间学习、平时积累、总结反思等学习习惯仍是一种"小习惯"，且更多用于应对较为随机、简单和具体的问题。从这个角度看，教师学习习惯的现状仍难以形成足够的后发力。在学习方式方面，除听课评课外，读书、听讲座这两种主要的学习方式，以获取间接经验为主，与小组讨论、做课题、参观访问等方式相比，显示出教师学习仍具有一定的被动性和依赖性特征。比如写文章、做课题或学历进修，是教师对自身直接经验的提炼与反思,要比读书、听讲座付出更多的精力和脑力,也需要更为强韧的学习自我导向性,但其比重却分别仅占9.5%、9.2%和6.5%。

(五)教师学习评价的特征分析

根据第四章的研究数据(见表4-2-5):一方面,在学习评价的6个问卷题目选项中,占比位列前三的均为具有自我导向学习正面倾向的选项,如"我很了解自己的学习能力与水平"(61.4%),"我能够对学习过程进行控制、反思与调整"(38.9%),"学习之后,我总是很清楚自己学到了什么"(38.8%)。这说明多数教师仍具备有效评估自己学习行为的意识与能力。

另一方面,结合之前关于"学习意识""学习内容""学习策略""学习行为"的分析,教师们的这种自我评价能力到底针对何种"学习"呢?如前所述,这些"学习"有相当部分是片段的学习、短期的学习、随机的学习、简单的学习、具体的学习、间接经验的学习、缺少策略或方法的学习等。这些学习其实较容易进行自我监控,对自我评价能力的要求并不很高。因此,教师对自我导向学习的真实评价能力仍有待商榷。

(六)教师人际关系技能的特征分析

根据第四章的研究数据(见表4-2-6):一方面,教师的主要交往风格为:"常与人交流,通过学习别人改变自己"(54.9%),以及"善于从别人那里获得很多支持与帮助"(47.9%)。两项数据显示:教师在与人交往方面有独特的优势,更偏外向型风格,这与教师的职业性格与特点密切相关,有助于接触到更多的学习资源。在求助对象方面,教师在解决学习问题时,更多会"使用百度、谷歌等大众搜索工具"(86.5%),"找同事咨询"(57.6%)。这两个数据反映出现代教师获取外界帮助的两大取向:一是大量利用互联网技术,使学习能够跨越时空限制,而且更加便捷、高效;二是传统的人际互动仍然很重要,其中同伴是学习交流与互助的主要对象。

另一方面，教师交往风格中也存在一定短板，比如"独立思考并解决问题"的独立型风格较为欠缺。独立思考是个体对外部信息进行精加工的重要心理过程，是学习效果与学习质量的关键环节，但其比重仅占29.4%，说明不少教师在接触到大量外部学习资源的同时，在对其进行深入加工和有效利用方面能力还稍显不足。同时，只有17.7%的教师"能清楚地向别人提出要求、谈出想法"，说明教师在接触学习资源的同时，缺少明确的学习目标指引和学习任务导向，这也会使教师在学习效果上有所折扣。在求助对象方面，教师大量利用大众搜索工具进行学习，虽然便捷，但其知识的准确性和含金量难以甄别，而且又缺少了人际互动中的情感交流、氛围营造、肢体表达等大量的非言语类信息。同时，教师"使用中国知网等专业搜索工具"的占12.8%；"找专家咨询"的占12%，这也将导致学习的快餐化和碎片化倾向，不利于开展更为精深、系统的，能有效解决复杂问题的学习。

三、研究小结

综上所述，在六大职业高原中，教师层级高原的程度最重，却并不是教师最关心的领域。教师最看重是如何提升教学知识与技能，调研结果也显示：与之相关的内容高原程度最轻，说明教师认为教学知识与技能获得提升的可能性最大，而且投入也最多。但是，从绩效高原的研究结论看，教师在知识与技能提升方面的成效仍较为有限，难以获得突破。

根据此次研究的基本思路，教师职业发展中的停滞不前，主要是因为教师的相关学习出了问题。为此，参照第四章的研究结果，对教师自我导向学习的特征进行了逐项分析，这些特征可概括为：大多数教师具备良好的自我导向学习意识，能把学习当作自己的事，有积极的学习态度和内在驱动的学习动机，虽然在精深学习和长期学习方面的意志较为薄弱，但仍做好了充分的自我导向学习准备。在学习的实际执行中，教师们仍会遇到各种问题或障碍，比如：在学习内容方面虽然以解决实际问题为主，但又过多专注于专业技能类的学习，忽视教育理论、社会生活、人文素养方面的学习，表现出较强的实用性倾向。在学习策略方面，以短期的、阶段性自主学习为主要特点，但缺乏长期学习规划或策略的统领。大多数教师能掌握一般的学习方法，但是在学习方法的精细化、科学化方面仍有不足，尤其缺少行之有效的一整套自学方法，不利于围绕长期而复杂的问题开展更加深入的学习。在学习行为方面，很多教师有一定的学习行动力，但总体缺乏计划性，而且学习计划的执行力不足。在缺乏计划或目标指引的情况下，教师虽然能利用各种时间开展自主学习，但却容易陷入低水平重复的境地，不利于解决更为复杂的教育教学问题。此外，教师的学习行为仍具有依赖和被动的特点，比较习惯于获取间接经验，缺少主动钻研与继续深造的学习努力。从表面上看，教师有良好的自我学习评价能力，却并不一定能对更高级的学习行为进行有效监控和管理。在人际关系技能方面，教师比较善于获取外部学习资源，善于与人交往并获得支持，但是对学习资源的定向选择、深入加工与有效利用方面仍有不足；等等。

总之，教师们一般都有较好的自我导向学习准备，愿意为提升教学知识和技能在情感、认知和行为上有所付出。但是，教师的学习内容过于实用和狭窄，而且更多偏重技能层面的提升。即便如此，教师教学技能要有质的突破，还需要具备几个更高的条件：第一，有发现并解决复杂教学问题的意识；第二，要围绕特定问题进行较长期的策略性学习的计划，并具备计划执行力；第三，形成一套行之有效的学习方法；第四，开展更为精深的学习，也就是研究性学习，具体包括做课题、写文章、学历进修等，对教学经验与问题进行提炼和反思；第五，提高对复杂学习进行自我监控与评价的能力；第六，获取学习支持要有一定的专业性和问题导向性，提高对学习资源的开发和使用效果。综观现有研究结论，教师还未能全面具备以上六项条件,教师学习虽然具备了一定的自我导向性,但自我导向的持续性、深入性和科学性仍不够充分,这也是教师绩效高原总难突破的一个重要的内部原因。

与此同时,教师职业高原的问题以及自我导向学习的问题,还与一些外部或现实影响因素密切相关。如第五章的结论(见表5-1-1):教师们目前最为困扰的问题主要有"经济收入不大满意"(61.4%),"身体健康状况不好"(51.3%),"工作总超负荷运转"(42.9%)。这些问题在很大程度上牵制了教师在职业发展与学习进取上的投入力度。

第二节 教师职业高原与自我导向学习的差异分析

本节主要综合第三章第二节、第四章第二节、第五章第二节的研究成果,对不同教师的职业高原和自我导向学习的显著差异进行总结和比较,力求对其中表现出的特征、关系等进行挖掘和梳理。

一、不同性别教师的职业高原与自我导向学习分析

(一)男教师的职业高原与自我导向学习

根据第三章的研究成果,与女教师相比,男教师更容易出现内容高原倾向,也就是在提升教学知识与技能方面的可能性会更小,具体表现在:不经常更新知识、吃老本的现象更多;更多认为现在工作是已有专业技能的简单重复等。

再根据第四章的研究成果,男教师的学习体现出更多的抽象型、独立型、研究型和开放型的特点。一是抽象型。男教师的学习动机更多是为了提升理论水平;其学习内容除了以教育理论为主,还比较关注时事

热点和历史文化。二是独立型。男教师更能够开展长时间学习，较少受外界影响；更能独立制定长期学习计划；学习过后，能更清楚自己学到了什么；其交往风格更倾向于独立思考并解决问题，不大喜欢热闹的学习环境。三是研究型。在学习行为上，男教师更能围绕同一个问题开展长期观察与思考；在遇到学习问题时，男教师更喜欢查找文献书籍、使用专业搜索工具。四是开放型。男教师更倾向于参观访问这样的开放式、体验式学习方式（见表6-2-1）。

综上所述，男教师抽象型的学习特点决定了他们较关注的学习，如教育理论、时事热点、历史文化等，与个人最现实的职业与生活没有直接相关。这种典型的男性思维特征，使男教师本身就不善于甚至不乐于对具体层面的教学知识或操作层面的教学技能进行学习及更新。男教师还有研究型、独立型的学习特点，这种学习往往需要投入更长时间和更多精力才可能产生效果，再加上教育理论到教学实践的转化也是一个较长的过程，这都使男教师更容易出现教学知识与技能更新缓慢、容易简单重复等内容高原反应。此外，根据第五章的结论，有更多男教师对自己的社会地位表示不满意，这也许是促使男教师把更多注意力放在趋中高原，而忽略内容高原的原因之一。

（二）女教师的职业高原与自我导向学习

与男教师相比，女教师更容易出现趋中高原和人际高原倾向，即女教师认为自己更难进入组织中心位置或参与重要决策，以及自己的交往圈子更小，通过人际交往获得自我提升的可能性也更小。

再根据第四章的研究成果，女教师的学习具有更多的现实型、交往型、实用型和单一型的特点。一是现实型。女教师的学习主要是为了提高解决实际问题的能力，也就是与自身职业发展直接相关的教学知识与技能；女教师关注的学习内容则与个人现实生活有更紧密的联系，如心理保健、名著赏析、时尚娱乐等。二是交往型。与男教师相比，女教师不

表 6-2-1　不同性别教师自我导向学习情况对比表

序号	自我导向学习维度		不同性别教师的自我导向学习情况对比	
1	学习意识	学习态度	男	（无显著差异）
			女	（无显著差异）
		学习动机	男	提升理论水平
			女	提高解决实际问题的能力
		学习意志	男	能长时间进行自学，很少受外界影响
			女	学习遇到困难时，比较容易放弃
2	学习内容		男	教育理论、时事热点、历史文化、网络冲浪
			女	心理保健、名著赏析、时尚娱乐
3	学习策略	学习计划	男	独立制定长期的学习计划
			女	更少独立制定长期学习计划
		学习方法	男	（无显著差异）
			女	（无显著差异）
4	学习行为	计划执行	男	（无显著差异）
			女	（无显著差异）
		学习习惯	男	对一个问题能进行长期的观察与思考
			女	较少对一个问题能进行长期的观察与思考
		学习方式	男	参观访问
			女	听课评课
5	学习评价		男	学习之后，总是很清楚自己学到了什么
			女	相对较少的女教师在学习后很清楚自己学到了什么
6	人际关系技能	交往风格	男	不喜欢热闹，常独立思考并解决问题；常作为专家指导他人
			女	相对更喜欢热闹，不常独立思考并解决问题；更少作为专家
		求助对象	男	查找文献书籍；使用中国知网等专业搜索工具
			女	使用百度、谷歌等大众搜索工具；找同事咨询

大善于开展独立的、长期的、只专注于特定问题的学习。换句话说,就是遇到问题不钻牛角尖,可以轻松切换不同的学习主题,而且更善于在与周围人的交流中进行学习。三是实用型。女教师较少有专门的研究性学习,在遇到问题时,或使用百度、谷歌等大众搜索工具,或直接找同事交流经验,其目的就是要快速、有效且实用。四是单一型。女教师更专注于自己的发展目标,比如她们最常使用听课评课的学习方式,因为听课评课直接有利于教学知识与技能的提升。

综上所述,女教师的学习特点,决定了她们的学习更专注于自身专业发展与现实生活,尤其对教学知识与技能,有更强烈的学习动机与投入,不容易出现突出的内容高原倾向。女教师虽然善于在交流中学习,但并不像男教师那样喜欢出去走走看看,所以这种交流更多限制在本校或周围同事的范围内,容易出现人际高原的倾向。此外,女教师对自己社会地位感到不满意的仅占12.4%,同时又更多受困于自己的身体健康状况(53.8%),也许再加上中国关于性别角色的传统文化影响,会表现出较明显的趋中高原倾向(见表6-2-1)。

二、不同学校教师的职业高原与自我导向学习分析

根据第三章的研究成果,综合实力越强的学校的教师,越认为自己正处于职业上升期,对自己职业发展的状况也越清晰和满意;综合实力越弱的学校的教师,越容易出现全面职业高原反应。具体而言,在层级高原中,实力越强学校的教师,越倾向于追求管理职位和高级职称的晋升,认为自己获得晋升的条件也越大;在内容高原中,越认为能不断学到新的理论知识,更关心专业知识和技能的提升,而且越不认为自己的工作是已有技能的简单重复;在趋中高原中,越认为自己能得到校领导的支持和器重,在学校决策中越具有发言权;在人际高原中,越觉得能从周围同事身上学到很多东西,越认为学校人际关系氛围良好;在情感高原

中,越喜欢教师职业,在教学中更加充满热情,能投入更多精力;在绩效高原中,对自己的工作成绩越认同,也越希望成绩有所突破。

  总结第四章的研究成果,综合实力越强和越弱的学校,其教师在自我导向学习的强度和效果上均形成鲜明对比(见表6-2-2)。从性质倾向上看,前者的学习有更强的自我导向性,后者的自我导向学习相对较弱,甚至缺乏自我导向性。两者在学习上的全面差异,直接导致他们在职业高原领域的全面差异。以内容高原为例,实力越强学校的教师,其学习是为了提高解决实际问题的能力,提升理论水平,更倾向于学习教学技能和教学理论,学习意志更坚定,也有较长期的学习计划和学习顺序等;相较而言,实力越弱学校的教师,其学习动机是为了完成组织安排的学习任务,更倾向于学习历史文化、名著赏析等内容,更缺少明确的学习计划等。因此,学校实力较弱的教师,才更容易出现内容高原倾向。

表 6-2-2 不同学校教师自我导向学习情况对比表

序号	自我导向学习维度			不同实力学校教师的自我导向学习情况对比
1	学习意识	学习态度	强	喜欢学习,随时随地都能学进去
			弱	学习是外界强加给自己的;只有在有必要时,才会去学习
		学习动机	强	提高解决实际问题的能力;提升理论水平
			弱	提升自我修养,增强幸福感;完成组织安排的学习计划
		学习意志	强	学习遇到困难时,我会攻坚克难、坚持到底
			弱	学习够用就行,不会去刻意钻研
2	学习内容		强	教学技能、教育理论
			弱	历史文化、名著赏析
3	学习策略	学习计划	强	独立或在外界帮助下制定长期学习计划
			弱	没有明确的学习计划

(续表)

序号	自我导向学习维度			不同实力学校教师的自我导向学习情况对比
3	学习策略	学习方法	强	有一定的学习顺序
			弱	没有严格的学习顺序
4	学习行为	计划执行	强	能落实现在的学习计划,并长期坚持
			弱	没有计划,学习视需要而定;学习常受干扰,工学矛盾突出
		学习习惯	强	善于利用各种碎片化时间进行学习
			弱	更不善于利用各种碎片化时间进行学习
		学习方式	强	参观访问
			弱	在线学习
5	学习评价		强	学习过后,更能说出到底学到了什么
			弱	学习过后,说不出到底学到了什么
6	人际关系技能	交往风格	强	常与人交流,通过学习别人改变自己
			弱	不大善于向别人提出要求、谈出想法
		求助对象	强	找专家咨询
			弱	更不倾向于找专家咨询

三、不同年龄教师的职业高原与自我导向学习分析

根据第三章研究成果,年龄越大的教师,对自己的职业发展状况越不满意,越容易出现全面高原倾向。在层级高原方面,越认为职位或职称获得提升的机会和有利条件越小,相关意愿也越低;在内容高原方面,越不关心专业知识是否提升,即使知识技能不更新,也照样能胜任当前

工作，但却是专业技能的简单重复；在趋中高原方面，越认为工作难以得到领导的支持与器重，难被赋予更多的权力，但是有更多机会参与学校决策；在人际高原方面，越认为不能从同事身上学到新东西，越不认同学习人际关系氛围；在情感高原方面，职业情感、工作热情和精力投入呈下降趋势；在绩效高原方面，越认为工作成绩稳定，较难获得突破。

　　根据第四章的研究结论，年龄越大与越小的教师之间，在自我导向学习的各个维度上，均表现出较大的差异（见表6-2-3）。总体而言，年龄越大的教师，其学习越被动，往往认为学习是外界强加的任务，不会刻意去学习和钻研；更少关注与教学直接相关的学习内容；虽然工学矛盾较少，但也很少开展有计划的学习等，学习上的这些特征是引起其全面职业高原的重要原因。从另一方面看，年龄越大的教师，有更丰富的生活、职业与学习经验，越倾向于帮助年轻人成长；更加关注运动养生、心理保健、时事热点、历史文化、名著赏析等与社会日常生活、个人修养相关的内容；学习方法更加自成一体，更有成效，对自己的学习水平也更有自知之明；其交往风格倾向于独立思考并解决问题等。与此同时，年龄越轻的教师，虽然学习劲头更足，更偏重于教学技能、职位或职称提升、听课评课等实用性学习，更愿意与人在交流中获得成长，但其学习也存在经验不足、方法欠缺、学习计划难以坚持、对自身学习能力不了解、对学习进程的控制能力不足等现象。最后，从客观的角度看，年龄越大的教师，并非愿意停留在高原期，而是其突破现有瓶颈的难度更大；年龄越轻的教师，其学习成长的空间更大，而且学习成长的难度也更小，所以其职业高原反应相对没那么突出。

　　从外部因素的角度看，根据第五章的研究结论，年龄越轻的教师，工作压力越大，越感觉工作总超负荷运转，对择偶和结婚问题越关注。其中，中年教师的工作量最大，最关注子女教育问题。从这个角度看，越年轻的教师，在职业发展与生活中遇到的问题越多，也越有学习成长的欲望和动力，越不容易出现全面的职业高原倾向。

表 6-2-3　不同年龄教师自我导向学习情况对比表

序号	自我导向学习维度			不同年龄教师的自我导向学习情况对比
1	学习意识	学习态度	大	学习是外界强加给我的；只有在有必要时才会去学习
			小	更少认为学习是外界强加的；更少认为有必要时才去学习
		学习动机	大	完成组织安排的学习计划；帮助身边人成长，尤其是年轻人
			小	提升理论水平，提升职位或职称
		学习意志	大	学习够用就行，不会去刻意钻研
			小	遇到学习困难时越是能攻坚克难、坚持到底
2	学习内容		大	运动养生、心理保健、时事热点、历史文化、名著赏析
			小	教学技能、教育管理、人际交往、琴棋书画、旅游资讯
3	学习策略	学习计划	大	没有明确的学习计划，但仍有奋斗目标
			小	在外界帮助下制定短期或长期的学习计划
		学习方法	大	在遇到问题时，越能快速找到资料进行学习
			小	没有形成一套自学方法，仍处于摸索阶段
4	学习行为	计划执行	大	工作、学习和生活融合，较少工学矛盾
			小	能落实现在的学习计划，但很难坚持下去
		学习习惯	大	有随时总结、反思和改进行为的习惯
			小	相对较少随时总结、反思和改进行为的习惯
		学习方式	大	在线学习
			小	听课评课、听讲座、小组讨论
5	学习评价		大	对自己的学习能力与水平较了解；更清楚自己学到了什么
			小	不大了解自己的学习能力与水平；不大控制学习进程

(续表)

序号	自我导向学习维度		不同年龄教师的自我导向学习情况对比
6	人际关系技能	交往风格 大	不喜欢热闹，常独立思考并解决问题
		交往风格 小	常与人交流，通过学习别人改变自己
		求助对象 大	查找文献书籍
		求助对象 小	找同事咨询；使用专业搜索工具

四、不同教龄教师的职业高原与自我导向学习分析

根据第三章研究成果，教龄越长的教师，对自己的职业发展状况越不满意，更容易出现全面职业高原倾向，其六大高原的具体反应、自我导向学习特点（见表6-2-4）等与年龄越大教师的情况基本一致，本文不做赘述。

表 6-2-4　不同教龄教师自我导向学习情况对比表

序号	自我导向学习维度		不同教龄教师的自我导向学习情况对比
1	学习意识	学习态度 长	只有在必要时才会学习；学习很辛苦，宁愿做些轻松的事
		学习态度 短	更少认为有必要时才去学习；较少回避学习的辛苦
		学习动机 长	完成组织安排的学习计划
		学习动机 短	提升理论水平，提升职位或职称
		学习意志 长	学习够用就行，不会去刻意钻研；学习遇到困难容易放弃
		学习意志 短	遇到学习困难时，会攻坚克难、坚持到底
2	学习内容	长	心理保健、运动养生、时事热点、历史文化、名著赏析
		短	教学技能、教育管理、人际交往

(续表)

序号	自我导向学习维度			不同教龄教师的自我导向学习情况对比
3	学习策略	学习计划	长	没有明确的学习计划,但仍有奋斗目标
			短	在外界帮助下制定长期的学习计划
		学习方法	长	遇到问题能快速找到资料学习;学习没有严格的先后顺序
			短	没有一套自学方法,仍处于摸索阶段
4	学习行为	计划执行	长	较少工学矛盾;没有学习计划,学习视需要而定
			短	能落实现在的学习计划,并长期坚持
		学习习惯	长	有随时总结、反思和改进行为的习惯;遇到问题再学习
			短	需要整块时间进行学习
		学习方式	长	在线学习
			短	听课评课、小组讨论
5	学习评价		长	对自己的学习能力与水平越是了解
			短	越少了解自己的学习能力与水平
6	人际关系技能	交往风格	长	倾向于独立思考并解决问题
			短	常与人交流,通过学习别人改变自己
		求助对象	长	更少找同事咨询;更少使用专业搜索工具
			短	找同事咨询;使用专业搜索工具

五、不同受教育程度教师的职业高原与自我导向学习分析

根据第三章的研究结论,学历越低的教师对自己的职业发展状况越是满意,但是,也越容易出现层级高原和内容高原。在层级高原方面,学历越低的教师,越不刻意追求职位晋升,越不认为有机会评上更高职称,

而且认为参评条件也越不利；在内容高原方面，越倾向于吃老本，越不大关心专业知识是否获得更新或提升。此外，在趋中高原方面，学历越低的教师，越没有得到校领导重视的想法；在绩效高原方面，越不认为工作会有新突破。趋中高原和绩效高原虽然存在，但所占比重较小、差异性不大。学历高和学历低的教师，在情感高原和人际高原方面则没有显著差异。

　　总结第四章的结论（见表6-2-5），学历越高的教师，学习更加主动；学习目的更聚焦，更多是为了提高职位或职称，其学习内容更多集中在教育管理之上；最大特点是学习的专业性和研究性，尤其是有研究生学历的教师，由于受过专业的学术研究训练，他们更倾向于通过做课题、写文章、使用专业搜索工具的方式开展学习及解决问题。学历越低的教师，虽然更清楚自己要学什么，但更多是为了完成组织安排的学习任务，学习意志相对较弱，对心理保健等与教育教学不直接相关的学习内容更为关注，学习方式方法的专业性不是很强等，再加上在现实的职称评审或职位晋升制度中，高学历教师在同等条件下更有优势，因此，低学历教师比较容易出现层级高原和内容高原倾向。但是，也许是高学历教师对自己的职业发展和学习要求过高、过多，其职业满意度也更低。

　　根据第五章的结论，大专和本科学历的教师，均有过半的人认为自己的身体健康状况不好，研究生学历的这一比重为38.1%。据此可以初步判断：高学历教师应该大多是年龄较轻或教龄较短的人，低学历教师大多为年龄较大或教龄较长的人；再结合之前的讨论结果，年龄越大、教龄越长的教师，也越容易出现职业高原倾向。

表6-2-5　不同受教育程度教师自我导向学习情况对比表

序号	自我导向学习维度			不同学历教师的自我导向学习情况对比
1	学习意识	学习态度	高	学习是自己的事，能主动开展学习
			低	始终知道自己要学什么

(续表)

序号	自我导向学习维度			不同学历教师的自我导向学习情况对比
1	学习意识	学习动机	高	提高职位或职称
			低	完成组织安排的学习计划；完成自己的学习计划
		学习意志	高	遇到困难会攻坚克难、坚持到底；长时间自学，少受干扰
			低	遇到困难更少坚持到底；更少能长时间自学，易受干扰
2	学习内容		高	教育管理
			低	心理保健
3	学习策略	学习计划	高	更少在外界帮助下制定短期的学习计划
			低	在外界帮助下制定短期的学习计划
		学习方法	高	没有形成一套自学方法，仍处于摸索阶段
			低	更少认为没有一套自学方法
4	学习行为	计划执行	高	能落实学习计划，但较难坚持
			低	工作、学习和生活相融合，较少冲突
		学习习惯	高	更少善于利用各种碎片时间进行学习
			低	善于利用各种碎片时间进行学习
		学习方式	高	做课题、写文章
			低	在线学习
5	学习评价		高	（无显著差异）
			低	（无显著差异）
6	人际关系技能	交往风格	高	（无显著差异）
			低	（无显著差异）
		求助对象	高	使用中国知网等专业搜索工具
			低	使用百度、谷歌等大众搜索工具

六、不同职称教师的职业高原与自我导向学习分析

根据第三章的研究结论,职称越高的教师,越容易出现全面的职业高原反应。客观来讲,职称越高的教师,尤其是高级职称教师,其职称上升的空间本身已很有限,同时,他们也认为自己在职位升迁方面的意愿或机会也更小;在内容高原方面,职称越高的教师越不认为能继续提升专业知识或技能,但是却可以胜任当下工作,其教学工作也更多是已有技能的简单重复;在趋中高原方面,越认为难以得到校领导的支持和器重,但是却有更多机会参与决策;在人际高原方面,越不能从周围同事身上学到新东西,越不认同学校人际环境,觉得交往圈子越来越小;在情感高原方面,在职业情感、工作热情和投入方面也越来越低。

一般而言,高级职称教师,往往是年龄较大或教龄较长的教师。经比较发现,职称越高的教师,与年龄越大或教龄越长教师的自我导向学习特征基本一致,也同样有进入全面职业高原的倾向。同时,在年龄较大或教龄较长的教师中,职称越高的教师人数也越少,或者说是越优秀的少数派。他们的(尤其是高级职称教师)自我导向学习还表现出以下特点(见表6-2-6):其学习动机更多是为了帮助年轻人成长,尤其是年轻人;学习内容更偏重于教育理论;学习方式以做课题为多;经常作为专家对别人进行学习指导;遇到问题更多会找专家咨询。这说明高级职称教师,其职业发展与学习更多具有抽象性、专业性、研究性倾向,指导后辈成长的责任感也越大。

表 6-2-6　不同职称教师自我导向学习情况对比表

序号	自我导向学习维度		不同职称教师的自我导向学习情况对比
1	学习意识	学习态度	高	学习是外界强加给自己的;只有在有必要时,才会去学习

（续表）

序号	自我导向学习维度			不同职称教师的自我导向学习情况对比
1	学习意识	学习态度	低	更少认为学习是外界强加的；更少在有必要时才去学习
		学习动机	高	帮助身边的人成长，尤其是年轻人
			低	提升职位或职称
		学习意志	高	学习够用就行，不会去刻意钻研；学习较少受外界影响
			低	遇到学习困难时，越会攻坚克难、坚持到底
2	学习内容		高	运动养生、教育理论（高级职称）、历史文化、名著赏析
			低	教学技能、教育管理、人际交往、旅游资讯
3	学习策略	学习计划	高	没有明确的学习计划，但有奋斗目标
			低	独立的或在外界帮助下制定长期的学习计划
		学习方法	高	遇到问题能快速找到资料学习；学习没有严格顺序
			低	没有形成一套自学方法，仍处于摸索阶段
4	学习行为	计划执行	高	工作、学习与生活的冲突越少
			低	能落实现在的学习计划，并长期坚持
		学习习惯	高	随时总结、反思和改进行为的习惯
			低	需要整块时间进行学习
		学习方式	高	做课题（高级职称）
			低	听课评课、听讲座
5	学习评价		高	在学习之后，越是清楚自己学到了什么
			低	在学习之后，更少会清楚自己学到了什么
6	人际关系技能	交往风格	高	常作为专家对别人进行学习指导
			低	常与人交流，通过学习别人改变自己
		求助对象	高	查找文献；找专家咨询
			低	找同事咨询

七、不同职务教师的职业高原与自我导向学习分析

(一) 干部教师的职业高原与自我导向学习

根据第三章的研究结论,干部教师对职业发展现状更为满意,但是仍容易出现较突出的层级高原倾向。具体而言,干部教师更多认为获得职位提拔的意愿或机会更小,同时,追求更高级职称的意愿、机会和有利条件也更少。

总结第四章的相关结论(见表6-2-7),干部教师的学习具有主动型、开放型、效率型、研究型的特点。一是主动型。干部教师更多认为学习是自己的事,能主动开展学习,更加追求学习上的精益求精和不断完善;他们更多采取做课题、写文章的学习方式,这两者也是许多教师不愿主动涉足的领域。二是开放型。干部教师的学习视野相对广阔,在教育教学之外,还要关注教育管理;在自我发展的同时,还要更多帮助身边人的成长,并作为专家对他人进行指导;在处理校内关系的同时,还更善于获得外界支持,并与专家有更多的接触。三是效率型。干部教师往往承担较多的事务与责任,对学习效率会有更高的要求,比如其学习动机更多是为了提高解决实际问题的能力;倾向于更多制定短期学习计划,并且经常要利用碎片时间快速学习,有随时总结与反思的习惯;同时,对自己的学习能力与效果也有更清楚的评估。与普通教师相比,干部教师反而会认为自己工作、学习与生活之间的冲突更少,这也是他们更注重学习效率的一个佐证。四是研究型。干部教师更倾向于做课题和写文章的方式来学习,遇到问题也更多去查找文献或找专家咨询,这种学习更多体现出研究的特征。

鉴于学校现行的科层和职称结构,干部教师职位或职称的继续提升始终会受到"玻璃天花板"的限制,层级高原客观存在又难以突破。即便如此,干部教师仍然要承担更重的工作负荷,在子女教育问题上投入

表 6-2-7　不同职务教师自我导向学习情况对比表

序号	自我导向学习维度		不同职务教师的自我导向学习情况对比	
1	学习意识	学习态度	干部	学习是自己的事，能主动开展学习
			普通	更少认为学习是自己的事，能主动开展学习
		学习动机	干部	提高解决实际问题的能力；帮助身边人成长，尤其是年轻人
			普通	提升职位或职称
		学习意志	干部	对学习更加精益求精、力求不断完善
			普通	更少认为自己的学习会精益求精、力求不断完善
2	学习内容		干部	教育管理
			普通	更少关心教育管理
3	学习策略	学习计划	干部	独立制定短期的学习计划
			普通	更少的独立制定短期的学习计划
			干部	在遇到问题时，能快速找到资料进行学习
			普通	还没有一套自学方法；遇到问题容易无从下手
4	学习行为	计划执行	干部	工作、学习和生活较少冲突
			普通	更少认为工作、学习和生活较少冲突
		学习习惯	干部	善于利用碎片时间学习；有随时总结、反思与改进的习惯
			普通	需要整块时间进行学习
		学习方式	干部	做课题、写文章
			普通	在线学习
5	学习评价		干部	了解自己学习能力与水平；学习之后清楚自己学到了什么
			普通	更少了解自己的学习能力；学习之后更少清楚学到了什么

(续表)

序号	自我导向学习维度		不同职务教师的自我导向学习情况对比	
6	人际关系技能	交往风格	干部	善于获得外界支持与帮助；经常作为专家指导别人
			普通	更少获得外界支持与帮助；更少作为专家指导别人
		求助对象	干部	查找文献；找专家咨询
			普通	找同事咨询

更多的精力（见第五章），但是，其职业满意度居然还更高。其主要原因在于干部教师往往能处理好更复杂的工作责任与关系、社会责任与关系，并从中体验到更高的成就感与自信心。这种结果又与其自我导向学习的主动、开放和高效等特征密切相关。

（二）普通教师的职业高原与自我导向学习

与干部教师相比，普通教师对职业发展状况更为不满，同时，容易有较突出的趋中高原倾向。具体包括：认为自己更难得到校领导的理解、支持和器重，自己的建议更少受到领导重视，自己的发言权和决策参与机会也更少。此外，在人际高原方面，普通教师更加会感到自己的交往圈子越来越小。

总结第四章的相关结论（见表6-2-7），普通教师的学习更多体现出被动型、单一型、专注型、实用型的特点。一是被动型。根据第四章第二节的统计数据，普通教师在学习态度、学习意志和学习方式等相关问题上的比重均显著低于干部教师，具有相对被动的特点。二是单一型。普通教师的学习仍以教育教学为中心，更多是为了提升职位或职称，学习注意力较为聚焦；其学习交往圈或求助对象也以校内同事为主。三是专注型。有更多普通教师需要整块时间才能开展学习，当然这种学习学的更多的是教育教学领域的内容，但过于专注某一领域也许会对学习效率造成影响,比如与干部教师相比,他们反而会感觉有更多的工学矛盾冲突,缺少一套自学方法,遇到问题更容易感到无从下手,对自己的学习能力与效果也缺少更清楚的意识。四是实用型。普通教师的学习以教学知识和技能的提升为主,更多是为了提升职位或职称而学习。如做课题、写文章、找专家咨询等短期内看似无用的学习范式,普通教师也更少采纳;遇到问题时,普通教师更多求助于同事,也是为了达到快捷、实用的效果。

总体来看,普通教师的专业发展与学习更加专注于教育教学领域,在工作负荷、子女教育等问题上面临的压力也显著低于干部教师,尽管如此,普通教师仍然会感觉工作、学习和生活之间有更多的冲突,工学矛盾较突出。也就是说,普通教师在处理更多的社会责任、压力与关系方面还较难达到平衡,再加上本身不在领导岗位,在学校事务中就难免会有较少的发言权和参与决策的机会,表现出突出的趋中高原倾向。这种局面也与普通教师学习的被动、单一、专注和实用等特征有较大关系。

八、不同收入水平教师的职业高原与自我导向学习分析

根据的第三章研究结论,收入越高的教师,对职业发展的满意度越高,同时有较突出的层级高原倾向,具体包括:认为自己提升职位或职称的意愿、机会和条件越小。收入越低的教师,对职业发展满意度越低,同时有较突出的趋中高原倾向,具体包括:认为自己越难以得到领导的重视,有更少的发言权和参与决策的机会等。此外,在内容和人际高原方面,收入越高的教师,越觉得难以提高专业技能水平,认为越不能从周围同事身上学到新东西;在情感和绩效高原方面,中等收入教师的职业情感、工作热情更低,更加认为工作难以取得突破。

在学校正常的组织结构中,收入越高的教师,一般其职称越高,年(教)龄越大,或者还承担了一定的管理职务,其学习也基本综合了这几个类型教师的特点(见表6-2-8):一方面,在学习意识方面与干部教师

表6-2-8 不同收入水平教师自我导向学习情况对比表

序号	自我导向学习维度			不同收入水平教师的自我导向学习情况对比
1	学习意识	学习态度	高	学习是自己的事,能主动开展学习
			低	更少认为学习是自己的事,能主动开展学习
		学习动机	高	提高解决问题的能力;帮助身边人成长,尤其是年轻人
			低	提升职位或职称;完成自己的学习计划
		学习意志	高	学习够用就行,不会去刻意钻研
			低	更少认为学习够用就行,不会去刻意钻研
2	学习内容		高	历史文化
			低	心理保健(中等收入)
3	学习策略	学习计划	高	没有学习计划,也看不清前进的方向
			低	更少认为没有学习计划,也更看不清前进的方向
		学习方法	高	遇到问题时能快速找到资料学习;学习没有严格的先后顺序
			低	没有一套自学方法;遇到问题时,经常感到无从下手
4	学习行为	计划执行	高	(无显著差异)
			低	(无显著差异)
		学习习惯	高	有随时总结、反思和改进的习惯;遇到问题时才去学习
			低	需要整块时间才能学习
		学习方式	高	听课评课、做课题、参观访问、小组讨论
			低	更少听课评课、做课题、参观访问、小组讨论
5	学习评价		高	在学习过后,更少说不出到底学到了什么
			低	在学习过后,说不出到底学到了什么
6	人际关系技能	交往风格	高	常作为专家对别人进行学习指导
			低	更少作为专家对别人进行学习指导
		求助对象	高	找专家咨询;查找文献
			低	更少找专家咨询和查找文献;大众搜索工具(中等收入)

相类似，认为学习更多是自己的事，能主动开展学习，其学习是为了更多提高解决问题的能力，其学习动机同时还有与高年龄教师相似之处，更多是为了帮助身边的人成长；在学习内容上与高年（教）龄教师相似，更偏重历史文化的学习；在学习策略和学习行为上与高级职称、高年（教）龄和干部教师相似，遇到问题更能快速找资料进行学习，有随时总结、反思和改进行为的习惯，其中在学习方式上与高级职称和干部教师相似，更多采用做课题的研究方式；在学习评价方面与高级职称教师和干部教师类似，在学习之后能更清楚知道自己学到了什么；在人际交往方面也与高级职称教师和干部教师类似，常作为专家对别人进行学习指导，遇到问题时更多找专家咨询和查找文献书籍。另一方面，收入越高的教师，在学习意识方面与高职称、高年（教）龄的教师相似，认为学习够用就行，不会去刻意钻研；在学习策略上与高级职称、高年（教）龄的教师相似，更加没有学习计划，学习没有严格先后顺序；在学习行为上与高教龄教师相似，更多是遇到问题才会去学习；其中在学习方式上与低职称、低年（教）龄的教师相似，更倾向于听课评课和小组讨论。在学习影响因素方面，收入越高的教师与高职称、高年（教）龄或干部教师相似，更关心子女教育问题，承担的工作负荷也更大。

总之，收入越高的教师，其实际学习特征与高级职称、高年（教）龄教师或干部教师有更多相似之处，而他们均在层级高原上有较一致的表现。收入越低的教师，往往与较低职称、年（教）龄较小或普通教师的学习特征更接近，他们均在趋中高原上有较一致的表现，而且更多受困于经济压力或择偶问题等学习影响因素。

第七章
对策建议与思考

在之前的研究中,第三章从六个维度出发,对教师职业高原的总体及差异特征进行了问卷数据分析;第四章从六维度出发,对教师自我导向学习的总体及差异特征进行了问卷数据分析;第五章从实际生活的角度出发,分析了影响教师职业发展与学习的综合影响因素;第六章整合第三至五章的研究结论,对教师职业高原现象、自我导向学习及其影响因素的关系做了较深入的探索。第七章则根据之前各章的研究结论,围绕教师该如何应对职业高原、如何完善自我导向学习,周围环境该为教师提供哪些支持,以及该如何看待教师职业发展与学习等问题进行对策性思考。

第一节 遇到问题该怎么办

一、教师该怎么办?

(一)走出误区,客观看待教师职业高原现象

基于"教师是完整的人"这一假设,本研究拓展了教师职业高原的内涵与表征,但毕竟未能穷尽与之相关的所有内容。同时,此次问卷调查并非统计学意义上的测量,而是以现象层面的描述和剖析为主。其目

的是希望人们对教师职业高原现象形成更加多元且直观的认识。随着教师职业高原内涵的拓展,其定性问题变得更为复杂:一方面,职业高原有六大维度,不能仅因某些方面的高原反应就为教师强制贴上"高原期"标签,更何况关于职业高原的结论仍是一种"倾向"或"可能";另一方面,几乎所有教师都会因个体差异而存在某些方面的高原倾向,因此不能急于定性、一概而论,而是要具体问题具体分析。

第一,教师职业高原是一种综合现象。职业高原涉及教师职业发展的方方面面,不能仅凭某些方面的停滞就将教师定性为进入了职业高原,如有不少受访教师,虽然有内容高原倾向,但在学校管理与建设方面卓有成效,并没有感到处于职业停滞状态;有的虽然不是组织中心人物,但其职业价值取向也不在于此,或者要专心教学,或者要在专业发展上开垦出一片"自留地";有的虽然职称或职务长期没有解决,但他们仍坚持着自己的教育追求,并始终保持乐观向上、热心学习的状态;等等。当然,也有教师存在多个维度的职业高原现象,但多数人总能在其他领域寻找到继续提升自我的途径与方法,这又与教师的价值观和职业发展阶段等密切相关,不能仅凭表面现象而轻易定性。

第二,教师职业高原是一种正常现象。第三章的调查结果显示,大多数教师都有或多或少、或轻或重的职业高原倾向。可以说,职业高原是所有教师成长所必经的、客观存在的稳定阶段,虽然经常有研究将之与职业倦怠相挂钩,但其本身并没有消极或积极之分。如果教师自身或外界对教师突破职业高原的态度过于苛责、心情过于急迫,反而真会引发较严重的职业倦怠,起到揠苗助长、适得其反的效果。

第三,教师职业高原是一种主观感受。职业高原很难用外部客观标准加以衡量,而是更多与教师的个人价值观、在不同职业发展阶段的心理状态,以及不同的个性特征等密切相关。如某专家型教师,经常被邀请做业务指导、评审课题,自己本身也有很多优秀的教育理念、经验与研究成果,是专业领域的中心人物;随着发展平台的不断拓宽,还经常能接触到本专业或跨专业的新理论、新知识;等等。在外人看来,他绝不是职业高原的典型,而应该是超越职业高原的典范,但是他自己却长期受困于理论素养难以突破的状态:"突然觉得以前看得很明白的事,现在却越来越不懂了","以前觉得对的东西,现在自己也模糊了"。这位专家型教师认为:自己是进入了二次职业高原期,"而且这个瓶颈的突破难度更大,还不一定突破得了"。再如一位中年教师,他在专业教学中成绩显著,但同时也进入了瓶颈期。这时,他无意中接触到心理学,并且很感兴趣,就开始在青少年学生心理辅导方面进行探索,如今在业界已小有名气。他说:"我现在没有去刻意评职称,也不是领导;对学校的一些理念、氛围等,也不能说特别满意;自己的教学水平,估计也就那样了;其他方面,也没有特别想去争取和要的……在传统观念里,从组织的角度看,我估计就是那种典型的职业高原教师,应该是重点改造对象吧。但是接触了心理辅导这一行以后,真的给了我很大的提升空间,我对教育也有了更深刻的理解,我可不认为自己进入了职业高原期。"

总之,面对教师职业高原现象,社会要抛弃"职业高原是洪水猛兽"的固有偏见,教师要卸掉"我是不是出了问题"的心理负担,首先要学会与职业高原和平相处,更何况,还有一些职业高原现象,是教师个人力量所难以左右的。

(二)理性认识,对教师职业高原状态进行诊断

根据第三章研究的两大结论:"六大高原的程度排序表"(表3-2-25)和"教师职业高原倾向的个性化差异对照表"(表3-2-159),职业高原不再混沌一片,而是更加清晰和具体化起来。教师们不必急于定性自己是否进入了高原期,而是先参照两个表格"对号入座",然后对自己及周围进行具体分析:

从总体层面看,在六大高原中,教师层级高原和趋中高原的程度最重、人数最多。与之相关的职称、职位、组织重视、决策参与等要素,也是

传统观念判断教师是否进入职业高原期的主要指标。事实上，以上要素基本是可遇不可求的稀缺资源，对大多数教师来说，依靠个人力量很难掌控。如果仅从这两个指标来衡量，那么大多数教师都将长期处于职业高原期，而且无法突破。相反，与其他四大高原相关的专业能力、职业情感、人际环境、工作绩效等，却是多数人通过个人努力就可以获得成长的要素。再往深层来看，这些要素才是教育和教师的根本所在。参照第三章表3-2-25的结论，教师在这些维度的高原反应其实并没有外界想象的那样严重。这说明许多教师仍然是继续成长的，没有进入全面高原期。

从个体层面看，参照第三章表3-2-159的结论，由于年（教）龄、性别、学历、职称、职务、学校实力、收入水平的差异，教师个体可能会在某些领域表现出特有的高原倾向。教师应根据自身具体情况（可参照第三章第二节的分析结果），有针对性地采取个性化的学习与改进行动，力求有所积累和进展。因为只要不停滞，哪怕每天只前进一点点，也都是对职业高原"魔咒"的一种破除。当然，这里也有特例，比如学校综合实力较弱、年（教）龄较大、职称较高的教师，由于受到的瓶颈制约较多，仍然有进入全面职业高原的倾向。在此，我们仅以高级职称教师为例，对其职业高原状态进行深入分析。

高级职称教师一般被认为是教师群体的榜样或精英群体，但他们却面临着全面高原的困惑，也有难以逾越的学习瓶颈。这在其他更广大的教师群体看来，无疑会深感困惑。为此，还需要从更大的背景出发对这一现象进行解释：高级职称教师的职业发展，已逐渐从关注自我的进步转为更加关心他人，如关心青年教师、自己的子女与父母（见第五章），也就是从利己转向利他；从关注职称、教学技能的提升或经济收入的增长，转为关注自身理论水平、文化修养、人生境界的提升，也就是从外在转向内在，从实用主义转为理想主义；从关注学校里的那些事，转为关心家庭、社会与人生，也就是从职场竞争回归到生活本身；等等。这样一个特殊群体,他们的职业高原要有所突破,其难度之大可想而知。他们下一步的学习与发展,已不能仅限于更新知识技能、严格学习计划、创新学习方法等如此具体的层面,而是更需要价值观层面的突破,包括教育价值观和人生价值观,比如有一个令人担忧的现象,在情感高原领域,高级职称教师也存在较严重的高原倾向,职业情感、工作热情和精力投入等均呈现出全面下滑趋势。这一现象的根本原因是教师在获得高级职称,走到职业发展"顶点"的同时,也较容易产生价值观方面的深层困惑,如我做教师是为了什么?教育到底为了什么?人生到底为了什么?是职称或职位吗?是学生的考试成绩吗?等等。如果这些问题解答不好,高级职称教师更会出现意义感缺失,也许还会在心底经常问自己:"如果已经是没有意义的事了,我还有必要去努力吗?"接下来,全面的职业高原反应就只是个时间问题了。因此,要破解高级职称教师的职业高原难题,尤其需要回到教育或教师到底为什么的原点问题上加以解释,也就是必须回到价值观层面来讨论。

刚才的例子说的是高级职称教师的大价值观,对于大多数教师来说,更多涉及的还是小价值观问题。很多教师也许暂时还没考虑过教育为什么、教师为什么的大问题,但是很清楚自己想要什么、适合于什么,比如:

——某教师热衷于教学专技,而且做得卓有成效、不断进步,那么即使其他领域的指标都显示处于高原期,那他也不属于高原期教师群体,他说:"学校里也有人觉得我傲气,说我不会处理人际关系;组织管理的那些事,我又不擅长;职称的事我也不大在乎,有就有,没有也不会去争。但我就是教得好,还越来越好,谁能说我有高原反应了?"

——某教师天生热爱教育行业,喜欢和学生在一起,而且还是个"孩子王",那么即使她身处一所学校综合实力较弱的学校,也不影响她的持续发展,如这位教师所说:"我自己教得确实一般,那不要紧呀,因为学生都很听我的话,我让他们学,他们就能很认真地学,争着比着要表现给我看,这比我自己教得好的效果要强多了"。

——某教师有较好的管理才能,后来从教师转到了领导岗位,他说:"说实在的,离开教学岗位后,我的教学能力不大有长进了,就是吃老本了。当然,也有人会对此不服气。但是,我在管理岗位上做得还可以,能给学校、教师和学生搭建更好的平台,争取更多的资源,更好地把握发展方向,所以,虽然我年龄大了,但我这劲头,还没使完呢!"

这就是小价值观对职业高原的真实影响:在外人看来,某教师明明有高原倾向,但这种看法却并不符合他/她的实际情况。所以,"六大高原的程度排序表"也好,"教师职业高原倾向的个性化差异对照表"也罢,教师们是可以对号入座,但这些结论也仅能起到给各位提个醒、供大家参考的作用。还是那句话,不能一概而论。

(三)对自我导向学习状况进行诊断及改善

我们在第六章开头曾讨论过:从表面上看,教师的层级高原最为严重,可教师们所关心的重点却是内容高原,大多数教师也认为自己的内容高原程度最轻,说明他们在提升教学知识和技能方面投入了最大的热情和精力。但从实际情况看,教师们在这方面的进步效果却并不理想。基于本研究的基本思路:教师出现职业高原,是因为相关学习出了问题。现在就有必要把对教师职业高原的注意力集中到教师学习的问题上来,因为是教师学习的停滞才导致了职业发展的停滞。

根据第六章的研究结论,教师自我导向学习的总体特征可以概括为:意识好、内容窄、策略少、评估简、效果平。总的来说,教师自我导向学习要有所突破,还要对自己有更高的学习要求,并朝着这个方向去努力,比如:对深层复杂问题有敏感性;有围绕特定问题的长期学习;有自成一套的学习方法;多体验精深学习、研究性学习、反思式学习;学会评估自己的学习;有指向地利用学习资源等。第六章对此已有相关论述,此处不做赘述。

此外，第六章从表6-2-1到表6-2-8还汇总了不同教师自我导向学习的差异对比情况。教师们根据自己的个人情况，也可以对号入座，从中具体了解自己的学习特点，以及优势与不足。当然，这也是一个因人而异的过程，要从每个人的实际情况出发来思考如何改进学习的问题，比如：(1)男教师原本倾向于理性思维，虽然出成绩会慢一些，但不可能因此就把他硬变成女教师那样的感性思维；(2)综合实力较弱学校的教师，在发展平台上不占优势，较难像实力较强学校教师那样能获取更多更优质的学习资源；(3)青年教师或教龄较短的教师，其学习任务本应以教学技能为主，不大可能跳过这个阶段对教育理论、人文历史等有过多关注；(4)低学历教师没有接触过专业的学术训练，在做课题、写文章等方面确实容易遇到瓶颈；(5)职称较低的教师，也不会像高级职称教师那样可以经常作为专家指导他人成长；(6)未涉足管理岗位的教师，也不会像干部教师那样有学习教育管理的迫切需求；等等。

　　除了在性质层面确实难以改变的学习特质外，不同教师在学习意志、学习品质、学习方法、学习交往等层面都可以相互了解、互相借鉴，并有所改善。有些受访教师在阅读了第六章的相关结论后，有一些这样的表述：(1)某女教师说："我们和男教师的学习，居然有这么大的差别。这也说不上哪个就好，哪个就不好，就是特点不一样吧，值得好好琢磨琢磨。"(2)某名校教师说："和一般学校的老师比起来，我们好像更能学，但也是有功利的，我看这个对比表：较弱学校教师的学习更多是为了自我修养和生活幸福感，还看很多历史、文化等方面的著作，我觉得这个就很好，对我也算是个提醒吧。"(3)某青年教师说："我们青年教师的学习当然要有劲头了，但就像这个研究说的，要是一开始太窄、太实用了，以后不一定有后劲。我过了职初期了，也有这方面的担忧，难道后半辈子就靠所学的这点东西吗？"(4)某研究生学历教师说："我总结一下这里的结论，发现学起来有经验、有效率的人，一般更善于用碎片时间学习、随时学习。这个乍一看好像是学习不认真，其实对学习者的要求更高。"

(5) 某高级职称教师说："看了这里的表格，发现职称越不高的教师，学习起来更有毅力，有学习计划，碰到问题还能坚持。我要学的话，还有这劲头吗？又该往哪儿用力呢？是要思考思考。"(6) 某普通教师说："干部教师要处理很多事，居然还感觉有更少的工学矛盾，这是我没想到的，这可能和学习效率有关吧。我经常是安安静静地备好课，然后上课，就这样还觉得忙不过来呢，我觉得也可以向人家学习学习。"

二、我们该为教师做些什么？

教师的职业高原问题与学习问题，当然与教师自身有关，但还有很多因素是外部条件造成的，使教师有不少后顾之忧，而这些后顾之忧又是教师自身力量难以解决的。作为研究者，我们的任务就是为教师发出声音、表达诉求。

（一）教师需要什么支持

根据第五章的结论所示，教师们最需要得到的支持，即目前最受困扰的问题主要有：第一，"经济收入不大满意"（61.4%），其中较突出的有低职称教师（64.7%）、没有行政职务的普通教师（64%）。此外，在1 836名被调查教师中，有52.94%的教师月收入在4 000—6 000元之间，有18.41%的教师月收入在4 000元以下，二者合计71.35%；第二，"身体健康状况不好"（51.3%），其中较突出的有女教师（53.8%）、中低学历教师（分别约占52%）；第三，"工作总超负荷运转"（42.9%），其中较突出的为中年教师（43.7%）、干部教师（48.6%）和高收入教师（48.5%）。

在这三个问题之外，还有若干需要关注的教师诉求，如：男教师对"社会地位"更为不满（24%）；"子女教育问题"虽然总体程度不严重（14.5%），但却是教师们关注最多的问题，包括中年教师、职业成长期教师、中高级职称教师、干部教师和高收入教师；成熟期教师和高级职称教师的"父母养老压力"最大；青年教师、职初教师和低收入教师的婚配问题较为突出等。

（二）为教师做些力所能及的事

如前所述，经济收入低、身体健康状况差、工作负荷大是教师最需要解决的事。这也是研究者较为困惑的地方，因为教师的这种困境，是在一个历史的、社会的、系统的发展过程中形成的，要一下子解决会有很大困难。但是，这些问题又确实为教师的职业发展、学习热情和生活质量带来越来越不利的影响。我们总不能既要把教师锻造成高素质、高质量的人才队伍，又不给教师提供优质而丰富的社会资源，这是不公平的，也是难以维系的。作为研究者，也只能暂时抛开这些无奈，更多结合研究的相关结论，在力所能及范围内提出一些应对策略：

第一，为教师提供职业发展规划服务。教师职业有其特殊的发展规律，职业高原也只是其中一个阶段性现象或具体反映。对自身职业发展规律缺乏了解，就会使教师缺少预见性，同时又增加了盲目性，如某教师所说："我填完你这个问卷以后，才感觉自己应该是进入高原期了，而且比较典型，但我不知道接下来该做些什么，也没谁和我说过。"因此，在教师培养方面，有必要为教师提供职业发展规划设计类的服务，比如引进或开发教师职业发展量表，开设教师职业规划的培训与辅导等，至少要让教师清楚：我的个人特征更适合在教育行业里做什么；我正处于哪一个职业发展阶段；这个阶段有什么发展任务、特点和标准；我该怎么做；接下来还有哪些事情是要提前准备的；我该怎么准备；每个职业发展阶段，我都有哪些资源或平台可以使用；等等。

第二，教师培训的改革创新。教师是成人学习者，教师培训要更多引入终身教育、终身学习、成人学习的理论与方法，体现成人学习者的需求与特点，如第六章不同教师的自我导向学习情况对比表，就有助于教师了解自己和不同情况教师的自我导向学习特点，从而更有针对性地采取学习改进策略。总之,教师培训的目的并不完全是要教给教师什么,而是要教师学会学习。

第三,建立灵活的激励机制。此次研究接触了很多教师,反映较普遍的就是收入问题。许多教师认为:目前的一些制度安排还未能起到切实提高教师收入的效果,比如:绩效工资改革后,教师的收入获得感在不断下降,收入增长空间也十分有限;以前一些应有的福利待遇也被取消;每年虽然有大量的教育经费投入,但很多不能用在教师头上,最终又上缴财政等。与此同时,现在规定教师不许从事课外辅导班、网络培训班等营利性的校外辅导工作。也就是说,教师们的收入不高,同时又被限定在了一个狭小的区间内。因此,我们呼吁在遵守相关政策规定的前提下,适当增加地方教育部门及学校的教师人员经费自主权,建立灵活的奖励、激励制度,提高教师收入,激发教师的工作与学习积极性。

(三)请给教师多一份理解

如一些受访教师所述:"我们有教师被说成是职业高原,我觉得并不是人家不想进步、要混日子,而是平时超负荷的工作付出、健康付出与经济回报之间太不成比例了";"绩效工资改革后,教师收入受到了不小的影响,但是工作量和责任却不减反升,工作积极性很受挫";"当初有些教师是被逼无奈才出去做有偿家教的,后来居然成了触犯'红线';我觉得与其划'红线',还不如给教师多一些应有的尊重和回报,让他们能体面、心无旁骛地站稳讲台";"现在的家庭对孩子越来越呵护了,教师无论宽紧严松,都会招致家长的不满,甚至还会对教师做很出格的事"。还有一位校长说道:"我们的教师其实蛮可怜的,一个月就拿5 000块钱,社会、学校、家长还要提那么多高要求。说句实在话,拿多少钱,就该做多少事,否则对教师太不公平了";等等。面对这种种失衡,也许会有小部分教师选择默默地艰难前行,但还有很多教师的职业热情与成长动力却在这个过程中渐渐消磨殆尽，然后无奈、被动地进入职业发展停滞状态。可见，要应对职业高原，激发学习热情，不能把责任全部推给教师个人；整个社会都要为教师营造一个更加人性、更显善意的成长环境，让教师以更有尊严、更加健康的姿态应对职业高原。

第二节　遇到问题该怎么看

有很多优秀的教育工作者，总不愿甚至不屑于谈教育观念。乍看起来，这的确很酷。理由很简单，观念这东西"没有用"！从表面看，观念确实没用，远没有手把手告诉我该怎么做好，如果有操作手册就更好了。那么问题就来了：操作有用，但它是用来干什么的？答案是用来解决教育教学中的疑难杂症。那么，这疑难杂症又是怎么来的？是因为我们不善于操作吗？不对！我们现在的教学操作技术已堪称世界一流，但很多难题还是解决不了，而且越来越难。所以，问题的根源并不在于操作，而是不知道为什么去操作，不清楚操作的意义在哪里，看不清教育教学的"做"该往何处去……这就是观念层面的问题。比如有的教师形成并坚定了进步、科学的教育观念，即使不告诉他/她该怎么做，他/她自己也可以探索出好的做法；有的教师对教育的定位仍然是老样子，甚至从来没有教育观念的支撑，即使提供了最先进的操作流程，也仍然会做到职业高原的地步。此外，与技术操作相比，教师观念的革新更难，需要付出更多的思考与努力，但我们不能因此避重就轻，指望用最小的努力、最简单的做法去解决那些很复杂的教育难题，这可能吗？！这里就显现出一对辩证关系：那些看似有用的，也许才是没用的；那些看似没用的，也许就是有用的。所以，与第一节的操作策略相比，本节的观念策略其实有着更加重要的地位。

一、洞察学习观,关于教师学习现状的思考

(一)教师对"学习"的理解是狭义的

总结之前的调研结论,教师眼中的学习是这样的:在学习目的上,学习主要是为了教好书、上好课,提高学生的考试成绩;在学习内容上,重点是教学知识和技能的学习;在学习行为上,是听课评课、听讲座、读书等传统而单一的学习方式,其实也有写论文和做课题研究的,但也更多围绕如何上好课而展开;在学习环境上,很多教师的学习交流圈子更多限定在学校这个围墙之内;等等。总之,教师理解的学习是狭义的学习,主要指在正规教育机构中发生的旨在提高自身教学能力与水平的活动。

(二)教师的"学习"是脱离生活的

"作为一名教师,当然是要学会怎么上好课了!"这应该是大多数人的正常想法。但在实际生活中,教师其实还有很多重要的东西要学、要做,比如:从兴趣的角度看,有喜欢人文历史的,也有喜欢野外探险的;有喜欢摄影绘画、花鸟鱼虫的,也有喜欢炒菜做饭、舞刀弄剑的;从实用角度看,有的教师想追求更好的物质生活,会学习炒炒股票,做做理财;有的教师因为父母生病,要学习养生保健和卫生护理,为了有备无患,还想多认识几位医生朋友;有的教师会因为子女进入青春期,想去学点心理学;从情感的角度看,有的青年教师想了解如何提高个人魅力,早日步入幸福的婚姻殿堂;有的中年教师想知道如何维系家人情感,度过中年危机;有的老年教师会担心该如何应付退休生活甚至独居生活;从社会的角度看,有的教师喜欢研究时事热点、国内外大事,并很有心得;有的教师喜欢服务社会,参加各种志愿服务活动;有的教师喜欢到处走走看看,对各行各业、风土人情都想有所了解……说到这里,有人(也包括教师自己)也许会问:这些也是学习?这是不务正业吧!那好,我们就从

这个思路出发：教师的"正业"就应该是专心学习与教学相关的东西，但是，结果呢？

第一，过于单一的学习会结出缺少养分的、干瘪的果实。比如上历史课，教师对历史脉络、历史事件、历史人物等知识点都能熟记于胸、有条有理，甚至还能参与教材编写，但这里面有什么故事呢？有什么有趣的错误或争议吗？比如学习商鞅变法除了考试还有什么现实意义呢？我们做教师的该怎么办？难道回答：不行啊，老师当初学得太专注了，不知道该怎么回答，而且这些问题和你们有什么关系？同学们如果理解不了，就多学学更有效的死记硬背的方法吧。再从教师的角度看，这些干瘪的学习果实，教师对它们肯定会越来越熟悉，但在心里却会越来越不热爱，最终在无数次的重复中连自己都感到厌烦，然后就面临瓶颈了，出现了职业高原反应。

第二，教师会形成功利主义、实用主义的学习思维。学习就是为了有用，哪怕你不喜欢；没用的东西还学来干什么，就算你喜欢。这种思维方式会传染给学生，并在一代代学生身上重演。在大部分学生眼里，学习将更多是一个工具，还是个容易让人痛苦的工具，比如：只有在考试的时候才去学学，平时是真心不想学；一听到学习两个字就头疼；盼望早日考上大学，因为上了大学就不用学了；等等。这不是我们想要的结果，因为教育最终是要让学生不怕学习、学会学习，但过于单一的、实用的学习，却是学习自身的重要敌人。

第三，教师将越来越不会生活。教师是完整的、血肉丰满的人，不能仅被教师这个职业符号所限定。每位教师都有自己的全部生活，生活的每一部分都至少应该与职业生活一样重要。同时，教师又是一个从事教育事业的特殊职业，如果"教育即生活"不是一句空话的话，那么这个理念也同样要求教师要热爱生活、了解生活、学会生活。会生活的教师，是一个较为全面发展的人，刚才所说的那些"不务正业"的学习，其实教师们都要会，而且要有精通之处，其意义在于：（1）能为教师所学的教学知识和技能提供更丰富的滋养，使它们更接地气、更鲜活，而教学持续创新和可持续发展的动力也正在于此。(2) 不管什么生活领域的学习，哪怕是钓鱼养花，只要教师感兴趣并能坚持下去，甚至把钓鱼养花当成一门学问来学习和研究，就会体验到精深学习和复杂学习的妙处，其中形成的学习心得与方法反过来会迁移到教学中，这对教育教学水平的提升其实是一种重要促动，这就是磨刀不误砍柴工。(3) 会生活的教师，应该是德智体美劳全面发展的人，至少在某几个领域较为精通，比如某男教师（非体育专业）打篮球非常好，俯卧撑能做100个；某女教师（非文艺专业）琴棋书画、唱歌跳舞样样在行；再比如某青年教师是业余的天文学专家，能带学生看看天文望远镜，和学生谈谈他们感兴趣的星座；某中年教师是野外生存爱好者，能像贝尔格·里尔斯那样在大森林里独立生活，在学生眼里，他/她就是一个很酷的人；某年长教师只花不到一万元就走遍了世界，领略过不一样的风光，能和学生聊上三天三夜；等等。这样的教师，至少能成为学生心目中真正的榜样，让学生多少会这样想想："嗯，我将来就要成为某某老师这样的人！"成为学生的榜样，与只是教学技术很精湛的教师相比，才能更深刻地影响学生的学习态度与行为。(4) 学会生活的教师，才能教好书。从刚才那些"不务正业"的例子可以看出，教师生活是一种典型的成人生活，他们要扮演多重社会身份角色，其中任何一个角色遇到的任何一个问题都足以打乱教师的教学节奏，如果严重的话，还会使他/她长期处于发展停滞状态，进入被动状态下的职业高原期。所以，作为教师，只盯着教书就够了吗？

总之，教师也许应该多学会一些"不务正业"的东西，把生活打理好、把生活过得精彩充实，才能更好更安心地教好书。但从现实情况看，大多数教师都被过紧地拴在教学这根柱子上，单从上海的情况看，教师的教学工作量很大，经常超负荷运转，无暇旁顾。而且我们对教师的刻板印象也是只要教好书，其他"不务正业"的东西不该是教师做的。结果，教师这个群体将逐渐成为不会生活或生活不好的人，那么上面讨论的那些教师会生活的意义就全反过来了：第一，教师在一个专业教学圈圈里打转，久而久之将耗尽激情与活力，专业发展会越来越没有后发力；第二，教师很少能在某领域领会到学习的精要，虽然这个职业本身就是教别人如何学习的，但更多是停留在简单的、低水平层面的学习；第三，教师难以成为学生真正的榜样，学生跟着教师学习更多是出于对社会分工的敬畏，而非出于对教师这个人由衷的佩服之情；第四，教师生活不好，他们的教学工作会经常受到干扰，即使有心，也会无力。这就是那种过于狭义的、单一的所谓专业"学习"带来的后果，这也是有的教师总盯着教学，却又难以突破，还被看作是进入职业高原的一个重要原因。

二、转变学习观，重新激发教师学习的力量

教师要教孩子们如何学习，而且要学会怎么教孩子们学习。教师自己必须成为学习的行家里手，做孩子们学习如何去学习的榜样。但是，教师首先要突破传统的、狭义的、脱离生活的学习观，以重新挖掘自身学习的潜力。

（一）教师首先是成人学习者

无论从生理、心理，还是从法律、社会和文化的角度来看，每位教师都是一个成人个体，他们学习的本质就是成人学习，他们自己就是成人学习者。与儿童青少年相比，其学习特点是有独立人格，学习更加自主，个人经验对学习效果的影响较大，学习更多与各种社会角色密切相关，以问题或任务为中心开展学习等。但是教师在自己特殊的职业环境中，一方面，他们的工作内容是教给孩子们怎么学习，所以最熟悉的当然是孩子的学习特点，结果却很少考虑自己该怎么学习；另一方面，现在无论专家也好，机构也好，社会也好，人们对教育的理解一般都限于儿童青少年学校教育，很少有谁能告诉教师该如何作为成人来学习，反而更多用

教孩子的方式来教教师。所以,在很多教师的观念中,自己的学习与儿童青少年学习是没有本质区别的。这样,教师们肯定也能学到东西,但不大符合他们成人学习的需求与特点,其效果也会打不少折扣。从这个角度看,要做好儿童青少年的教育,还应该做好教师的成人教育和自我教育。

(二)教师需要通过生活中的学习来反哺教学

生活是人类一切智慧和创造的源泉。更重要的是:那些跟着教师学习的孩子们,现在和将来都要去面对生活、拥抱生活。所以,教师自己就要学会生活,尤其学会在生活中学习。当教师发现生活中到处都充满教育意义,并且能挖掘出其中的教育内涵时:首先,教师将成为一名真正的成人学习者,能更好更高效地丰富和完善自我;其次,教师将成为一名更优秀的教育者,即使他们在生活中有所谓的"不务正业",也都能与教学主业联结在一起,这不是对教学的冷落,而是对教学的反哺。这就好比相声,为什么有段时间没人爱听相声了?因为它脱离了生活,变成了一门纯技术。这门技术经过百年淬炼,不可谓不精湛,但是却因远离生活而失去了灵魂与血肉。然后,演员在台上说得越来越好看,观众却在台下听得越来越想睡。学生们没有相声观众那样的自由意志和鉴赏力,但他们也会觉得哪里不对味儿吧。

(三)教师需要树立终身学习的观念

关于教师学习的问题,该怎么解?是成为成人学习者,更多了解成人学习特点与方法,然后更多体验生活吗?这都很重要,但还不够,因为它们还少一个统领,需要一个串联。

自20世纪六七十年代起,在联合国教科文组织的推动下,终身学习逐渐形成思潮,并与终身教育、学习型社会等思想在国际社会广泛传播、广为实践,为全人类思考该如何作为人而"存在"(Be),以及如何"学会存在"（Learning to Be）带来了一场智慧启蒙。简单来说，终身学习可以概括为"人人皆学、时时能学、处处可学"。"人人皆学"，超越了儿童青少年与成人之间的鸿沟，认为每个个体都是学习的主体；"时时能学"，是指学习无时不在，要贯穿一个人从出生到死亡的整个生命历程，儿童青少年时期只是学习历程中一个小小片段；"处处可学"，认为学习无处不在，社会生活的任何领域都是宝贵的学习资源，学校学习要与在博物馆、科技馆、文体馆、消防队、金融中心、风景区、家庭、社区、职场等各种空间中的学习相互贯通。从这个更宏大、深远，且更贴近学习本质的观念出发，无论教师的学习，还是学生的学习，将变得让生活更美好，让人生更美好，至少能让学习不会因过于功利、实用而经常处于停滞不前、要人提醒的被动状态。

终身学习观念自20世纪90年代传入我国，至今约过去20年了，但却始终难以突破学校教育的坚硬围墙。根深蒂固的传统学习方式造成的问题也越来越多，其中就包括教师的职业高原现象，还包括学生越来越大的身心压力，越来越无限度的学业竞争，还有越来越多被子女教育拖入苦海的万千家庭……这种局面，只凭告诉教师该怎么做就能解决吗？恐怕很难！因为终身学习是整个社会和教育者灵魂深处的一场革命，它并没有脚本。说到这里，也许又会有人问："说这些有什么用？太玄了！就我们的教育现状来看，怎么可能改变呢？"说实话，目前确实改变不了。但是，观念的魔力也正在于此，我们只要开始了解它，只要能从自己开始做起，只要能从一件小事开始改变，只要能再多尝试两三次……新的学习时代就终有到来的一天。

毕竟，我们是教师，教师的天职就是教育和学习，如果有学习革命这种事的话，舍我其谁！

附录1
关于教师职业发展与学习状况的调查问卷

尊敬的老师：

  为了了解教师职业发展状况与教师自主学习情况，烦请您如实填写以下问卷。该问卷为匿名填写，仅供课题研究之用。感谢您对我们工作的支持与帮助！

问卷发放单位：上海市浦东教育发展研究院

一、个人基本信息（单选题，请画"√"）

1. 您的性别：
① 男；　② 女

2. 您的学校是：
① 教师专业发展学校；　② 校本研修学校；　③ 其他学校

3. 您的学校类型：
① 小学；　　② 初中；　　③ 高中；　　④ 九年一贯制；
⑤ 十二年一贯制；　　　　⑥ 完中

4. 您的任教主学科：
① 语文；　　② 数学；　　③ 外语；　　④ 历史；
⑤ 政治；　　⑥ 地理；　　⑦ 物理；　　⑧ 化学；

⑨ 生物； ⑩ 劳技； ⑪ 音乐； ⑫ 美术；

⑬ 体育； ⑭ 信息科技； ⑮ 其他_____

5. 您的年龄：

① 小于25岁； ② 26—30岁； ③ 31—35岁；

④ 36—40岁； ⑤ 41—50岁； ⑥ 51—55岁；

⑦ 56—60岁； ⑧ 61—65岁

6. 您的教龄：

① 1—3年； ② 4—5年； ③ 6—10年；

④ 11—20年； ⑤ 21—30年； ⑥ 31—40年；

⑦ 40年以上

7. 您的受教育程度：

① 高中； ② 大专； ③ 本科；

④ 硕士； ⑤ 博士

8. 您的职称：

① 小学二级； ② 小学一级； ③ 小学高级；

④ 中学二级； ⑤ 中学一级； ⑥ 中学高级；

⑦ 没有职称； ⑧ 其他_____

9. 您的最高职务：

① 校级正职； ② 校级副职； ③ 校中层正职；

④ 校中层副职； ⑤ 教研组长、年级组长；

⑥ 无； ⑦ 其他_____

10. 您的月绩效工资：

① 2 000—4 000元； ② 4 001—6 000元； ③ 6 001—8 000元；

④ 8 001—10 000元； ⑤ 10 000元以上； ⑥ 其他_____

11. 您认为自己：

① 正处于职业上升期，还有很多新东西要学；

② 已进入职业稳定期，有点停滞和无奈的感觉；

③ 突破了职业瓶颈,迎来了职业"第二春";

④ 没有多少感觉

12. 您对目前职业发展状况:

① 非常满意; ② 比较满意; ③ 满意;

④ 不太满意; ⑤ 非常不满意

二、职业发展状况(请在符合您情况的空格内画"√")

序号	问题	非常符合	比较符合	符合	不大符合	非常不符合
13	我获得管理职位晋升的机会很小					
14	我获得继续提拔的有利因素越来越少					
15	我已不再刻意追求管理职位的继续升迁					
16	我评上更高职称的机会很小					
17	我评上更高职称的有利因素越来越少					
18	我已不再刻意追求评聘更高职称了					
19	在当前工作中,我能够学到新的理论知识					
20	我的知识少有更新,吃老本就够用了					
21	我已不再关心专业知识能否得到提高了					
22	在当前工作中,我能继续提升专业技能水平					
23	我即使不更新专业知识与技能,也完全能胜任现在的工作					
24	现在的工作,只是我已有专业技能的简单重复					

（续表）

序号	问题	非常符合	比较符合	符合	不大符合	非常不符合
25	我的工作难以得到校领导的理解和支持					
26	我不可能继续受到校领导的器重					
27	我提出的工作意见或建议，会受到领导重视					
28	我对学校工作有更多的发言权					
29	我有机会参与学校的决策制定					
30	领导很难赋予我更多关于本校事务的权力					
31	我能从周围同事身上学到很多东西					
32	我所在学校有较好的人际关系氛围					
33	我认为现在的交往圈子越来越小了					
34	我喜欢教师这份职业					
35	我对教育教学工作充满热情					
36	我在教育教学中投入了很多精力					
37	我的工作成绩显著，有目共睹					
38	我的工作成绩稳定，很难突破					
39	我很在意自己的工作成绩					

三、学习现状（每题最多选3项）

40. 您对学习的看法：

① 学习是我自己的事，我能主动开展学习；

② 学习更多是外界强加给我的；

③ 我喜欢学习，随时随地都能学进去；

④ 学习很辛苦，我宁愿做些轻松的事；

⑤ 我始终知道自己要学习什么；

⑥ 我只有在有必要时，才会去学习。

41. 您现在的学习主要是为了：

① 提升职位或职称；

② 提升理论水平；

③ 提高解决实际问题的能力；

④ 完成自己个人的学习计划；

⑤ 完成组织安排的学习计划；

⑥ 帮助身边的人成长，尤其是青年人；

⑦ 提升自我修养，增强幸福感。

42. 您的学习现状是：

① 学习遇到困难时，我会攻坚克难、坚持到底；

② 学习遇到困难时，我比较容易放弃；

③ 我能长时间进行自学，很少受外界影响；

④ 我的学习劲头取决于周围人的学习热情；

⑤ 我对学习总是精益求精、力求不断完善；

⑥ 我的学习够用就行，不会去刻意钻研。

43. 您目前比较关注的领域有哪些：

① 教育理论；　　② 教学技能；　　③ 教育管理；

④ 人际交往；　　⑤ 时事热点；　　⑥ 历史文化；

⑦ 名著赏析；　　⑧ 琴棋书画；　　⑨ 花鸟鱼虫；

⑩ 运动养生；　　⑪ 心理保健；　　⑫ 网络冲浪；

⑬ 时尚娱乐；　　⑭ 旅游资讯；　　⑮ 其他_____

44. 您在学习计划方面的现状是：

① 我独立制定了长期的学习计划；

② 我独立制定了短期的学习计划；

③ 我在外界帮助下,制定了长期的学习计划;

④ 我在外界帮助下,制定了短期的学习计划;

⑤ 我没有明确的学习计划,但有奋斗目标;

⑥ 我没有学习计划,有点看不清前进的方向。

45. 您在学习方法方面的现状是:

① 我没有一套自学方法,仍处于摸索阶段;

② 我有一套自学方法,风格独特、行之有效;

③ 我总是清楚要先学什么,后学什么;

④ 我的学习没有严格的先后顺序;

⑤ 遇到问题时,我能很快找到资料进行学习;

⑥ 遇到问题时,我经常感到无从下手。

46. 您的相关学习现状是:

① 我能落实现在的学习计划,并长期坚持;

② 我能落实现在的学习计划,但很难坚持;

③ 我没有学习计划,学习视需要而定;

④ 我没有学习计划,也很少去学新东西;

⑤ 我的工作、学习和生活相融合,较少冲突;

⑥ 我的学习经常受干扰,工学矛盾突出。

47. 您的学习习惯是:

① 我善于利用各种碎片时间进行学习;

② 我要有整块时间才能进行学习;

③ 我平时就有阅读、收集和整理资料的习惯;

④ 当遇到问题时,我才会及时学习;

⑤ 我有随时总结、反思、改进行为的习惯;

⑥ 我对一个问题能进行长期的观察与思考。

48. 您经常采用或参与的学习有哪些:

① 听讲座;　　　② 读书;　　　③ 做课题;

④ 写文章； ⑤ 学历进修； ⑥ 听课评课；
⑦ 小组讨论； ⑧ 参观访问； ⑨ 在线学习；
⑩ 其他_____

49. 您对自己学习效果的评价：
① 我很了解自己的学习能力与水平；
② 我不大了解自己的学习能力与水平；
③ 我能够对学习过程进行控制、反思与调整；
④ 我不大控制自己的学习进程，学到哪算哪；
⑤ 学习之后，我总是很清楚自己学到了什么；
⑥ 学习过后，我总是说不出到底学到了什么。

50. 您在学习中的人际交往情况：
① 我不大喜欢热闹，经常独立思考并解决问题；
② 我常与人交流，通过学习别人改变自己；
③ 我经常作为专家对别人进行学习指导；
④ 我善于从别人那里获得很多支持与帮助；
⑤ 我不大善于向别人提出要求、谈出想法；
⑥ 我能清楚地向别人提出要求、谈出想法。

51. 您在工作、学习遇到难题时，经常到哪里寻求帮助：
① 使用百度、谷歌等大众搜索工具；
② 使用中国知网等专业搜索工具；
③ 查找文献书籍； ④ 找专家咨询； ⑤ 找同事咨询；
⑥ 找朋友咨询； ⑦ 其他_____

四、教师职业发展与学习的综合影响因素（每题最多选3项）

52. 您目前最关心（或最受困扰）的问题是：
① 身体健康状况不好； ② 个性心理需要改善；

③ 经济收入不大满意；　　④ 社会地位不大满意；
⑤ 工作总超负荷运转；　　⑥ 工作成绩难以突破；
⑦ 同事关系处理不好；　　⑧ 结婚对象较难确定；
⑨ 婚姻关系存在危机；　　⑩ 子女教育让人操心；
⑪ 父母养老压力很大；　　⑫ 生活单调缺少调剂；
⑬ 其他_____

53. 您对教师职业发展、对教师自主学习，还有哪些期待或想法？请填入下面的横线：

_____

附录2
关于教师职业发展与学习状况的访谈提纲

一、关于职业高原的提问

1. 您是如何认识教师"职业高原"的？如何评价？
2. 请谈谈您刚做教师时的状态，包括当时的想法、生活、工作、学习等。
3. 您有没有出现高原期迹象？何时出现？有哪些表现？产生的原因是什么？
4. 您是如何度过职业高原期的？
5. 谈谈您周围同事的职业高原情况。

二、关于自我导向学习的提问

6. 您业余生活喜欢学些什么？对自己和工作有哪些影响？
7. 作为教师，在什么情况下，您会主动学习一样东西？为什么学？怎么学的？结果如何？请谈谈自己的故事。
8. 请谈谈您的学习习惯和特点。比如：有学习计划、每天看报、在网上搜资料、每周去图书馆、善于用零碎时间、喜欢和别人搭伴学、爱讨论、写作创作等。
9. 您认为教师群体的总体学习状态怎么样？
10. 您认为教师要度过高原期，需要学些什么？怎么学？应该得到哪些支持？或者，您见到过哪些好的做法？等。尽量举自己或身边的例子。

后　记

《"职业高原期"教师的自我导向学习研究》，于2013年年初立项为上海市浦东新区教育科学研究课题，经修改完善，申报立项为2013年度上海市教育科学研究项目。在各方关心支持下，课题于2018年结题，书稿初定。经2年沉淀，有幸于2020年浦东开发开放30周年之际确定出版事宜。直至今年专著面世，整个研究已历时8年。

在此，要向课题组成员朱一军、王丽琴、贾凡、刘燕、权南南、刘贯南、夏颜、沈慧、蔡莉莉、张丽芝、潘清等老师表示感谢，感谢各位多年来的团结协作和辛苦付出。感谢王丽琴老师领衔的上海市中青年团队发展计划"课例研究课程化工坊"的特别支持和全程跟进指导。感谢华东师范大学高志敏教授、上海市浦东教育发展研究院吴为民、朱一军、郑新华、张娜、赵明艳、李晟等老师的中肯建议和研究支持。感谢上海市教委、上海市浦东新区教育局各位领导的支持与鼓励。感谢在教师教育研究、成人教育研究领域的学者前辈们。

最后，要衷心感谢近2 000位参与课题问卷调查或访谈的，仍辛苦奋战在教学一线的教师们。你们肩负着培养祖国下一代的艰巨使命，同时也是有血有肉、有苦有甜的普通个体，你们的所思所想、所感所盼，是我们开展研究的关切所在，并支撑着整个研究走过8年时间。今年，恰逢中国共产党建党100周年，我们谨以此书献给为党的教育事业努力工作的各位教师们，向你们致敬！

高　珊
2021年1月21日上海浦东